愿景与门道

40位科普人的心语

主　编　王大鹏
副主编　贾鹤鹏　黄荣丽

江苏凤凰科学技术出版社 · 南京

图书在版编目（CIP）数据

愿景与门道：40位科普人的心语 / 王大鹏主编．—南京：江苏凤凰科学技术出版社，2023.5
ISBN 978-7-5713-3520-5

Ⅰ．①愿…　Ⅱ．①王…　Ⅲ．①科学知识－普及读物　Ⅳ．①Z228.1

中国国家版本馆CIP数据核字（2023）第081915号

愿景与门道：40位科普人的心语

主　　编	王大鹏
副 主 编	贾鹤鹏　黄荣丽
责任编辑	谷建亚　沙玲玲　张　润
责任校对	仲　敏
责任监制	刘文洋
出版发行	江苏凤凰科学技术出版社
出版社地址	南京市湖南路1号A楼，邮编：210009
出版社网址	http://www.pspress.cn
印　　刷	南京海兴印务有限公司
开　　本	718 mm × 1 000 mm　1/16
印　　张	21
字　　数	200 000
版　　次	2023年5月第1版
印　　次	2023年5月第1次印刷
标准书号	ISBN 978-7-5713-3520-5
定　　价	68.00元

科普有愿景
心语悟门道

伊塔洛·卡尔维诺（Italo Calvino）在其经典名篇《为什么读经典》中，从不同的语境和视角，探讨了“经典”的14种定义，微妙而又深刻。我特别欣赏其中的两个短句：

一部经典作品是一本每次重读都像初读那样带来发现的书。

一部经典作品是一本即使我们初读也好像是在重温的书。

文学经典作品如此，科普经典作品亦然。谓予不信，尽可回顾一下伊林的《十万个为什么》、伽莫夫的《物理世界奇遇记》、阿西莫夫的《最新科学指南》、叶永烈的《小灵通漫游未来》……

这些科普经典是怎样诞生的呢？回答这个问题可不简单。世人对此多有研究，殊难一言蔽之，更何况探索仍在深入之中呢。

倒是另有一个命题，与此密切相关，虽仅区区六字，却很耐人寻味，那就是：“科普有方法吗？”

科普之定义有种种不同的表述。我以为，简言之，科普就是让“科学”在人们的社会生活中普而及之。但这“科学”二字，内涵极其丰富，举凡科学知识、科学思想、科学方法、科学精神等概莫能外。由此即可知，做好科普绝非易事。

其实，科普本身就是一门学问——时人称之为“科普学”，因而需要有理论指导，需要将理论研究付诸实践，更需要从实践中孵化出一批批可推而广之的硕果。当前，在我国，科普理论与实践之间还存在一些尚待消弭的沟坎，科普研究往往滞后于实践的进展。纵观国内外科普领域的学术研究，还可以发现，成果虽说不少，但它们依然主要发表在受众相对狭窄的学术期刊或专著中。与此同时，广大科普界人士更急需的则是来自一线科普的鲜活经验，包括从事者如何在相应的专业领域充实知识储备，如何不断增强与时俱进的学习意识，如何提高语言表达能力，如何优化沟通交流技巧等。这些经验，是由从事者们长期的科普实践凝练而成的“秘诀”。有效地借鉴这些可贵的经验，掌握必要的科普理念和科普方法，无疑将有助于改善我们的科普效果，助力更多的科普人士生产出更多更好的作品。

如今在现实中，多有科普界各方人士，包括以院士们为代表的知名科学家，在种种讲座、会议、论坛等场合谈及科普的理念、方式与方法等。但是，这些真知灼见通常都散处于不同的角落。同时，近年来国外学者专论科普和科学传播的一些著作陆续翻译引进，其中也不乏值得借鉴推广的经验和做法。可惜，能静心研读此类著作并将其运用于自身的科普实践之中者，恐怕还是少而又少。因此，我们也有必要对这些理念和方法予以恰当的综合。

就此而言，眼前这部《愿景与门道：40位科普人的心语》跨出了颇为扎实而令人欣喜的一步。应该说，这是一次成功的尝试。

《愿景与门道》，书名言简意赅。“愿景”，形而上的意味较浓；“门道”，形而下的色彩稍著。本书整合40位一线科普人士的思考与经验，将全部文章层次分明地归为三大部分：“上篇 科普理念”“中篇 创作与表达”和“下篇 分科之‘法’”，知行互鉴，相得益彰。

本书作者们在进行科普创作、开展科普活动的同时，深入思考和总结自己的科普经验或得失，是很难能可贵的。无论是否专职科普研究人员，他们对于科普本身的理解，他们表达的愿景，他们所述的“门道”等，在某种程度上都具有一定的普适性。本书作者们来自不同的领域，这非但不影响本书内容的统一架构，反而体现了“多样性”所固有的优势。全书从科普概述到科普创作，从科普演讲到科普视频生产，再到诸如医学、天文、计算机等众多细分领域，堪称一部独树一帜的科普方法荟萃。

自不待言，对于“科普有方法吗？”这一命题的回应，不能只是一个没有温度的“YES（是）”或“NO（否）”，而应该是一种深层的沉思。这也使我联想起16年前，著名作家王安忆发表的《我们教他们什么——写作课程宣言》（见2007年1月24日《文汇报》)。《宣言》说复旦大学中文系的文学写作硕士点终于获得批核，并已有文学爱好青年问询投考。“同时，又有更多怀疑的声音，不相信学府能指出作家的成功之道。要让我说，我也不以为作家是可教授的。凡创造性的劳动似都依仗天意神功，不是事先规划设计所能达到的。”尽管如此，王安忆还是试着归纳了几条“我们应做又能做的准备”：第一是对我们文字的理解，这是写作者创造世界的材料；第二是情节安排，这需要想象力；第三是故事，它可说是小说写作的目的。“这些大约就是人力可为的范围。既是人力可为，我们就要求至勤至优”,《宣言》如是说。

做科普不是写小说。但是，王安忆之所言，颇具辩证意味，同样值得我们体察。做科普，更有一个令文学家羡慕的地方，那就在于科普创作是文理融通的大舞台。纯文学作品，很难谈及科学；纯科学论著，又顾不上抒情写意。但是，许多科普佳作，在传递科学之真的同时，也能让你深深地享受文字之美。

请注意，《愿景与门道》并不是教科书，而是一部优秀的参考资料。阅读此书应着眼于会意，即人们常说的“领会精神”，而不是生搬硬套。成功不可复制，但本书中的每篇文章，都会有助于深化对如何做好科普的认识，甚至有可能变革读者做科普的理念和方法。昔人云："取乎其上，得乎其中；取乎其中，得乎其下。"我想，今天《愿景与门道》所追求的，当是既"取乎其上"，还能"得乎其上"吧。

感谢《愿景与门道》的 40 位作者与大家分享他们的心语，感谢本书主编及其团队为策划、征稿、编辑、审定直至出版本书付出的辛劳。我相信，对于探讨做好科普的方法，本书的价值将会历久弥彰。任重而道远，谨与诸君共勉。

是为序。

卞毓麟

于 2023 年 5 月 1 日

目 录

上篇 科普理念

中篇 创作与表达

下篇 分科之“法”

上○篇

科普理念

科普四抓手

□ 张双南

一、我做科普的两个故事

几年前，我应邀参加“开讲啦”和“一席”的演讲。“开讲啦”一直以来的模式就是某个人讲述自我的励志故事，所以他们也希望我延续这个“套路”，但是我拒绝了，因为我就是一个普通的科研工作者，没有什么励志的故事可讲。

后来节目组又联系我，问我想讲什么，我说想讲“什么是科学”，但是节目组觉得我对中国传统文化反思的内容不适合公开讲，我说那就算了，对听众不讲这部分内容就说不清楚什么是科学。后来节目组还是妥协了，允许我按照我的思路讲。“一席”节目组对我的邀请以及中间商讨的过程，差不多也是如此，最后终于同意了我的演讲内容。

这个演讲流传非常广，我收到了很多反馈，既有表扬也有批评。多位同事和朋友转给我了几位我非常景仰的老前辈科学家对该演讲的评论，让我深受感动和鼓励。这里我引用其中的两条。何祚庥院士在 2020 年 8 月 10 日和柳怀祖先生的聊天记录中谈到：“这位张双南研究员讲的什么是科学的讲演，实在讲得不错。需要播放给每一位做过科学研究的人员和正在做科学研究的人员以及未来打算做科学研究的人员，都来听一下。极好！极好。”胡启恒院士于 2020 年 8 月 11 日和柳怀祖先生的聊天记录显示：“我觉得，这样的内容应被纳入高等教育的基本课程。这是进入近代科学的基础。”

还有几件小事发生在我们申请项目的过程中。我是这些项目的负责人，评审会期间，几位评审专家在中场休息和会后都当面表扬了我的演讲，也许我的项目顺利通过评审和这个演讲也有一点点关系！如果是这样，那我的科普活动就真的实质性地助力了我的科研工作。以前我除了科研和吃饭睡觉，基本上不做别的事情，而现在的科普占用了我本来就很少的一点点“业余时间”，我还特别担心参加科普会对我们的科研工作产生不利影响。我一直认为，如果科普影响了自己的本职工作（对我来讲就是科研），就是违反了职业道德，除非在我的工作任务里明确有科普的任务。很多科普圈的朋友都知道，我从来都不安排在工作日参加科普活动或者做科普，除非是完成领导下达的工作任务。

另一个故事是，有一次，我到一个科技馆给孩子们做科普报告，报告时间很长，差不多两个小时，但是自始至终孩子们精力都很集中，报告之后孩子们提问也很多。

中午便餐的时候，组织科普报告的一位老师告诉我，她组织了上百场科学家的科普报告，效果都不好。由于年龄大的孩子有升学考试的压力，听众基本上都是暂时还不太需要花大量时间刷题的小孩子，以及孩子们的家长。孩子们精力很难集中，经常会在听报告的过程中交头接耳，昏昏欲睡，频繁上厕所，甚至出现直接要求父母带着退场的情况。做报告的专家看到这样的情况有时候也会抱怨，费了很大的功夫精心准备的报告，竟然是这样的结果。

这位老师坦言，她自己也是受了上百次煎熬，不仅仅是孩子们听不懂，连她自己也基本上没有听懂过，但是她既不敢离场，也不敢睡觉，还得诚心诚意地对科学家表示感谢。她曾经怀疑是不是他们那里的科学素养太差了，对不起这些大名鼎鼎的科学家。

有一个引起媒体报道的事件与此类似。一位德高望重的老科学家在人民大会堂给中学生作科普报告，结果被记者捕捉到不少学生根本没有注意听，甚至睡觉的都不在少数，这些学生受到了极其严肃的批评。事后有不少学生一方面表示很惭愧，一方面也表示实在是听不懂。

二、中国近代至今的四次科学启蒙

在1919年的五四运动中，中国少数先进的知识分子倡导推行新文化运动，打出了“德先生”和“赛先生”这两面旗帜。从科学传播和普及的角度来看，这可以说是中国的第一次“科学启蒙”。由于当时中国面临着民族存亡的危机，“德先生”和“赛先生”并没有在中国真正落地，这一次“科学启蒙”失败了。然而，五四运动促进了反封建思想的发展，最终诞生了中国共产党，从西方传来的马克思主义在与中国实际相结合的基础上在中国落地生根，开花结果，夺取了革命的胜利，建立了新中国，最终产生了中国特色的社会主义新理论，并开创了中华民族伟大复兴的大好局面。

1956年党中央号召全国人民“向科学进军”，可以说是中国的第二次“科学启蒙”。随后，政府制定出了发展科学技术的“十二年科技规划”和“十年科学规划”，催生了以“两弹一星”为代表的一大批科技成果，建立了新中国的工业体系。然而，由于当时中国急需的是国防和工业技术，整个社会实际上都是在“向技术进军”。所以，在科学方面没有特别大的进步。

1978年召开了全国科学大会，邓小平发表了“科学技术是第一生产力”的著名论断，被称为“科学的春天”到来了。这可以说是中国的第三次“科学启蒙”。从那时起，对知识的渴望和追求就一直成为中国社会发展的主要动力之一，所以严格地说，1978年的“科学的春天”应该是“科学知识的春天”。

这三次“科学启蒙”都对中国的发展起到了关键的作用，有力地推动了社会的进步、文明的发展和国家实力的提升。然而，当前中国社会整体的科学素养仍然不高，科学精神仍然十分缺乏，伪科学仍然大行其道，这种情况对建设创新型国家极为不利。因此，面对百年未有之大变局，中国社会迫切需要第四次“科学启蒙”。

2016年，习近平总书记在“科技三会”上指出：“科技创新、科学普及是实现创新发展的两翼，要把科学普及放在与科技创新同等重要的位置。没有全民科学素质普遍提高，就难以建立起宏大的高素质创新大军，难以实现科技成果快速转化。”这是首次把“科学普及”提到了前所未有的高度，吹响了中国第四次“科学启蒙”的号角。以高度重视“科学普及”为标志，这一次“科学启蒙”的深度、高度和广度都是前所未有的，必将对中国的发展产生深远的影响。

三、对谁科普？科普什么？

科普的重要性不言而喻，全社会对科普的热情和支持也是前所未有的。那么科普的对象是谁？应该科普什么？

从我多年的从业经验来看，科普的对象几乎包括所有人，从幼童到老人，各种专业、各种职业，在职、退休的都有，远远比正规教育的覆盖面要广得多。然而，科普又不能取代正规教育，只能是教育的补充。那么“科普什么”的问题就很重要了。

由于离开学校之后，大部分人就失去了系统学习的机会，所以通过科普获得知识、尤其是那些关于科学前沿的进展的科学知识，是不少人参加科普活动的动机，这理所当然成为科普的目的之一，也是大部分科普活动的主要内容。然而，如果没有科学素养的提升、缺少科学精神、不掌握科学方法，就会出现边学边忘、人云亦云的情况。因此，我们不但要普及科学知识，更要普及科学方法和科学精神，使公众具有明辨是非和自我学习的能力。

四、谁来科普？

那么谁来做科普呢？我认为应该来自三个群体。第一个群体是科学新闻报道的媒体人，第二个群体是科普专业工作者（比如科普作家，或者由科学家成功转型的作家），第三个，也是最大、最主要的群体，就是科技工作者，主要指的是正在从事科学研究的职业科学家。这三个群体各有优势，也各有不足。

我本人特别支持多样性，不喜欢千篇一律，这和我的美学理念有关。简单来说，我讲美学是为了讲科学精神和科学方法，我的很多科普报告中都会穿插一些“审美”方面的内容，算是后面要讲的“接地气”和“抓热点”的一个手段，我以为爱美之心人皆有之。因此我希望这三个群体都能够扬长避短，使得新时代的科普百花齐放，既有红牡丹的艳丽，也有白牡丹的素雅，更能包容黑牡丹的卓尔不群。

我自己是职业天文学家，属于第三个群体。虽然这个群体具有知识以及亲身做科研的优势，然而，就科普的效果来讲，还有特别大的提升空间。一方面，我们工作特别忙，根本不是“996”能够打住的。我们的全职工作就是全时工作，无论身处何时何地，都在思考学术问题。即便“物理的身体”不在实验室、办公室和家里书房，但是我们的精神和意识依然聚焦于这些学术问题之中，所以抽出所谓的一点点业余时间做科普，也实在是非常大的挑战。因此很多科学家的演讲和科普文章就与学术报告或学术论文区别不大，力争全面和严谨，生怕漏掉了任何细节。这样也许能抓住热点，但是既不“接地气”，也不“讲故事”，经常会出现科普报告内容平淡、“没有风格”的情况，使听众乘兴而来，扫兴而去。前文中讲的第二个故事就是具体的例子。

五、怎么科普？科普四抓手

怎么做科普才能达到好的效果呢？我曾经总结了九个字：“讲故事”“接地

气”“抓热点”。最近和果壳网的吴欧老师交流的时候，我们觉得“有风格”也很重要。这就组成了本文的题目“科普四抓手”。

第一、讲故事。我在每次科普中都会穿插各种桥段和故事。常有人提起很久以前我在某个科普活动中讲过的故事，而我自己甚至都不记得了。

在本文开头提到的“什么是科学”的视频里面，我就讲了好几个故事。有我和我的好朋友、天文界同行孙小淳教授参与科学史专家吴国盛教授主持的“‘阴阳五行、天人合一’是不是科学”辩论的故事；有普京问科学家“暗能量有用吗、危险吗”的故事；有 2012 年美国《科学》杂志的记者问我为什么回国以及我的回答的故事；有中国古代“两小儿辩日”“杞人忧天”的寓言故事；有从古希腊的亚里士多德开始，托勒密、哥白尼、伽利略，直到牛顿，这一路仰望天空、刨根问底，建立了现代科学的故事。

我猜想，也许没有哪个单位、哪个部门组织观看过这个很长的演讲视频，但是这个视频的影响力经久不衰，很可能就是因为我用“讲故事”的方法讲述了对“什么是科学”的理解。

有趣的是，在我正写这篇文章的时候，还有一位艺术家老乡一大早就把这个视频转发给我并且评论说，“讲得真好，给我补了一课！受教！！！”然后又感慨到，“有时候我也常常在想：为什么我们以前的文化艺术能得到世界范围内的广泛认可，而现在的文化艺术影响力却远不如前。一些在国外发展得不错的艺术家，在国内却影响力不强。而其他一些国家，比如日本，通过从中国学习的东西，在世界的舞台上大放异彩……这难道不值得我们深思吗？”

第二、接地气。我个人做科普是十足的“机会主义者”，具体的表现就是“接地气”和“抓热点”。我讲的大部分故事都能够和听众建立联系，这是接地气的一种表现。

除了演讲，我也参加过直播和访谈节目，这些活动都不需要事先准备，既节省了我的时间，而且也是最近几年比较受欢迎的传播方式，这种也属于“接地气”的活动。

和很多热心做科普的朋友们不一样的一个地方就是，我没有自己的科普平台，如博客、微信公众号、微博等。很多平台邀请过我，我都没有答应。一方面我没有时间去打理，另一方面我的专长不是做媒体。有人说我是“网红”科学家，是“大 V”，我很不以为然。哪个“网红”和“大 V”没有自己的博客、公众号和微博呢？

我相信专业的人做专业的事。我主要利用各个大流量媒体和平台来开展科普，比如果壳网、赛先生、知识分子和今日头条等，因为读者群已经在那里了，这也是一种“接地气”的方法。我也很少接受约稿，绝大部分的科普文章都是回应当时发生的事情，或者是别人问我的一些问题，让我有感而发，就很快写出来发到朋友圈。一方面写这样的文章花费时间很少，另一方面比较接地气，哪家媒体喜欢就可以直接拿去发表。

第三、抓热点。最近几年，我没少“抓热点”。2014 年科幻电影《星际穿越》火爆，针对不同的听众，我做了两场不同的科普报告：“‘星际穿越’的使命和途径——人类文明的‘大结局’？”“星际穿越的科学问题——黑洞、白洞和虫洞”。2019 年科幻电影《流浪地球》火爆，我也做了多场科普报告：“《流浪地球》的科学与技术”“《流浪地球》的科学与审美”“鉴赏《流浪地球》的科学姿势”“《流浪地球》以及黑洞照片的科学和审美”。

此外，一些重要的科学事件更是我喜欢抓的热点。比如 2015 年广义相对论发表 100 年，2016 年爱因斯坦预言引力波 100 年以及宣布发现引力波，2017 年引力波的发现获得了诺贝尔奖，2019 年宇宙学研究和太阳系外行星发现获得诺贝尔奖，2019 年发布首张黑洞照片，2020 年黑洞研究获得诺贝尔奖。2021 年虽然诺贝尔奖没有颁给天文学的研究，但是我还是忍不住蹭热点写了一篇文章《不是，2021 年物理学诺奖又被天文学蹭走了吗？》。为了科普，能抓的热点就抓，不能抓的热点就蹭。

最后一个抓手就是“有风格”或者有个性、个人化。我做过的科普报告和写过的文章和别人的内容几乎没有重叠。并不是说里面的细节都是全新的，我也会借鉴他人的报告和文章内容，但是在整体构思和逻辑链条上会尽可能有新意，也会尽可能结合我自己的经验、感悟甚至科学研究的结果。换句话说，就是尽可能个人化。

最近的一篇科普文章发表之后，我注意到一个评论“看前两段就觉得文风很特别，好像在哪儿读过类似的文风，赶快回去翻看作者，原来是张双南大佬的文”，其他几个评论也满是欢声笑语，还有不少模仿文章内容的“造句”。我一直努力追求不随大流的个人化风格，这样的结果是有一些读者和听众特别喜欢，但也有不少人特别不喜欢。可以说，对我的科普的评价呈极端两极化：“极爱”和“极恨”。

六、为什么需要“讲故事”“接地气”“抓热点”“有风格”？

尽管科普很重要，然而对于绝大部分人，“被科普”并不是刚需。在中国如此，在全世界的大部分国家也都是如此，大家只会选择参加“有吸引力”的科普活动，只会读自己想读的科普文章和书，或者是因为内容对自己有吸引力，或者是自己认可甚至喜欢报告人和作者。

这和在学校里完全不一样。在学校，无论喜欢不喜欢你都得上课，都得做作业，都得考试，否则过不了关。

由于科普不是刚需，大多数人只有在参加科普之后觉得有所收获才会继续参加。而对于我们这些科普工作者来说，我们希望传递的信息能够尽可能多地被接收到，这也是我们做科普的初心。因此，科普活动本质上就是一种“通信”，有发送方，有接收方，而通信的效果只能以接收方接收到的有效信息量来评估。发送的信息再多、再深刻、再精确，如果接收方没有收到，通信就是失败的，科普就没有达到效果。

无论哪个年龄和受教育层次，大家都喜欢听故事，人类的历史其实就是“讲故事”的历史，因此“讲故事”能够始终留住公众的注意力。“接地气”就是和自己有关系，自己才会关心，因此“接地气”能够消除作者（报告人）和读者（听众）的距离与障碍。热点的关注度必然很高，而“抓热点”的主题能够吸引到更多的公众参加。“有风格”的报告和文章才能被听众和读者记住，虽然不一定人人都喜欢，但是至少不会被忽视，这样科普的目的就达到了。我们喜欢某个人（比如电影明星、歌星、球星），往往是因为他们和其他人明显不同而又合自己的“口味”，我认为这就是“审美”的本质。比如网球明星我就是喜欢费德勒，不喜欢纳达尔；篮球明星我就是喜欢巴克利，不喜欢乔丹。在我的观念里，网球是“绅士”的运动，篮球是“猛男”的运动，技术好的球员有很多，但是费德勒的优雅和巴克利的霸道才是我喜欢他们的原因。

“讲故事”“接地气”“抓热点”“有风格”这四个抓手的共同目的就是提高“通信”的效率，也就是最有效地传递我们想要科普的信息。

我认为，一切不能有效地传递科普信息的科普工作都不是合格的科普工作，无论多么努力，多么辛苦，花了多少时间都不合格。科普主要是看效果。有一次，一位科普报告组织者很自豪地告诉我，他们的科普报告的安排雷打不动，无论刮风下雨，任何情况下，报告人都必须做好准备，只要有一个观众到场，报告就按计划进行。我完全不以为然。我们做科普不是为了完成任务，报告人花了很大的精力准备，占用了非常宝贵的时间，如果基本上没有信息的“接收方”，还谈什么科普的效果？

我们不能忘记初心！

本篇作者张双南，中国科学院高能所研究员，中国科学院大学教授。入选国家杰出青年科学基金、长江特聘教授和国家特聘专家。获得中科院杰出科技成就奖等奖项，获评科普中国十大科学传播人物和形象大使。著有《极简天文课》《科学方法与美学》等科普图书。

关于科普的认识论与方法论之断想

□ 张聚恩

为什么要开展科普和怎样做好科普？这是一个宏大命题。这里有认识论问题，也有方法论问题。本文将结合我自己的切身感受，从这两个方面谈几点看法。

一、科普的铁律是不出错

合格的科普应该达到什么样的要求？无论何种形式的科普作品，其基本标准是什么？这些是开展科普工作遇到的首要问题。

关于这个问题，官方文件也有不少表述。大体为主题鲜明、内容准确、手法新颖、影响正面之类，还有的归纳为思想性、科学性、先进性、艺术性、实用性、通俗性、趣味性和原创性等。这些都对，但我以为，最基本的要求应该是内容正确，即科学性。科普作品的内容如果不科学、不正确，也就失去了存在的价值，甚至会产生负面作用。在这个意义上，科普的铁律是不出错。

所谓铁律，就是不可不遵守、像铁一样的规律。没有科普，很可怕。内容错误的所谓科普，更可怕。科普工作者和以各种形式参与科普活动的科技工作者，以及更广大的、向公众发表自己的见识、事实上也在进行科普的人们，必须把“不出错”当作铁律来严守。

不幸的是，我们常常看到、听到、读到一些不正确的所谓科普。如对于一些科学原理的阐释，对一些历史事件和人物的介绍，对我国科技事业的水平和存在问题的分析等，多有失真之言、失实之作。违逆历史真实的虚假资讯，不符合科学原理的演绎，富有煽动性的评介等，屡见不鲜。要么把自己吹上天，要么把自己贬得一文不值；既找不准历史的坐标，也定不准自己的所在。而当一些著名媒体和名人出现这种错误时，由于受众多、传播广、信任度高，其负面影响尤其大，对其纠偏反正，代价巨大，效果往往十分有限。

要减少这样的现象发生，最大程度地规避科普中出现的内容错误，必须从源头抓起。所有从事科普和知识传播的人，不管是自觉投身或是客观上产生科普效应的，都要对自己传播的知识准确掌握，深刻理解；对自己传播的资讯确保真实，高度负责，切勿轻信马路新闻。在与受众分享自己的认知时，应确有真知灼见，不可浅尝辄止、蜻蜓点水，更不可抱持偏见，致谬误流传。

说科普的铁律是不出错，旨在确立一个基本标准，倡导一种严肃精神。此条铁律绝不可失守，一旦失守，科普将失去存在的价值。正如开篇所说，没有科普很可怕，内容错误的科普更可怕。所有从事科普或事实上以自己的言谈和作品产生科普效应的人，都应以此要求自己——在科学与技术的传播中，务必谨言慎著。

但同时，说科普的铁律是不出错，并非绝对化地不能出错、不许出错。事实上，作为一个个体，在飞速变化的社会和海量集聚的知识面前，所理解和掌握并能够去传播的内容是少之又少的；面对日新月异的科学技术，每一个人都可能犯错，都需要不断学习，专家和学者也不例外。探究规律、追求真理的进程永不会终止。特别是对于一些理论不完备和尚无定论或共识的科技问题，不仅需要持续研究，还需要人们以各种形式进行切磋交流，包括有时会借助科普形式提出问题、发布资讯和阶段成果，以引发更多人的兴趣，吸纳更多人的智慧，推动研究的深入。就科技发展而言，是一个积累和进化的过程，原有的知识被证明有缺陷、不完全正确，或因个人认识与手段的不足，虽已尽力，但所阐释的内容出了差错，这些是正常的，也是被允许的。出现这种情况后，一经发现，应及时坦诚改过，修正更新，尽快自纠或互纠，在相应范围内从速挽回不良影响，努力使出现的错误、尤其是较大的错误不致流传。

二、倡导“三心三不说”

如果说“科普的铁律是不出错”，旨在提倡正确的认识论与准则，那么在实际工作中我所领悟的“三心三不说”，则更多地带有方法论与自律的意味。

“三心三不说”是指敬畏心、谦卑心、责任心，不瞎说、不胡说、不乱说。后三个词意思相近，但程度不一样。瞎说可恨，胡说可怜，乱说最不该。这些都是进行科普，甚或做人行事的基本要求。

第一，要有敬畏心，不可瞎说。对于自己不懂的领域与方面，绝不瞎说，这既是对陌生领域科学与技术的敬畏，也是对从事此领域工作的人群应有的尊重。笔者亲见，一位名人对自己不从事、不了解的领域口若悬河、品头论足，但基本事实不对，认识也就与真理相去甚远；却因名人效应，所传播的谬误流毒甚广，至今难以挽回。

第二，要有谦卑心，不可胡说。对于那些略知一二，但知之不深、积累不够的话题，最好不说。实在是无法推脱、非说不可时，要认真补修，达至真懂后再写再说，且应留有余地。我在进行科普创作时，经常遇到这样的问题，似曾相识相知，实则隔靴搔痒，这时就需做足功课，迈过这道坎。

第三，要有责任心，不可乱说。即便是较熟悉的内容，有积累，有底数，也务必做好准备，核实细节真伪，校对所用数据，方可动笔或张口。这亦是一个对待工作的基本态度问题，但因进行科普工作时往往有较多的受众，责任心就显得尤为重要。

科普工作者务必以“三心三不说”严格约束自己，并牢固树立“传播者必先受教育”的理念，接受无所不在的挑战，勤于和善于学习，不断丰富和更新知识。

在从事科普工作时，出现的原理性错误，以及重要的说错话、写错字、做错事，主要原因都出在学识教养的不足。科普工作者必须秉持学习、学习再学习的态度，努力、努力再努力，筑牢学识背景，吸纳人文营养，使自己成为合格的科普工作者。

三、传播知识抑或传播方法

传播知识抑或传播方法，也是科普界广为关注、热烈讨论的一个问题。笔者的看法是，知识为载体，方法是目的；用正确的形式，正确地传播知识，正确的方法方可确立；传递知识是立竿见影的急活，传递方法是持续积淀的慢功。

知识是浩瀚无垠的汪洋，一个人，穷其一生，所知也仅如滴水；但社会生活和业务活动需要我们具有相对丰富、相对新鲜、尽可能结构化的知识。要做到这一点，只有一条路，就是尽早建立正确的思维方式和良好的学习习惯，借以快速找到和学到所需知识，并能够大抵分辨轻重、识别真伪。为此，除自身努力外，教育工作者和科普工作者的作用至关重要。

科普的直接目的当然是传播知识与真理，阐释史实与真相，以丰富受众的知识结构，形成良好的科技学养。但传播者的责任决不止于此，通过科普帮助人们建立科学思维，比掌握一些具体的知识更重要。不过，这是一个润物无声、领悟培育、厚积薄发的过程。通过适当和有说服力的方式，达成长期训练的目的，帮助受众逐步形成独立学习的习惯和批判性思维，这应被视为科普的长期目的。

在科学技术领域，真理和真相相得益彰，会助我们确立一个客观的、科学的坐标系。有了这个坐标系，才会真切地知道昔日怎样走过，现在站在哪里，去往何方，沿着什么路径，才能抵达彼岸。对于任何一个个体，真理与真相是丰富学识和滋养精神的食粮，真理的积累越丰厚，科学思维越可能建立，知道的真相越多，健全的人格越可能造就。否则，人云亦云，是非莫辨，驶错方向，迷离道路，且不自知，将是十分可怕的。

例如，“飞机的升力如何产生？”是航空科普中的热点、难点，似乎也是一个盲点。提问者多，回答者少。这个问题本身又是航空科技的一个基础性问题，不仅公众广为关注，业内人士也一直在探讨。

颇为有趣的是，飞机早已飞上蓝天，且飞得越来越快、越远、越高；飞机设计技术日臻完善，已能利用 CFD（计算流体力学）、仿真和数学工具进行计算和模拟，在充分考虑真实空气的物理特性的条件下，获得足以支持翼型选择、预测压力分布、给出气流形态的定量解、可视解。但是，对于升力的产生原理，如翼型上低压区形成、气流速度变化等的原因，尚缺乏合理的定性科学诠释。

说到诠释，有一个专门词汇，叫“诠释学”（Hermeneutics），其意是运用一定的概念和既有知识，去解释现象，探明本义，达到“自洽性”（Self-consistent），即在逻辑上达成完满解释，或自圆其说，或不可证伪。

实现自洽性的唯一工具是科学。科学的固有作用是，第一，解释现象，揭示事物内在的或背后的规律；第二，在成为真理后，指导相应的人类活动，包括技术的开发。我们现在要做的对飞机升力的诠释，本质上就是一种以科学原理来解释现象，追求自洽性的研究与探讨。

用于诠释升力来源的科学有两大类，一类是公理性科学，如伯努利定理、牛顿力学定律、能量守恒定律、马格纳斯效应等；另一类是针对航空而创建的专门性科学理论，如乔治·凯利的空气动力学理论、库塔－茹科夫斯基环量定理、科恩达附壁效应等。

用公理性科学来解释专门的现象，常常不尽完美，但这不是公理的错，不是公理的漏洞。如航空人熟知的伯努利定理、牛顿力学定律等，创立者的生活岁月远早于飞行时代，他们的理论不是专门用来服务航空、解释升力的。基于公理，在一定的边界、条件、约束下对特定飞行问题立论求解，所形成的专门性航空科学理论则具有很强的针对性。公理性科学和专门性科学相结合，方为有效回答航空问题之道。

不少学者、专家对此做了研究和诠释，有关成果、评介、质疑不少。例如，加拿大滑铁卢大学“博士科普团队孟航”的一篇《升力与翼型——古典与近现代流体力学的完美结合》，视角独特。北京航空航天大学刘沛清教授的《连续性气流翼型绕流产生升力知多少》，颇具深度。有一位笔名“老眼昏花”的作者，自称非航空人士，但他的《航空知识笔记》里的《飞机如何获得升力？》，试图从经典理论运用、起动涡和翼尖涡流等的结合中说明升力，见解独到。“航旅纵横”平台上的《飞机为什么能飞起来，至今还是个未解之谜》一文，指出使用经典理论在解释飞机升力时的局限性，言之有理。同样的文章还有美国科普作家埃德·里吉斯的《飞机为什么能飞起来？科学家仍然没有答案》（白晨媛译），对飞机升空原理的研究进行了评介。

专家、学者以及众多航空爱好者们进行的研究，正在接近形成共识。即充分考虑动态复杂过程和所有作用力、影响因素与物理条件，融合运用公理性科学和专门性科学，对升力的产生原因，应能做出有说服力的完美诠释。

与此同时，把这样一个略显深奥且尚无定论的重要问题，如实地告诉人们，根据受众不同，采取不同形式，宣讲这些成果与知识，包括有趣的认知过程以及其中和背后的科学逻辑，也是科普的题中之义，可谓独具特色的科普作品。

类似这样的科普，取探讨式、互动式，留有余地，说明认识的阶段性，而非唯一正确的结论。对真理和真相的持续追求，向公众的传播与发布，既反映了学术探讨的自由与活跃，也是为满足社会需要的责任与自觉，其本身也是对研究工作的检验和促进。这是一个授受双方集体提升的动态过程，当然也就没有绝对化的“不出错”。

在这样的实例里，科普已经活化为有血有肉、有知识有内容、有研究方法和思维培养的一个“过程”，而非艰涩枯燥且未必精准的知识搬运了。

四、科技工作者理应成为本专业科普主力军

无论是全谱宽谱范围，还是航空领域，科普与创新都是科技事业的一体两翼。

每一位科技工作者，都应牢固树立科普与创新同等重要的理念，把亲身参与科普、务实做出贡献当作自己职业生活的基本组成部分。

科普应具备“四性”：全民性、终身性、互动性和独特性。“四性”的核心宗旨在于，人人都应积极参与，既当传播者，又当受教者，终身不倦，矢志不渝。在科技知识的传播中，最有发言权的是直接从事科技事业、对本专业和相关专业拥有科技造诣与真知灼见之士，尤其是知识较新、思维活跃的青年科技工作者，这些人应该当仁不让地投身科普，这是一份不容推脱的责任。在日新月异的科技进步中，科技工作者理应成为本专业科普主力军。

以航空为例。当前，我国国民航空科技素养低下的状况严峻，国人对航空的知晓程度十分贫乏，常看到、听到一些违背历史真实和科学常识的奇谈谬论；对我国航空事业多有误解与偏见，捧杀和棒杀屡见不鲜；更有缺乏职业道德的网络写手推波助澜，使得有些谬误反比真理和真相传得更快、更远。说满眼尽是“标题党”和令人瞠目“航空盲”，恐非夸张。由此，我呼吁科技工作者挺身而出，投身科普。

在一次与航空材料研究院青年学者的面对面交流中，我说道：航空材料是一块丰厚的科普黑土地，孕育着众多的科普种子，需要一线的科技工作者培育科普之花。这个认识源于一个基本事实：材料是所有航空器的直接物质基础。历史已经证明，先进材料是航空进步的驱动力之一；未来仍将证明，材料科技的发展和新材料源源不断地出现，必将推动航空发展，甚至有可能带来重大乃至革命性影响。

人们关心航空器的发展，很自然地渴望了解航空材料。在这个领域工作的科技工作者除了勤奋耕耘、专业精进以外，有责任向人们传播知识、传递资讯。这里有俯拾皆是、不胜枚举的选题，只要俯下身子播种耕作，就一定会有丰硕收获。

以“不简单的透明件——飞机座舱玻璃与成形风挡”作例。2018 年 5 月 14 日川航 3U8633 航班英雄机长刘传健的事迹传遍大江南北，我国战斗机所用国产高性能风挡也已誉满天下。看似简单的透明件，实则不简单，蕴含着太多道理、太多故事。航材院的透明件专业从无到有，实力日增，在我国的航空产品配套中成就卓著，为此而埋头苦干的科技工作者理应发声，当仁不让。

再如“高精尖的‘一盘两片’——燃气涡轮发动机上的涡轮盘和导向叶片、工作叶片”，它们是在什么工况下工作的，为什么如此重要？它们是怎样制造出来的？为什么如此之难？又如，“电磁波被吸到哪里去了——从结构材料到吸波涂层”，材料能为隐身飞机做出什么样的贡献？展望前路，隐身材料怎样发展？这些莫不是人们关注的热点，也皆为科普好题材。

还有“奇妙的螺旋线——飞机结构材料的沿革”，随着材料技术的进步，从早期的木材、帆布，到采用金属，进而实现全金属化，又不断采用高性能金属；如今，复合材料正成为新的结构用料。从非金属，到金属，再到非金属，将来还会有更新的材料，似乎勾画了一条奇妙的螺旋上升线。其中有许多科技进步与动人故事，通过详解与演绎，告诉人们航空器如何因材料的进步而进步，未来还将面临哪些挑战，结构重量系数的世纪难题如何进一步破解，也都是航空科普的重要话题。

关乎材料的类似选题还有很多。任何一个这样的选题都有可能成为引人入胜的科普佳作，甚或一个有容量、有深度的作品“集”。创作出好的科普作品，关键在于要有使命感，从自己酷爱的事业里感受乐趣，萌生科普的灵感与创意，既矢志攻关，又勤奋创作，双线作战，相辅相成，相得益彰。

科技工作者直接参与科普，有两件事需要注意。

第一，学习新技能。为了做好科普，不能满足于对专业知识的一般性掌握，而应提升知识的厚度和广度，以求融会、精准，不出错；还要加强对新手段、新技能的学习运用，充分理解科普的特点，以达到生动易懂之效。

第二，处理好保密事宜。适当隐去具体型号，不泄露尚需保护的独有诀窍。如此，则无失密之虞。

五、寄望与自勉

民族要生存，国家要发展，必应高举“德”“赛”两面大旗。若无“赛先生”启智，不可能自发产生独立和批判的精神，不会有思辨的锋芒和创意灵感，也结不出创新和进步的硕果。科普决非可有可无、可急可缓之事，而是必须提上日程、全民参与、人人有责、互教互学且须长期坚持的一项要务。

我们要下定决心，经数年、十数年甚或数十年的努力，在全社会营造出尊重与敬畏科学、潜心学习与应用科技的文化和氛围，显著提升国民整体科学素养，根本改变科盲、航空盲众多的状况。为此，我愿老骥伏枥，再做些实事、益事。

本篇作者张聚恩，自然科学研究员，国务院政府特殊津贴专家。1969 年毕业于北京航空航天大学，长期从事航空工程研制与科技发展工作。曾任中国航空系统工程研究所总师、中国航空工业第一集团公司科技部部长、中国航空学会第七届理事会秘书长等职。现任中国航空学会名誉副理事长、中国科学技术协会航空科学传播首席专家。在航空科普领域著述多部，著有《大国航空》，主编《新航空概论》《空天工程通识》《2049 年中国航空科技与未来航空》等书。开设微信公众号“聚恩君”，开办数百场科普讲座，普及科技知识，弘扬奋进精神。

论科普的“四真”“八有”“三心”“二意”

□ 朱定真

党的二十大报告做出“加强国家科普能力建设”的战略部署，科普工作再次被提上了新的高度，结合落实《全民科学素质行动规划纲要（2021—2035 年）》和《关于新时代进一步加强科学技术普及工作的意见》中有关繁荣科普创作和培养科普人才的有关要求，针对当前科技工作者参与科普工作数量和力度不足的情况，为更好地动员广大科技工作者积极参与科普工作，做好科技资源的科普转化，本文将结合个人对科普工作的理解，谈谈做科普的一些心得体会，供读者参考。在个人经验的基础上，我总结出做好科普必需要具备“四真”“八有”“三心”“二意”。

一、做好科普要拥有“四真”

科普不是谁都可以做的，或者说不是谁都可以做好的，科普人要对自己领域的知识负责任，所以想要从事科普先得判断一下自己领域的知识是不是扎实，是否满足做科普的“底蕴”要求。怎么判断？借用陈征老师的观点，就是做好科普要拥有“四真”：**真懂、真会、真爱、真做**。真懂——既懂科普相关的政策，能够领悟政策要求和内涵，利用好政策开展科普，也懂专业科技领域的研究进展，能够将最新最需要的科学内容清晰明了地解读出来，更懂科学与人文的融合交汇，能够让受众喜欢上科普的内容；真会——既会策划选题，又能动手进行科普创作，还要会开展传播，而不是空谈想法；真爱——既爱琢磨科普领域的话题，又愿意对外行进行分享交流，而非三分钟热度、三天打鱼两天晒网；真做——既要积极把科研的成果转化为科普内容，又能像做科研一样用严谨认真负责的态度来开展科普。自我判断具备了这“四真”，也就具备了创作高质量科普作品的条件。

二、做好科普要具备“八有”

做好科普其实具有很高的素质要求，一场科普并不是简单教别人几个知识点，而是尽可能用一次科普活动激发公众对科学的兴趣，培养对科学方法的理解。或许一次科学的启发就能让人受益终身，所以说，科普不轻易做，做就得奔着好的效果去做。怎么好？除了前面说的主观上的“四真”，还得具备主客观结合的“八有”：**有志、有才、有料、有道、有人、有趣、有闲、有粉**。有志——有志于从事科普工作，而不是把科普当成某种“副业”，可有可无，可做可不做；有才——需要在学术上有一定造诣，足够了解自己专业领域内的科学知识，所开展的科普工作能够获得同行认可；有料——具有丰富的知识积累，厚积方能薄发，能够轻松应对受众的提问，及时准确地解答受众的问题；有道——具有较强的策划和动员能力，同时熟悉传播规律与技巧，能与时俱进利用多种媒介创作科普作品；有人——可以团结引领更多的人加入传播队伍，形成一定的规模化团队，团队分工明确，要有擅长科学领域知识的，有擅长科普文章创作的，有擅长新媒体传播方式方法的；有趣——在开展相关活动时能够做到妙趣横生，引发参与者的互动，而且所传播的内容也要具有趣味性，让受众爱听爱看易接受；有闲——能够合理分配科研和科普的时间，既要做好科研，又要保证有一定的时间能够用于科普工作，工作再忙也不能耽误科普；有粉——所开展的科学传播可以获得受众认可，拥有一定量的受众和粉丝。

三、做好科普要有“三心”

一是要有责任心。科学家除了科学研究工作，也要有政治责任，要具有维护国家利益、把握舆论导向、尊重科学事实、丰富传播渠道、提升民众科学素养的使命感。气象领域是关乎人民生命财产安全的领域，与每个人都息息相关，面对日益复杂的天气、气候变化，通过科普传播出去的科学知识，特别是防灾减灾救灾知识，在灾害发生时是可以救人一命的，所以气象科普不是可做可不做，而是必须要做。此外，科学普及应当是根据公众的需求、公众的理解力、公众的接受习惯，将“原生态”的科学信息解释、加工、包装后再传播出去的过程。传递给用户能够使用并且有利于经济发展、生活质量提升、或者能够防灾减灾的信息，需要科普专家首先弄通弄透自己的学科领域，才能“深入浅出”地解读信息。所以做科普工作是科学工作者应尽的义务，并且要用心负责任地去做，将自己掌握的最新最靠谱的科学知识以受众能够接受的方式简要表达出来。

二是要用心投入。首先是要对科普有“热心”，有了做科普的热心才愿意将时间和精力花在科普事业上，这是做好科普的前提条件。其次是要“用心”，真正的花时间去钻研，要不断跟踪最新的科技进展和受众喜爱的传播形式，不能一版 PPT（幻灯片）全年，甚至于几年都包打天下。科普内容不能做成简单的说明文，要从受众角度去考虑，换个角色站在受众的视角看问题，加入服务性和人文关怀，让科普有趣有情。只有加入了服务性和人文关怀，才能让科普内容有活力。把专业术语堆砌的高深理论翻译得通俗易懂、深入浅出，让非专业的人明白，这是一种艺术。内容加入悬念，语言加入节奏，从“漠然”到“释然”，往往一句话的改动，就能达到意想不到的传播效果。这门艺术，非得有热心且真用心才能深入，非下苦功不可。

三是要关心“流言”和“谣言”。科技工作者常常不愿意“拥抱媒体”、不愿意“炒作话题”、不愿意当“万金油”，在很多关键时刻让流言、谣言有了可乘之机。所谓“谣言一张嘴，辟谣跑断腿”，“流言”和“谣言”很容易被大众记住且主动传播扩散，科学传播者对知识要有兴趣，对流言和谣言也要有兴趣，面对“流言”和“谣言”要用心分析。它们之所以存在、流行，一方面是因为科普出现了短板，另一方面也因为它们具有吸引人的特点。科普的短板往往通过谣言被揭示出来，找到了短板就可以有针对性地与伪科学争夺阵地，从社会责任角度讲，从对传承科学精神的责任担当出发，要求科技工作者善于拥抱媒体，主动占领自己的阵地，及时去补齐短板，以“良币”驱逐“劣币”，调整和纠正科普乱象，不给谣言、流言以市场。此外，科技工作者在科普过程中要学会参考和利用谣言和流言的“优势”特征，抓住受众的兴趣点，让自己的科普内容被更多的受众触及。于科技工作者自身而言，对“流言”和“谣言”的思辨，也可以激发对曾经忽略的问题的思考，对其他相关领域关联性的探索，这也有助于自身科学研究的拓展。

四、做好科普要把握“二意”

一是要发挥好科普的政治意义。习近平总书记在 2016 年的“科技三会”上指出：“科技创新、科学普及是实现创新发展的两翼，要把科学普及放在与科技创新同等重要的位置。没有全民科学素质普遍提高，就难以建立起宏大的高素质创新大军，难以实现科技成果快速转化。”这一重要指示精神是新发展阶段科普和科学素质建设高质量发展的根本遵循。只有在全社会弘扬科学精神，形成崇尚科学的社会氛围，科技创新才能获得肥沃的土壤。《全民科学素质行动规划纲要（2021—2035 年）》提出，科学素质是国民素质的重要组成部分，是社会文明进步的基础。公民具备科学素质是指崇尚科学精神，树立科学思想，掌握基本科学方法，了解必要科技知识，并具有应用其分析判断事物和解决实际问题的能力。党的二十大进一步对科普工作进行了部署，提出了要“加强国家科普能力”。全面建设社会主义现代化国家新征程的背景下，更加突出了同步提升社会科普工作的重要性。

中国科学技术协会（后称中国科协）名誉主席韩启德曾提出：“社会给予了科学巨大投入，因此公众有权知晓科学界在做什么、做得好不好。科学只有取得公众的理解，才能得到更大支持；只有在全社会弘扬科学精神，科技创新才能获得肥沃的土壤。”

就拿气象科学来说，为保障生命安全、生产发展、生活富裕、生态良好，就要发挥气象防灾减灾第一道防线作用。面对全球气候变化，气象科学技术普及已经不仅仅是科研的副业，而正成为拯救地球的战场，关系到未来人类的生存。持续有效的科普，可以避免在重大自然灾害面前，信息泛滥、真假难辨。否则不仅会让自然灾害信息的权威性、公信度、影响力大打折扣，还可能引发全民忧虑甚至社会风险，后果严重。因此，科普并不是副业。弘扬科学精神，传递科学思维，传播科学知识，是科技工作者响应国家号召的责任担当，因此科技工作者要时刻谨记科普的重要意义，积极参与到相应的工作中去。

此外，面对当今存在的一些披着科学科普外衣进行意识形态渗透、恶意引导舆论的问题，科技工作者需要积极勇敢地站出来进行正确引导。科普目前在中国发展很快、市场很大、前景广阔，是境外势力感兴趣的领域，他们多选择以医疗、健康、环保、教育、消费为主要内容的科普民生领域为重点突破口，因此必须要高度警惕，及时纠正，这也需要科技工作者在关键时候带好头，发挥好科普的价值引领作用，以科学普及工作推动科学素质的提升，彰显价值引领作用，把握好风向。

二是要最大化科普的社会意义。科学普及是要传播科学知识、科学方法、科学思想、科学精神，是知识、信息、思维理念和价值观的传播。科学需要传播，传播也需要讲科学。传播出去的信息只有最后被受众接收到，才完成了传播的全过程。所以科普不能只有说明文，需要科学的传播人和科学的传播方法配合，需要注重传播学理论和方法的运用。某种意义上说，科学普及过程是一种“科学”概念与“传播”艺术妥协的过程，要用科学的方法传播科学的内容，让受众喜欢听、听得懂，实现科普内容有效触达最大范围的受众。当然，怎样把握科学的“度”还需要在实践中不断地总结、磨合，提高科学传播的艺术水平。

以天气预报为例，公众常会对天气预报有时不尽如人意抱有负面情绪，抱怨天气预报没有做到100%的准确，这是因为以往我们更多的是传播预报结论，鲜有介绍预报员对于存在诸多不确定性天气的理性决策方式的过程。如果在科普中更多地去阐释天气预报员分析预报的思维和方法，让公众明白，气象是一种认识世界的方法，从全面看到局部，再从局部引到全面，还存在不少因理论研究、监测能力不足等造成的局限性，公众就能够更加科学地运用接收到的气象预报预警信息，做出最适宜自身情况的判断，采取最合适的防灾减灾手段，更好地趋利避害。有效的科普、及时的媒体传播，与气象预报同等重要。

总的来说，科学传播人不仅要懂专业领域知识，也要有政治责任，还要热衷科普，能够深入浅出，将自己最新的科学知识以受众能够接受的方式简要表达出来。科普是一门在实践中发展提升的学问，需要不断地通过实践来提高工作水平。现在国家和政府非常重视科普，但是科技工作者参与的力度还不够，希望更多的科技工作者承担起责任，积极加入科普队伍。

本篇作者朱定真，中国气象局公共气象服务中心原气象服务首席，享受国务院政府特殊津贴专家。中国气象学会气象科学普及工作委员会副主任委员、全国气象学科首席科学传播专家、中国科协2015年“中国十大科学传播人”。从事气象科学实践和公众科学传播工作40余年，经验丰富。主编有《中国自然灾害要览》（上、下），著有《定真气象科普丛书》（全4册）。

科普方法论之我见

□ 袁岚峰

如何做好科普？在同行交流中，这往往被认为是一个方法论层面的问题。这里我谈谈个人的思考，希望可以抛砖引玉。

一、我的科普历程

首先，介绍一下我的学术背景和我从事科普工作的历程。

1992 年，我考入中国科学技术大学（以下简称中科大）化学物理系，当时我 14 岁。因为我对数学、物理、化学都有浓厚的兴趣，不想抛下任何一门，而中科大化学物理系是全国唯一的数理化并重的系，所以我来到这里。化学物理是化学和物理的交叉，一切用化学方法研究物理问题或者用物理方法研究化学问题的内容都可以包括在内。这门学科既重视广阔的视野，也重视深刻的原理。这种训练和思维方式对科普工作是很有价值的。

许多人以为我是少年班的，其实不然。少年班招收的是高三之前参加高考的学生，而我 14 岁高考时已经高三了。少年班跟化学物理系是两个并列的院系，所以它并不是少年大学生的统称。实际上，在少年班之外也有许多少年大学生。例如我们 92 级化学物理系只有 33 个同学，却有三位同学比我仅大一岁，15 岁来的。所以在中科大有许多少年大学生，大家都习以为常。从学习交流的角度来说，年龄虽小，我们却可以镇定自若地去跟各种人、事接触。同理，对科普来说这也是一件好事，因为科普的基本目的之一是把一件看似复杂（甚至神秘）的事情解释清楚，用哲学术语来说，就是“祛魅”。这种习以为常可以让我们更轻松地解读科学问题。

2001 年，我 23 岁，在中科大获得博士学位，专业领域是理论与计算化学。之后，我在美国做了两次博士后，于 2006 年回到中科大工作。2015 年，我和一群志同道合的朋友组建了一个智库“科技与战略风云学会”，简称“风云学会”。我们都是受过科学训练的人，目标是用科学的思维方式研究国家的战略问题。“风云学会”的指导思想就是两条：科学和爱国。

我的科普之路的开端是这样的。2015 年 3 月，媒体大量报道一则新闻，“中科大潘建伟项目组实现量子瞬间传输技术重大突破”，引发热议。网友评论最多的却是：“每一个字都认识，连起来就不知道是什么意思了，‘不明觉厉’！”而我刚好了解一些相关的背景知识，潘建伟等人的工作在学术上称为“多个自由度的量子隐形传态”，属于量子信息领域。对于如此专业的内容，媒体记者显然不会了解。因此我认为可以写一篇文章，向公众解释清楚这些内容。为此，我还跟我认识的潘建伟研究组的同事陈腾云博士通了电话，请教了很多专业知识。经过这样一番炮制之后，我写出了第一篇科普文章《科普量子瞬间传输技术，包你懂》，发表在我的微博上（账号名：中科大胡不归）。

令人吃惊的是，这篇文章的反响极大，转发和评论像潮水一样涌来，许多“大V”就是在那时关注了我。其中有一位是著名的通信科普专家“奥卡姆剃刀”。后来他向我解释，我才明白了原因：我为一个群体解决了一个疑难问题，这个群体就是对量子通信感兴趣的传统通信工作者。这些人了解到现在量子通信是热门学科，希望学习或被要求学习。但因为缺少量子力学的知识基础，很难直接阅读教科书。而网上的所谓科普文章质量参差不齐，充斥着种种错误说法。例如经常有文章说量子通信超光速，这在专业人士看来是不可理喻的。

这些专业人士在茫然而惊恐的心情中忽然看到我的文章，最大的感觉就是：终于有一篇文章能够把量子通信说清楚了！由此我得到一个启示：在科普领域的读者中，有一个很重要的群体，就是其他领域的专业人士。如果是同一专业的，那么他们不需要科普。如果不是专业人士，那么他们可能难以理解这其中的精妙之处，也可能对科普没有这么大的需求。而其他领域的专业人士，是最理解科普、最需要科普，也最能为科普工作提供支持的群体。如果能在这个群体中建立信誉，我认为我们的科普工作就成功了一半。

后来，在读者朋友们的推荐和鼓励下，我写了越来越多的科普文章，给许多机构做了科普报告。2018 年以来，我的科普工作又开辟了一个新的维度——视频。我和“观视频”工作室合作推出了《科技袁人》视频节目，每周在各个视频平台更新。除了线上播放之外，也举办了若干次《科技袁人》的线下活动。

通过实践，我们发现视频是一种大有潜力的传播形式，尤其是加上“灵魂后期”的制作后，更是具有平面媒体无法比拟的趣味性。对于吸引青少年学生，视频是一种具有战略意义的传播形式。严肃的科学内容，也完全可以用生动活泼的视频形式表现出来。但它也有一定的缺点，比如传输信息的速度和清晰度受到形式制约，由此导致讨论的深入程度和信息密度不如文章。

二、科学普及的基础：科学的可靠性

关于科普方法论，有一个非常基本的问题：科学可以普及吗？这之所以成为一个问题，是因为我们看到大量所谓的科普作品，讲了许多科学知识，但没有讲这些知识的原理，没有讲“人们为什么要相信这种说法，而不是那种说法”。那么，这样的作品普及的是科学吗？事实上，很多人对科学的理解也就是如此：科学教材上讲的就是科学，或者科学家讲的就是科学。

必须非常明确地指出，这些人误解了科学的本质。科学的本质是可靠的知识，是通过正确的、创造性的思维发现的可靠的知识。当然，这种可靠是相对的，我们时刻准备着在新的证据出现时修正已有的科学知识。但是，跟其他信息相比，科学知识的可靠性是无与伦比的。这不是因为科学家的权威，而是因为科学重视得到结论的过程。论证的过程往往跟结论同等重要，甚至更加重要，这一过程是任何人都可以去验证的。科学是唯一具有这种性质的人类事业。经常有人用“科学还不能解释所有事情”来为宗教或者神秘主义辩护，其实这种话令人失笑，因为科学从来就没有声明自己解释了所有事情！

科学找到了什么可靠的方法呢？对于这个问题，爱因斯坦有一个经典的论述。1953 年，斯威策写信给爱因斯坦，问他怎么看待中国古代的科学。爱因斯坦的回信如下（图 1）：

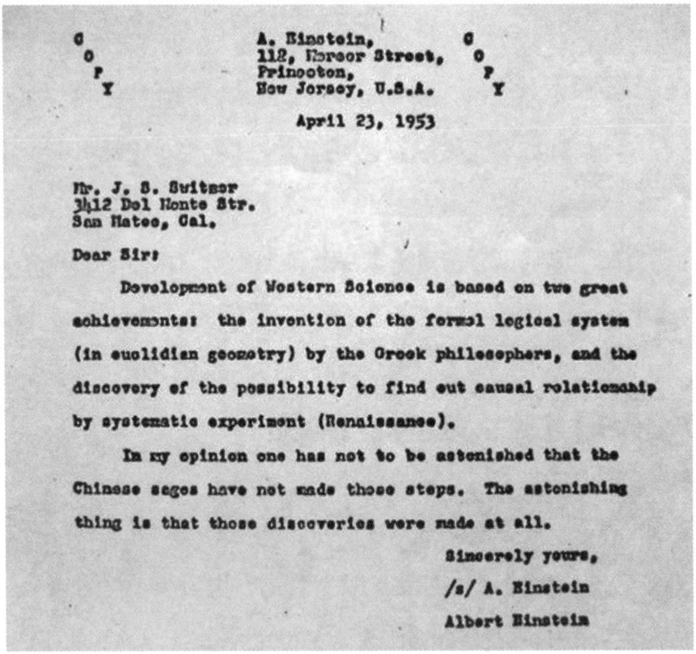
C O P Y

A. Einstein,
112, Mercer Street,
Princeton,
New Jersey, U.S.A.

C O P Y

April 23, 1953

Mr. J. S. Switzer
3412 Del Monte Str.
San Mateo, Cal.

Dear Sir:

Development of Western Science is based on two great achievements: the invention of the formal logical system (in euclidian geometry) by the Greek philosophers, and the discovery of the possibility to find out causal relationship by systematic experiment (Renaissance).

In my opinion one has not to be astonished that the Chinese sages have not made those steps. The astonishing thing is that those discoveries were made at all.

Sincerely yours,
/s/ A. Einstein
Albert Einstein

图 1 爱因斯坦论科学方法论

在信中，爱因斯坦提出两个最重要的科学方法论：

其一是**演绎法和逻辑体系**，由古希腊数学家发现，代表作是欧几里得的《几何原本》，它使得严密科学成为可能。

其二是**实验和试错的方法**，由文艺复兴时的欧洲科学家发现，典型人物如伽利略（代表作《关于两门新科学的对话》），它使得实验科学成为可能。

在这里，基本的要点就是：科学的力量来自其无与伦比的可靠性，而它的可靠性来自其得到结论的方法，也就是逻辑方法与实验方法。这些要点能够给我们的科普工作提供许多启示。

三、科普工作的基本理念

在科普工作中，我们最需要普及的是什么？是科学的思维方式，而不是具体的结论。具体的结论很可能会随着新的证据而变化，而科学的思维方式是可以受用终身的。

我在写作科普作品时，每当讲到一个知识，只要有可能，都会尽量讲清背后的道理，讲清科学家是如何得到这个结论的，为什么他们会这么想而不是那么想。我认为这应该是科普作品中最有技术含量的部分。

根据“得到结论的过程跟结论同等重要”的道理，我还经常设身处地地代入公众的角色思考，拟出他们最可能感到疑惑的问题，然后预先写出一系列答案，争取把常见的问题都消灭于无形。当然，即使这样，也经常会有意想不到的问题冒出来。这让我明白：正确的路径只有一条，错误的路径却有无穷多条。

无论如何，我是努力把读者当作活生生的对话对象，而不是等着被灌输的沉默的听众。既然要对话，就应该多想想如何提高对话的质量，提高可信度，把想推销的观点和态度推销出去，不要让对话变成自说自话。

这里有一个有趣的问题：科普作者应该讲到什么程度，才算是讲清了道理？

我们经常会看到一种有“科”没“普”的文章，使用了大量的专业术语，相当于论文摘要，完全没考虑读者的接受能力。这样的文章是给谁看？可能只有作者同一个专业领域的同行才能看懂。对于这种情况，我称之为：只有本来就懂的人才能看懂他在说什么，本来不懂的人看了仍然不懂。为什么会出现这种令人哭笑不得的情况，乍看起来是作者不懂得科普的需求，但仔细想想，更可能是作者没想清楚自己讲的这许多东西中，哪些是本质，哪些是细节，总而言之就是自己的理解不够深入。

我的一位博士后导师，是 1981 年诺贝尔化学奖得主、康奈尔大学化学系教授罗阿尔德·霍夫曼。他问：什么是一个好的理论？然后回答：好的理论，就是要尽可能简单。你把它一减再减，直到再减你就什么都剩不下为止，也就是说再减你对研究对象的描述就要出现定性的错误了。到这个时候，你就可以相信，剩下的每一条都是本质性的，这就是对研究对象的本质描述。

爱因斯坦有一个类似的说法："尽可能简单，但不要过分简单。"霍夫曼的说法，相当于给爱因斯坦的话做了一个可操作的解释。听霍夫曼讲科学，最强烈的感觉就是：所有的科学道理都是可以理解的。当然，如果有些道理不容易理解的话，那就是不适合他的理论研究的课题了。这时他就会说：这个问题很复杂。然后大家就会心一笑。因此，不是所有的科学道理都容易理解，但是只要是你真正理解的科学道理，你都能够讲得让别人理解——这就是我从事科普工作的基本理念。

四、"我的朋友们"

我的读者和观众也许会注意到，我讲过的领域五花八门，包括：量子信息、核聚变、永动机、引力波、霍金辐射、青蒿素、高温超导、辛普森悖论、超级计算机、制药、疫苗、蓝眼睛岛问题、人工智能、地外行星、黑洞信息佯谬、黎曼猜想，等等。我并不完全了解这么多领域的知识，实际上，这里的许多知识都是我现学的。由于科学发展日新月异，每当出现热门的科技新闻，受众都有被科普的需求，这也给我们科普工作者增加了更多的责任。总而言之，为了满足人民群众日益增长的对于科学普及的需求，我们要做出更多的努力。

真正有趣的问题是，我是如何在许多原来所知甚少的领域迅速学到东西，能向观众讲一通的？基本的办法就是两个：一是自学，二是请教专家朋友。观众经常听我提到“我的朋友某某是某某领域的专家”，现在每次提问时都兴致勃勃地等着我发动“无中生友”的技能，这已经变成一个“梗”了。

例如，为了讲黎曼猜想，我就阅读了维基百科上黎曼猜想的词条以及若干条相关的词条。尤其重要的是，我还读了卢昌海博士的专业科普著作《黎曼猜想漫谈》。这本书的目标读者并不是对数学毫无基础的普通大众，而是有一定基础又对黎曼猜想感兴趣的专业读者，也就是像我这样的读者。此外，我还咨询了我认识的若干位数学专业工作者。经过这样的准备，得到这么多专家朋友的帮助后，我终于能够理清黎曼猜想这个“数学中第一重要问题”的脉络，也能够向更多的读者去传播了。

但是，黎曼猜想系列视频的评论和弹幕中，观众总是叫苦不迭，说怎么都看不懂。我必须指出，这是由黎曼猜想这个问题本身的难度决定的，理解它需要大学级别的复变函数知识作为基础。不像哥德巴赫猜想或者孪生质数猜想，理解它们只需要小学程度的数学就足够了。我不可能以辞害意，为了讨好读者，就只跟他们说一点黎曼猜想的皮毛，让真正想理解的人一头雾水。对于一个科学话题，不讲则已，要讲就讲明白，这是我的一贯准则。在上述的前提条件下，我希望我已经把黎曼猜想的来龙去脉解释得尽可能清晰了，至少我是向这个方向努力的。而且即使你没有听懂黎曼猜想的细节，至少也对数学家的思维方式和他们“朝闻道夕死可矣”的伟大精神增加了了解，这已经是很好的收获了。一个有趣的反馈来自我的科大师妹赵素文博士，现任上海科技大学生命科学与技术学院助理教授。她告诉我，她原来对黎曼猜想一点都不懂，现在可能超过 99% 的人了。

再深入地想一想，就会明白：对于黎曼猜想的研究有大量的细节，是超出我的数学知识范围的。我并不是把这些细节都搞清楚了才来科普，而是只需要看清楚基本的思路就可以科普了。这就是科学的一个基本特征：科学是讲道理的，不是神秘主义。归根结底，我们对科学的信心，是建立在检验的可行性上的。是否对每一步操作都可追溯，就是科学跟其他事物的本质区别。

因此，我的大部分科普作品，讲的都不是我自己的专业。而在这个过程中，我采访了许多行业的专家——“我的朋友们”。我的目的，就是把专家们的专业见解传播给公众。需要注意，一个道听途说的信息，跟一个有专家背书的信息，可信度完全不可同日而语。任何一个人，即使知识再渊博，了解的也只是沧海一粟。要对广泛的领域做出深入解读，就必须经常去咨询很多各个专业的朋友，请他们提供知识，请他们帮忙审稿，请他们提反馈意见。我之所以要强调“我的朋友们”说了什么，是因为要表达这个信息的可信度，就像写论文要列参考文献一样。这是对内容的负责，也是对科普读者的尊敬。

五、提升科普能力

如前所述，我做的很多事本来应该是由科学记者来做的。但是我国非常多的媒体记者缺乏足够的科学素养，即使自身很赞成专家的理念，往往也不能迅速理解专业观点。所以，有时候我们在媒体上看到一个科学家似乎说了一些很荒唐的话，这时应该考虑到，这不一定是他的本意，可能是记者没有正确理解他的意思，给出了一个扭曲的图像，结果就光怪陆离了。

值得注意的是，在科普文章撰写过程中，对于“科学家为什么要这么想而不是那么想”的思路，是需要有科研经验的人才能看出来的。为什么中国的科普产业比发达国家还落后很多？这就是一个重要的原因。在全世界，发动一线的科研工作者写作科普作品都是一个难题，而在中国尤其难。在中国能够讲清科学知识背后的道理的科普作家，比发达国家少得多。这可能是因为以前中国的科研水平低，大家的关注点都在科研上，顾不上搞科普。近年来，中国的科研水平突飞猛进，愿意来搞科普的科研工作者也多了起来，这是非常好的趋势。因此，从积极的一面去理解，不足的现状也就意味着大发展的机会。

对此我们能够做什么呢？我能建议的，有两个方向。一是科学家向记者的方向去努力，去采访其他领域的专家，多运用传播学的方法和思维，把科技界的声音更多地在媒体上传播出去。二是记者向科学家的方向去努力，多学习科学知识和科学的思维方法，让自己能跟科学家进行有效的交流，能充分地理解和表达科学家的意思。无论哪一个方向，现在都大有可为。

所以我有一个命题：一个人科普的能力，取决于他“科的能力”和“普的能力”中较低的那一个。用数学语言表达，就是：科普的能力 = min{科的能力，普的能力}。“科的能力”和“普的能力”中哪一个比较低，哪一个就是瓶颈。科普是一项综合性的事业，需要你对“科”和“普”这两方面都有深入的理解，才能达到比较好的效果。

市面上有许多“有科没普”和“有普没科”的所谓科普作品。“有科没普”的作品往往是业界专家写的，完全没考虑观众的需要，结果看起来几乎就等于论文摘要，充满了普通人看不懂的专业术语。有趣的是，即使是这样的文章也是有价值的。价值在于能让有科研基础的人学到不少东西。因此科学家向记者努力的方向，就是想方设法把学院派表达转换成普通人能理解的表达。

在我看来，科普的关键是要想清楚几个问题：你的读者是什么人，他们知道什么、不知道什么、想知道什么，你知道什么，你想传递给他们的最有价值的信息是什么，以什么形式传递。如果这些你都清楚了，那么创作就水到渠成了。

经常有人赞扬我的科普作品“通俗易懂”，但其实，通俗易懂仅仅是一个比较浅层次的优点。如果一个读者所知很有限，那么他唯一可说的，自然就只有通俗易懂。但如果他对科学了解很多，是其他领域的专业人士，甚至就是这个领域的专业人士，那么他就能看出更深层次的用心之处，能看出我为什么要讲这个，而不是讲那个，为什么要这么表达，而不是那么表达。他就能看出“台上一分钟”背后的“台下十年功”。这种是真正的“内行看门道”。如果你的作品能通过专业人士的评审，令他们觉得有可取之处，那么你的作品就有长久的价值，面对大众时也会如水之就下、高屋建瓴。

至于“有普没科”的作品，并不一定是记者所写，更可能是自媒体写的。这类作品如果只是传播一些浅层的知识，那至少对公众是有益的。令人头痛的是，经常有一些所谓科普作品传播的其实是伪科学，诸如“量子纠缠令我们对世界的认识崩塌了”“量子通信是骗局”等。而接受错误观念甚至不如一无所知。对于后者我们可以直接告诉他应该学什么教材，而接受了错误观念的人，你把他拉回来就非常困难。所以，无论科学家、记者、科普工作者，我们都应该努力提高自己“科的能力”与“普的能力”，尽可能广泛地传播正确的思想。

显然，提高这两个能力都是很不容易的。我认为真正决定一个人上限的，还是“科的能力”。毕竟，提高“普的能力”的办法比较多，都有大量的可以研究的地方，没有一个严格的标准，条条大路通罗马。而在科学方面，标准就很严格了，对就是对，不对就是不对。不可能因为你的表述舌绽莲花，错的就变成对的了。这是硬碰硬的需要实力的地方，也是可以无限提升的地方。

最后，我们需要注意到，当今的世界，各种反科学、伪科学的思潮还在泛滥，甚至有势力越来越大的趋势。如果我们不做努力，人类前进的脚步随时可能倒退回中世纪。正如一句名言所说：“邪恶取得胜利，只需要好人无所作为就够了。”坐而论道批评别人做得不够好总是容易的，但自己真正去做却是困难的。最重要的就是打破这种心理障碍，勇敢地去做对社会有价值的事。希望有更多的朋友们站出来，传播科学知识和科学的思维方式，用科学的光芒照亮世界，推动人类前进！

本篇作者袁岚峰，博士，中国科学技术大学合肥微尺度物质科学国家研究中心副研究员，中国科学技术大学科技传播系副主任，中国科学院科学传播研究中心副主任，科普专家，《科技袁人》节目主讲人 。获评“典赞·2018 科普中国”十大科学传播人物。社会兼职包括安徽省科学技术协会常务委员、中国无神论学会理事、青年科学家社会责任联盟理事、中国青少年新媒体协会常务理事、中国

科普作家协会理事兼科普教育专业委员会副主任委员等。撰写的系列科学普及与科技政策文章在《人民日报》《环球时报》《中国国家天文》《中国发展观察》、观察者网、人民网、环球网、新浪科技、中国科普博览等媒体发表，多次接受新华社、《环球时报》《时代周报》《南华早报》等媒体采访，应邀为众多机构讲课。著有《量子信息简话》等科普图书。

做科普要回答“终极四问”

□ 陈　征

网上流传着一个古老的段子：某大学门口的保安会对外来的访客提出三个直击灵魂的问题：“你是谁？”“你从哪儿来？”“你要到哪儿去？”来者只有正确回答这三个“人类哲学的终极问题”，才能顺利进入校园。笔者这些年偶因个人或公务出入该大学校门，或许因为总有事先报备或是有同学、朋友来门口迎接，并没有遇到过这“灵魂拷问”的场景。这个段子源于何时、何人，又为何不是其他学术机构的保安，今天恐怕已很难考证。但作为一名物理老师，笔者觉得这终极的“灵魂三问”与自己在学物理、教物理以及做科普工作时倡导的思想方法颇为吻合，因此留下了深刻印象。

物理学面对的大自然如此纷繁复杂，而无论是记忆还是信息处理，我们人类的认知能力都如此有限（想必大多数人在考试前复习时都会对此深有感触），因此物理学的基本思路是“先化繁为简，再由简入繁”。物理学首先选择最大限度地“轻装前行”，放下各种现实因素，找到最核心的性质和特征，建立最简单、最基本的“理想模型”，搞清楚最基本的规律，然后一步步增加考虑因素来逼近现实，根据问题实际的资源条件和问题精度要求之间的投入产出比，最终决定逼近的程度。就像现实生活中有各种复杂的力与运动问题，而在中学我们学物理时只先考虑物体的质量和位置特征，建立起最简单的“质点”理想模型，研究其最简单的运动形式——匀速直线运动，之后一步步增加条件：考虑速度变化但加速度（速度变化率）是常量且和速度方向一致的质点匀变速直线运动→加速度是常量但和速度方向不一致的质点抛体运动→加速度大小不变方向始终和速度方向垂直的匀速率圆周运动→引入微积分思想将任何一般质点运动看作前面简单运动微元的累积→把质点累加起来成为刚体、流体，最终逼近各种现实运动问题。

笔者并无意在此上物理课，以上对中学物理的一点回顾是希望各位读者品味其中的思路和方法。我们在学习、工作、生活中做任何事情都要面对各种大大小小的问题，还受到有限时间和有限资源的客观条件限制，如不分轻重缓急，很容易陷入无从下手的窘境，或是抓了芝麻丢了西瓜，得不到希望的效果。反之，如果能抓住事情最核心、最基本、最重要的问题，则能够纲举目张，一下子把事情的轮廓勾勒出来，此时即便在小的细节方面有所缺漏疏失，也不会影响大局。

这便是笔者从事科普工作的基本思路。小到讲清楚一个科学问题、准备一场科普讲座，中到策划一场科普活动、设计一个科技馆或科普公园，大到参与一个部门、一个地区、一个行业的整体科普规划，千头万绪中总要“先化繁为简”抓住关键，然后才能根据现实情况逐步“由简入繁”，在有限的时间和人、财、物力条件下达成尽可能理想的效果。仿照前述保安“灵魂三问”的案例，笔者把做科普的思路总结为回答四个问题：“是什么？”“为什么？”“怎么做？”“与‘我’何干？”解决了“终极四问”，科普工作总体目标的实现就有了基本保证，即便细节上有所缺漏也不至于影响大局。

一、是什么？——如何理解“科普”？

“科普”是“科学普及”或“科学技术普及”的简称。就如“一千个人眼中有一千个哈姆雷特”一般，笔者在各种科普工作的交流活动中，听到同行们对“科普”的阐释理解也千差万别，似乎每一个科普工作者眼中都有一个自己的“科普”定义。许多学者试图将这一概念与国外的科学大众化（Popular Science 或 Science Popularization）、公众理解科学（Public Understanding of Science，PUS）、科学传播（Science Communication）和公众参与科学（Public Engagement with Science，PES）等概念形成对应，但目前学术研究领域暂未形成一个明晰、精准且具有广泛共识的“科普”定义。

而在社会上，由于一个概念在社会流传的过程中总会逐渐变得含义模糊，而且流传越广泛含义就越模糊，“科普”一词的含义现在已经被大大泛化。从小道消息、明星八卦到人文、历史、经济、哲学等，似乎只要传递一个别人不知道的信息，就可以被冠以“科普”之名。

科普概念的过度泛化会造成人们对“科学”认识的混乱，造成显而易见的负面效果。同时笔者以为，科普也并非一定要等同于“科学传播”或“科学大众化”。就好像熟悉中国近代史的朋友们应该了解，一味死守马克思主义教条对革命实践弊大于利，而指导中国革命成功以及之后引领国家建设发展取得伟大成就的，是将马克思主义基本原理与中国具体实际相结合，形成符合中国国情、解决中国问题、有中国特色的创新理论体系。

1940 年代延安的“科学大众化”运动时期，科普的主要内容是普及科学知识，回应的现实问题总体上是破除封建迷信，促进马克思主义传播，具体为农业生产、卫生防疫、安全生产、后勤保障等方面提供支撑。新中国成立以后，我们从一穷二白开始搞建设，这个时期的科普总体上仍以普及科学知识为主，在回应现实方面总体建立了全民对科学的信任和支持，具体通过科学知识补课、提升劳动力的素质和技能来满足社会发展的需要。特别值得注意的是，新中国成立以来相当长的时间里，国家和地方政策法规中强调“科普”最多的核心阵地之一是农业科技推广促进增产增收，农技推广车一直是全国科普大篷车中的重头，这是科普始终关注现实、回应现实的具体表现。

所以对科普实践工作而言，我们应该把科普看作一个“中国特色”的概念，它的“灵魂”不是阳春白雪的高台教化，而是踏踏实实地回应现实问题。培育个人科学素养，满足社会发展需要是“科普”概念一以贯之的内核，而它的具体内涵和外延应是随着时代背景、社会需求的变化而动态发展的。

二、为什么？——“科普”有什么用？

为什么要搞科普？自然是因为它有用。那具体有什么用呢？各种政策法规、研究论文中能看到许多抽象论述。在笔者看来，科普的价值归根结底在一句话——解决实际问题。习近平总书记“两翼理论”的核心论述“科技创新、科学普及是实现创新发展的两翼，要把科学普及放在与科技创新同等重要的位置”告诉我们，科学普及的用处是解决创新发展问题，也正是因为它有这个作用，才应该、才配得上和科技创新放在“同等重要”的位置。

科普如何解决创新发展问题呢？需要落实到具体的服务功能上来。在参与中共中央办公厅、国务院办公厅印发的《关于新时代进一步加强科学技术普及工作的意见》（以下简称《意见》）前期的研讨时，笔者曾将其总结为：服务科技创新、服务社会治理、服务国家重大战略实施、服务人民幸福生活构建。这个“服务”的基本思路应该与许多科普同仁们“英雄所见略同”，在最终印发的《意见》指导思想中提出了站位更高的四个服务：服务人的全面发展、服务创新发展、服务国家治理体系和治理能力现代化、服务推动构建人类命运共同体。直接任务指向为实现高水平科技自立自强、建设世界科技强国奠定坚实基础，在更广泛的领域通过“推动科普全面融入经济、政治、文化、社会、生态文明建设”为国家创新发展、人民幸福生活构建提供全面的支撑。

对于一线科普工作者而言，以上的论述可能仍显抽象。我们不妨用更“接地气”的方式来理解：通过科普让受众拥有科学知识、掌握科学方法，具有更好的技能，获得好的生存条件；使公众体会科学思想、培养科学精神、提升认知水平、获得精神升华，这就服务了人的全面发展。通过科普，在全社会营造相信科学、尊重科学、向往科学的舆论环境，创造全社会积极投资科技、广泛接受科技产品与服务的市场环境，培育“具有未来科学家潜质的青少年”为科技事业提供大量优质后备人才，为科技创新战场提供有利的“战场环境”和强有力的“后勤补给”，这就服务了创新发展。通过科普传递科学声音，宣扬科学观念，提升领导干部科学决策水平等，提升社会运行和治理水平，这就服务了国家治理体系和治理能力现代化。通过科普沟通中外、克服偏见、穿透政治和意识形态壁垒，讲好中国故事，在科学思想和精神下凝聚全世界的共识，推动和平与发展，这就服务了人类命运共同体的构建。

这就是新时代要大力开展科普活动的原因和科普的价值所在。

三、怎么做？——“科普”该怎么做？

（一）“战略”层面

作为一名物理老师，我考虑问题通常抓两个核心战略因素，一是客观规律，一是边界条件。对于新时代的科普工作，我们的边界条件发生了三个重大变化：

1. 时代之变：人类文明的分水岭。

我把 2000 年看作人类文明的分水岭。移动互联网的普及深刻地改变了社会，人类历史上第一次从信息匮乏的时代进入了信息过剩的时代。今天限制一个人成长的主要瓶颈已经不再是是否有渠道获取有用的知识或信息，而是自己有没有获取这些知识和信息的意识。同时，海量的信息鱼龙混杂，从中分辨出精华和糟粕的能力将是信息时代个人的核心能力。

2. 世界之变：百年未有之大变局。

经过 40 多年的改革开放，我国的发展已经达到一定的高度。经济方面已经稳居世界第二大经济体，科技方面同样已经在很多领域处于领先水平。这些成绩当然值得骄傲，但我们也要意识到，自近代科学传进中国以来，我们一直是在学习、消化，一直在努力把别人蹚出来的路尽快走完。因此，到了今天，我们必须“自立自强”，自己去探索！

3. 学习之变：探索未知的新能力。

这么多年，我们一直在努力学习知识。可人类的知识正在呈几何级数增长。2018 年国际科学技术与医学出版商协会发布的报告显示，仅 2018 年一年，全球发表的经过同行评议的专业学术论文就超过 300 万篇。我们废寝忘食、穷其一生可能也就只能读到 1%。而这还是一年新增的，过去几百年的累积呢？之后的增长呢？一个人可能掌握的知识量相对于人类知识总量的比例趋于无穷小。靠“知识集邮”式的学习是个无底洞。

边界条件的变化使得科普有了全新的要求。今天的科普必须从较为单一的“知识补课”转向以科学知识为载体，通过每个科学知识的传递帮助受众学习科学方法、体会科学思想、培养科学精神、认同科学家精神（对科技工作者还要加上践行），形成五位一体的有机体来顺应时代潮流，满足个人成长和社会发展需要。这便是所谓“从‘知识补课’转向‘价值引领’”的含义。

（二）“战术”层面

目的、受众、对象、时间、资源等因素成为“战术”层面具体实施的边界条件，这些条件的不同导致具体科普工作呈现不同的形式，具有不同的逻辑和规律。笔者大致将其概括为以下三个主要类型（图 2），即科学传播、科技宣传和科学教

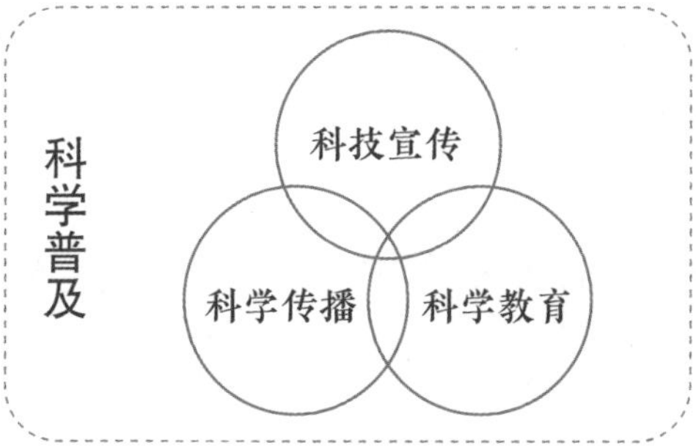

图 2　科普的表现形式

育，它们之间有一定的交叉重叠，但又有各自独立的目的和特征。

科学传播的核心目的是传播科学知识、方法、思想、精神和科学家精神，科技宣传的首要目的则是增强公众对科技工作的认同，增强国家、民族的自信心和自豪感，而科学教育的目的是系统培养具有科学素养的公众（特别是青少年）。科学传播和科技宣传通常都是针对不确定受众的离散式的信息输出，而科学教育则有明确的受众、完整的系统性和很强的交互性。科学教育像是“插秧”般精耕细作，尽量使每一颗苗都能茁壮成长；而科学传播和科技宣传则更像“飞播”，针对一片土地选择相对适应的种子撒下去，无法关照到每一粒种子，只能关心“成活率”。

因为科学传播、科技宣传和科学教育有不同的目的和特点，相应的实践也就有不同的规律和路径，在做科普工作时首先必须认清这一点。而分辨教育、传播、宣传工作最显著的约束条件就是时间，如果受众能给予足够的时间，那么系统性的教育才有可能进行；如果只是不确定受众的离散实践，那么能做的只有科学传播或科技宣传。

（三）科普人层面

科学普及是以科学为核心内容的社会行为，科普的核心主体是人。要做好科普工作，科普人需要具有“四真”的特质。

1. 真懂。虽然未必一定要是教授、院士，但科普人对自己的科普内容一定要做到“吃透”，肚子里有一桶水才能给人一瓢水。切不可借着网络的便利，简单粗暴地做“知识的搬运工”。

2. 真肯。科普不是高台教化，不是“秀智商”“秀优越感”，也不是给人做“人生导师”，更不是完成某种指标任务，是要真肯把科普当作科技工作者对社会、人类的责任和义务，当作自己事业的一部分，俯下身子和受众分享，用科学理性去打动人。

3. 真会。科普是人与人交流的学问，仅仅懂科学是不够的，还需要有讲故事的能力，有与人沟通的技巧。这需要科普人不断在实践当中锻炼和摸索，形成属于自己的方法和风格。

4. 真爱。人与人的交流中往往三成是内容信息，七成是情绪感染。所以科普最重要的武器是“共情”，科普人必须首先自己真正热爱科学，怀着“独乐乐、与人乐乐、孰乐？”“不若与人”的心态，就像小时候拿自己喜欢的玩具拉着小朋友和自己一起玩一样，用自己的真爱打动受众，通过共情感染受众，使之走近科学。

四、与“我”何干？——“科普”的动力何来？

无论对于从事科普工作的人还是科普的受众，为何要做科普、为何要被科普、理由和动力何在，这些都是决定科普成败的关键问题。

科普行为的参与主体（图 3）主要由供给端、渠道端、需求端和政府端四种角色构成，其中最关键的部分是供给端和需求端。许多朋友理想地认为供给端科学家愿意做科普，需求端大众天然需要科普，渠道端也基于社会责任大力支持科普。然而现实并非如此，现实中的供给端往往由于卡尔・萨根效应、评价机制等方面的原因，科技工作者投身科普的动力明显不足；当下科学对生活的底层影响虽然日益深刻，但由于经济发展带来的社会多元，表面上科技素养对个人生存状态的影响被弱化，当年“学好数理化，走遍天下都不怕”对于个人而言意味着进大企业的机会增加，获得生存优势的机会增加，而今天艺人、网红甚至对着手机傻笑或作怪的人都能获得比科技工作者更好的生存状态，需求端受众参与科普的动力被削弱；由于科普缺乏商业模式，渠道端平台方的内生动力也严重不足。

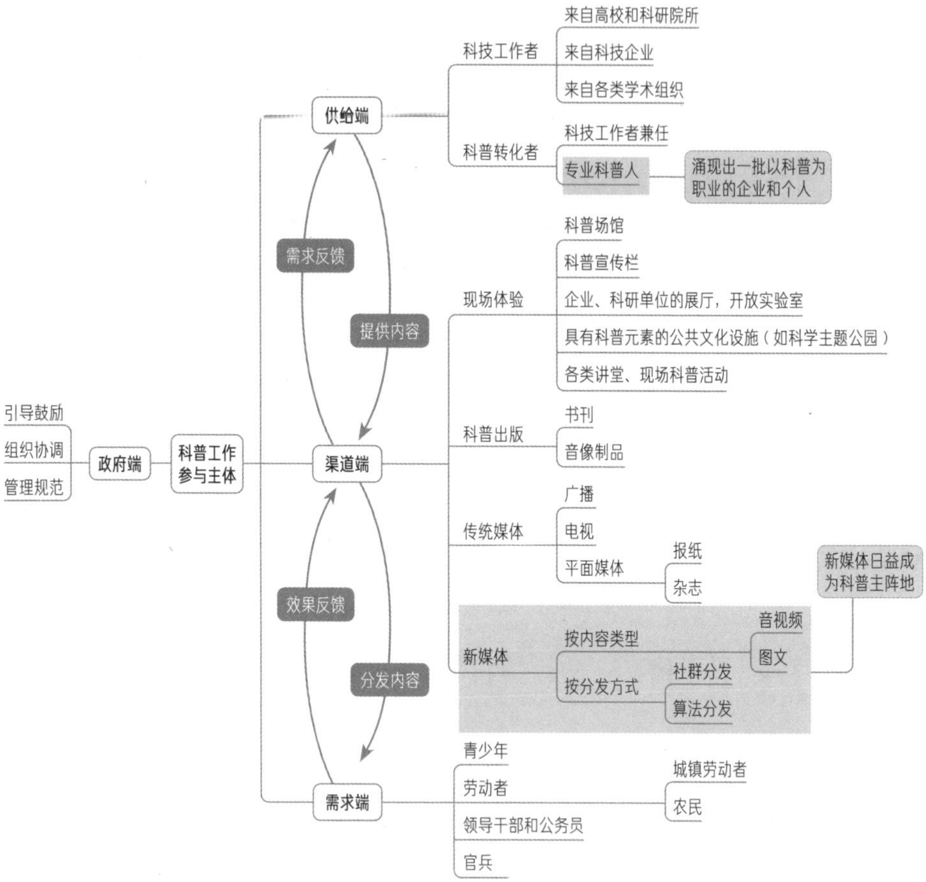

图 3 科普的参与主体

如何解决这个问题呢？核心是发现需求，引导需求，创造需求。科普的作用和价值需要通过满足不同主体的具体需求来最终实现。这一需求即包括战略上《意见》所提“四个服务”的需求，还要和各个主体的现实需求结合起来。如国家有社会稳定、经济发展、科技创新等需求，各部委、部门有推动业务工作、展示工作成效等需求，企、事业单位有公共关系、商业利益等需求，青少年有兴趣、眼界、能力、素养、升学等需求，老年人有医疗、健康、生活服务等需求，劳动者有职业发展、个人增值等需求，领导干部有科学决策、科学治理等需求，部队官兵有提升战斗力的需求等。

找准了需求，受众端才能有参与科普的动力。然后在供给端落实“同等重要”，通过法规同等、政策同等、制度同等、资源同等、待遇同等、评价同等、保障同等等一系列措施，来解放科技工作者的科普生产力。有了市场和供给，渠道端自然会随之发展，在政府端的引导和监管下形成一个良性的科普生态。

最后，再分享几点从事科普工作的心得。科普之路前途光明道路曲折，首先放平心态做到“四多四少”：多做加法、少做减法，多开道路、少筑藩篱，多交朋友、少立山头，多树信心、少谈顾虑。在具体工作时抱团取暖，广泛构建协作网络，团结一切可以团结的力量；正确面对商业利益，不唯利，但没有必要排斥盈利；勇于“抛头露面”，人和人的“共情”是最重要的传播。

本篇作者陈征，北京交通大学物理国家级实验教学示范中心副教授，北京师范大学科学传播与教育研究中心常务副主任，中国科普作家协会理事，中国科技新闻学会理事，中国物理学会科普委员会委员，《加油向未来》等国内多档电视、广播、网络科普节目策划、实验设计和执行人，国内首个碳中和主题科普公园科普体系策划人，太空授课科普专家组成员。获评2019中国科学年度新闻人物，“典赞·2019科普中国”十大科学传播人物；荣获茅以升北京青年科技奖，北京市科技进步一等奖，教学成果二等奖，全国科学实验展演汇演一等奖。

我是如何做科普的

□ 李永乐

一、我是如何踏上科普之路的

2009 年硕士毕业后，我成了一名物理老师。中学的教学工作异常琐碎而繁忙，我在正常教学之外，还负责物理竞赛的辅导工作，有时候一周要上接近 30 节课，几乎相当于一个人完成三个人的工作量。有一段时间，我白天给学生上竞赛课，晚上备课，每天只能睡 3 小时。在连续十天缺乏睡眠的痛苦中，我经常想：有没有什么方法，可以减轻我的教学压力呢？

2014 年，我听说有个美国人创立了可汗学院，把教学影片发在视频网站上免费供大家学习，有些学校甚至用看可汗学院的影片代替上课。我想：为什么不有样学样呢？我可以把自己的课程录制下来，上传到网上，同学们能自主学习，我也可以轻松一些。

于是，我就开始录制教学微课，利用互联网为大家分享资料。从 2014 年到 2017 年的三年时间里，我上传了数百小时的课程，其中既有物理竞赛辅导，也有与生活相关的物理小知识。与此同时，我 2008 年在校做兼职时录制的一大批数学课也被人盗版后挂在了网上。

最初，我录制的教学微课并没有多少人看，只当作教学改革的一种尝试。我想，哪怕这些资料没有人看，至少也是对我教学工作的记录和整理。可是，没想到时代的变化速度如此之快。随着智能手机的普及、网络速度的提高，人们开始习惯在手机上看视频——西瓜视频、抖音、b 站（哔哩哔哩）等一大批短视频平台迅速崛起，传统自媒体平台（如微博）也开始在短视频上发力，短视频内容的需求因此出现了井喷，短风口正式来临。

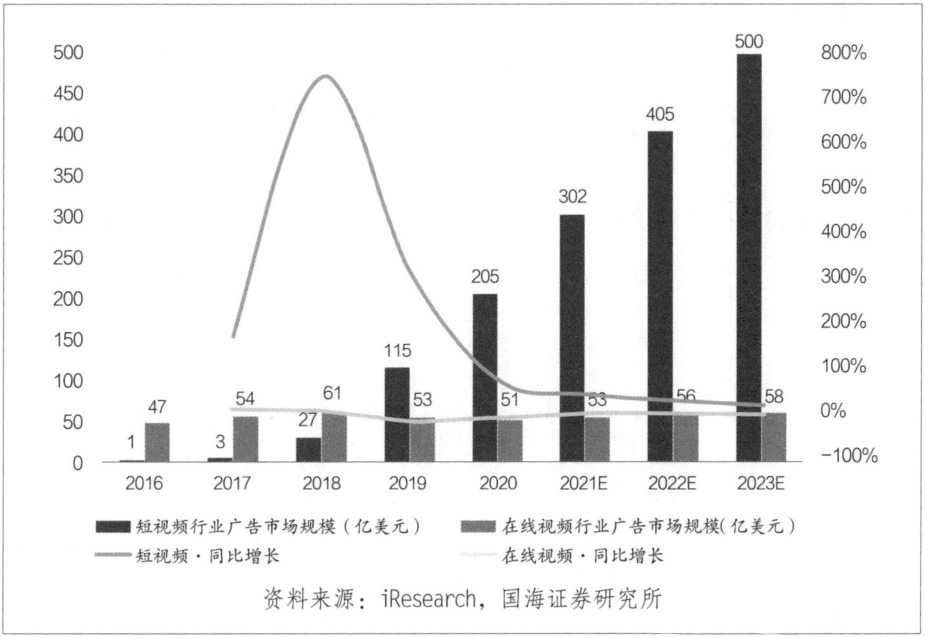

图 4 视频行业广告市场规模

随之而来的是内容推荐方式的转变。以前，自媒体平台一般采用“粉丝制”，你发布的内容会推荐给你的粉丝，而你的粉丝必须要分享出去，才会有更多的人看到。新的时代，平台纷纷采用了“推荐制”，你的视频播放量越好、完成度越高、转评赞越多，就能

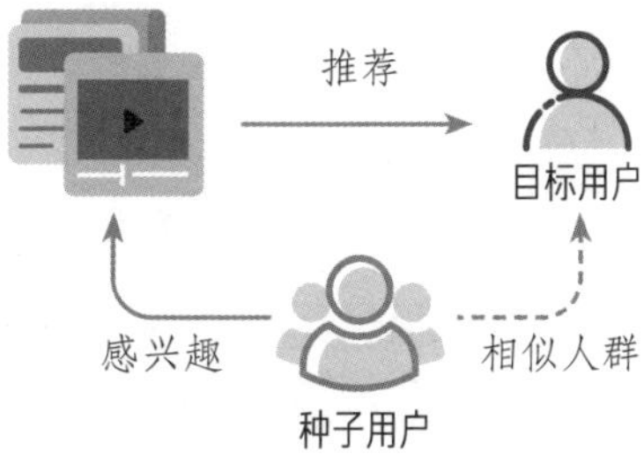

图 5 平台内容“推荐制”

推荐给越多的人。这样，即使是没有粉丝基础的草根创作者，只要发布的内容足够优秀，也能在短时间内积累大量的观看量。

2017 年，我的一段教学视频《闰年是怎么回事》就这样被平台的算法发现了，一天之内播放量超过了 2 000 万次，还被人民日报等媒体转发。再后来，我又陆续上传了一些科普视频，由此踏上了互联网科普的道路。

二、我做科普内容的选题

被算法选中的视频《闰年是怎么回事》，其实是我在讲“集合”理论时举的一个例子。

我们都知道闰年的规则：四年一闰，百年不闰，四百年再闰。如果用集合，可以用图（图 6）很方便地表示出来（图中阴影部分是闰年的年份）：

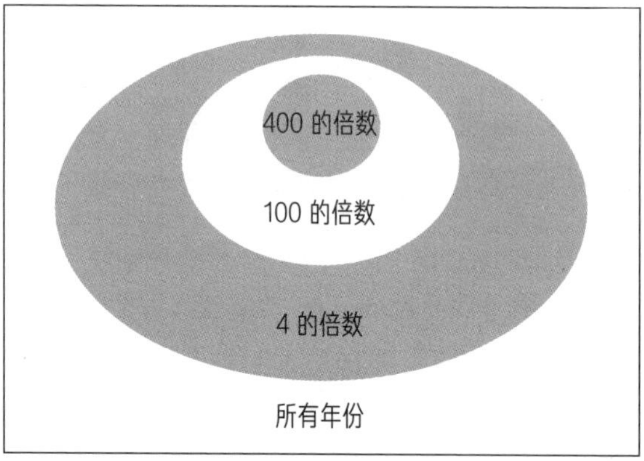

图 6 闰年的集合

可是这样做的道理在哪？从天文学角度很好理解：地球绕太阳运动的回归周期是 365.242 2 天，1 万年中，要多出来 2 422 个闰日。按照闰年的规则，1 万年中会有 2 425 个闰日，与回归周期特别接近。

这个视频得到了大量转发，许多网友留言：原来数学还可以这样讲！活了这么多年终于知道闰年的道理了。那时我发现：许多网友觉得科学、数学离自己很遥远，只是因为他们不知道如何用科学和数学解释生活中的现象。

于是，我决心架起这座桥梁：从生活中的现象出发，挖掘背后的数学和科学原理。为了引起大家的兴趣，我会把近期发生的社会热点事件作为问题引入。例如：

2018 年高考之前，我做了两期节目，第一期《高考中遇到了不会做的题，应该怎么办？》背后对应的知识点是经济学中的沉没成本，第二期《考清华和中 500 万哪个更难？》背后对应的是概率论和高斯分布。

2018 年世界杯期间，我做了数期与世界杯相关的节目，如《足球有几个面？》讲的是欧拉提示性定理，《C 罗电梯球是怎么回事？》讲的是伯努利原理和马格努斯效应，《足球场上弱队如何战胜强队？》讲的是排列组合和概率论。

2020 年，新冠肺炎疫情暴发，我又连续做了许多期与疫情相关的节目，如《细菌对人类有什么作用？》《新冠病毒是怎么回事？》《埃博拉有多恐怖？》《瑞德西韦能治新冠肺炎吗？》《如何正确使用酒精和 84 消毒液？》《红外线测温枪是什么原理？》《群体免疫是什么？》《西班牙流感如何杀死 5 000 万人？》《救命神器呼吸机有什么用？》。到了 2022 年，我又做了《核酸检测原理》和《抗原检测原理》等节目。

这些视频涉及大量的知识，比如概率论、欧拉提示性定理、马格努斯效应、聚合酶链式反应技术、单克隆抗体等。单看这些名词，许多人可能都会觉得枯燥。如果这些知识放在书本上，网友们恐怕翻都懒得翻一下。可是，当生活中出现与之相关的现象，网友们就产生了强烈的好奇心，学习的门槛就被大大降低了。

所以，把科普与社会热点相结合，降低大家学习的壁垒，能取得事半功倍的效果。社会上每天都在发生大量的新闻，只要科普工作者善于挖掘，总能够从中找到与自己相关的内容，并且加以利用。但社会热点具有时效性，关注度成指数衰减，相隔时间太长热点事件“凉”了，科普效果会大打折扣。这就需要科普工作者经常关注新闻动态，时刻准备着，第一时间做出高质量的科普内容。

三、我做科普的逻辑框架

有人总结了春晚小品的三个阶段：首先两个人发生误会，然后第三人出现解决误会，最后三个人一起包饺子。春晚看多了能摸清套路，我从 2018 年开始做科普视频，也慢慢形成了自己的逻辑套路。

第一是提出问题。我经常以这样的句子开头："最近有一个小朋友问我……"在社会热点事件发生时，的确有许多网友给我发私信提问，他们就是我口中的"小朋友"，虽然他们的年龄可能并不小。有时候，问题的具体内容是经过我筛选、整理的，所以我自己也可以是"小朋友"。使用这种句式，既能清楚地描述问题，又能拉近和网友的距离，同时也形成了自己的标签，于是我就一直沿用了下来。

第二是知识解析。在《新冠病毒》这一期视频中，我首先讲述了病毒的发现历史、病毒的结构、病毒感染细胞的过程，然后讲了三种对人体产生严重危害的冠状病毒——SARS（非典病毒）、MERS（中东呼吸综合征冠状病毒）和新冠病毒，以及讲述病毒的变异。最后讲到免疫系统引发的细胞因子风暴，以及人类应对病毒的方法。虽然视频是从新冠病毒引入，但是却不局限于新冠病毒，而是要向大众展现病毒这个宏大的概念。一滴水只有放进大海中，才能不干涸。一个新知识，只有放在宏大的知识网中，才能让大众印象深刻。

第三是做出总结。首先对刚刚讲述的知识进行总结，用新学到的知识简要回答视频开头"小朋友"的问题。然后，延伸所讨论的问题的意义，传达科学观点、科学精神，或者提出积极的建议。例如，在视频《如何才能摆脱贫穷》中，我讲述了诺贝尔经济学奖得主迪弗洛的研究，结尾处得出结论：穷人和富人的差别在于健康、教育和财富，穷人需要接种疫苗，接受教育，购买保险，而国家和社会必须对穷人提供必要的帮助。在视频《为什么久赌必输》中，我讲了赌徒输光原理，结尾处引用了普希金的著名童话《渔夫与金鱼》，通过数学原理告诫大家不要赌博。这些视频都受到了大家高度的评价。

按照这样的设计框架，我在一个视频中既解答了社会热点问题，又讲述了科学知识，最后传递了一种科学观点或者积极的生活态度，取得了很好的效果。我的视频一般有十几二十分钟，而平均观看时间接近十分钟，这是一个相当高的完播率。

四、我做科普内容的风格

为什么手工绘制的画要比印刷的画更值钱？因为印刷品千篇一律，而每幅手工画都不一样，手工画融入了作者更多的感情。同样，科普不应该是千篇一律的，每个作者都应该有自己的特点。

我做科普的最大特点，是背后有一块绿色的黑板。有人认为这是一种设计，甚至可能是特意搭建的摄影棚，有团队包装。其实并非如此，如果真有设计，我想没人会选择如此简陋的画面。最初，我并没有想到自己做的内容会有如此多的观众，通常是趁着下课拎起三脚架，满教学楼寻找空教室。一旦发现有一间教室没有人，就走进去架好相机，录制一节课。有时候录到一半，学生走进来说有选修课，我还得提着装备，去找下一间教室。

我最初选择黑板模式，是因为这样最贴近我日常的教学方法，对我来讲最熟练，也不用额外做 PPT 或者动画，省时省力。但我渐渐发现：黑板其实是非常高效的授课工具，甚至比 PPT 和动画更加有用。因为在黑板上我可以随心所欲地讲述知识之间的联系，进行绘图和推演运算。当后面的知识需要用到前面的结果时，我只需要抬手指一指。一节课讲完，所有的推演过程都留在黑板上，观众可以清楚地看到我授课的逻辑，体会到科学之美。

我做科普的第二个特点，是喜欢多学科融合。科学本身并不是分裂的，而是统一的。古希腊的亚里士多德对生物学、天文学、物理学、修辞学等学科都有研究；著名科学家和科普届的一代宗师乔治·伽莫夫在其名著《从一到无穷大》里，讨论了数学、物理、化学、生物和天文等方面的知识。有时候，为了解释一个问题，我们不得不涉及多学科融合。

例如，在《血氧仪原理》的视频中，我为了介绍脉搏血氧仪，首先讲述了红细胞和血红蛋白的结构和功能，讲述了含氧血红蛋白、脱氧血红蛋白、血氧饱和度的概念，这是生物学问题。然后讲述光线穿透溶液时的透光率和吸光度的概念，并指明两种血红蛋白的吸光度不同，这是物理学问题。最后，利用 LED（发光二极管）光源、探测器，分析红光与红外光吸光度的变化，计算出血氧饱和度，这又是数学处理的过程。视频中涉及了生物、物理、数学三个学科，只有把它们融合到一起，才能把问题讲清楚。

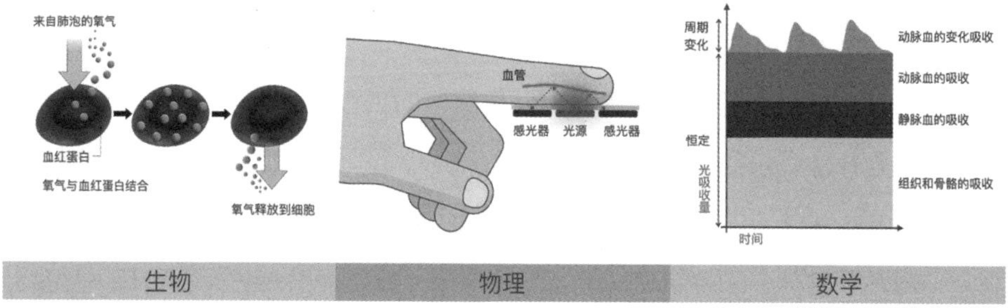

图 7 《血氧仪原理》中的多学科融合

我做科普的第三个特点，是喜欢讲述科学家的故事。例如在介绍张益唐的孪生素数猜想时，我在视频最后重点谈了张益唐的人生经历：13 岁中学辍学，36 岁毕业即失业，打了 8 年零工，到了 58 岁还只是一个讲师。直到有一天，张益唐在朋友家的后院找鹿，他没有等到鹿，却想到了孪生素数问题的突破性方法，迎来了人生的转折。正可谓十年寒窗无人问，一举成名天下知。

许多科学家都有自己的"尤里卡"时刻，还有一些科学家很有脾气，喜欢党同伐异。例如我在讲《最速降线》问题时，谈到伯努利向数学界挑战的故事，又讲述了约翰·伯努利出于嫉妒，把自己儿子丹尼尔·伯努利的著作据为己有的事。做科普的过程中多讲讲这些奇闻异事，能让网友觉得科学家也是普通人，从而拉近网友与科学的距离。

我做科普的第四个特点，是在科学的严谨性和普通网友的理解力之间，寻找

最好的平衡点。我们都知道并不存在绝对的科学真理，所有的科学结论都是在努力接近真理。做科普时，更会出现这样的矛盾：如果你想把问题描述得更加严谨，就必定要大废口舌，而这可能对要做的科普内容并无太大帮助，反而增加了网友的阅读障碍。有时候，我们必须借用生活化的语言进行描述；有时候，我们也必须牺牲一定的严谨性。

例如，我在讲述病毒如何感染细胞时说：DNA（脱氧核糖核酸）就好像厂长，负责生产计划；RNA（核糖核酸）就好像车间主任，负责把厂长的计划转达给工人；核糖体就是生产车间，RNA来到生产车间，就能指导工人生产产品——蛋白质。这个过程就是生物遗传的重要过程：中心法则。有网友指出：你说的这种RNA叫作信使RNA，即mRNA，并非所有的RNA都有信使功能。其实我的表达就属于牺牲了一定的严谨性，但能极大减轻理解难度。

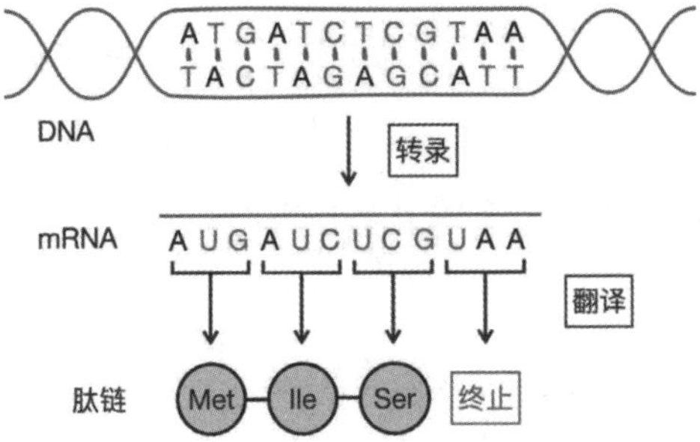

图8 中心法则

再举个例子，讲到牛顿的万有引力定律为什么是正确的时，我讲述了地月检验、哈雷彗星和海王星的发现，最后说道：万有引力并非完美无缺，在解释水星进动时出现了问题，每一百年的进动角度相差43"，这个误差在有了爱因斯坦的广义相对论后才得到解释。有网友说：水星进动并不是每一百年相差43"，而是每一百年观测值相差5 600"，牛顿定律测算值是5 557"，二者相减才是43"。实际上，爱因斯坦的《狭义与广义相对论浅说》（商务印书馆2013年版）这本著作中，也采用了和我一样的说法，也许爱因斯坦（或者译者）认为：虽然这种说法并不严谨，但是更容易让读者抓住重点。

我做科普的第五个特点，是不做知识罗列，而是展现分析框架。在互联网时代，知识是很廉价的，不管任何问题，只要你愿意去搜索，都能立刻找到答案。然而，分析问题，寻找工具，最后利用工具解决问题的逻辑是很美妙的。所以对于任何一个问题，我都不会轻易地给出答案，而是层层剖析，如侦探小说一般带领受众走向答案。

就像2022年发生了一件事：伦敦金属交易所的镍期货价格暴涨，几天时间内翻了数倍。市场上有各种传言，如外资逼仓、港交所调节、国家支持下外资惨败等。实际上，要想理解价格变动的原因，首先要了解镍这种特殊的金属。它用途广泛，却有着复杂的制造工艺、技术路线和产品种类，受到多个供需市场的影响。而且期货市场只能用纯镍进行交割，纯镍的世界产量非常有限，这样就很容易出现价格的暴涨暴跌。而要理解逼仓，就得先了解期货和套期保值的原理，这又是科普金融工具的最佳时机。最后，通过讲解科学内容，就能破除错误的传言，让大家看清真相。这一期内容也是我比较满意的。

五、我是如何掌握这么多知识的

总有人质疑：一个人怎么可能什么都懂？我背后一定有个团队，我只是个念稿的。几年前我刚刚开始做科普的时候，准备、录制、剪辑、上传，都是我自己完成的。后来有一位粉丝和我说，可以帮我做字幕、剪辑和上传工作。于是慢慢地，我就只负责录制视频，后期就交给小伙伴去做，如果这也算团队的话，那我的确是有团队了。

可是，视频的准备工作，还是我自己完成的。我会阅读大量的资料，整理出一条我认为合理的逻辑线。

4年前，我录制了3期关于黎曼猜想的视频，主要的参考资料是卢昌海老师的《黎曼猜想漫谈》。为了制作视频，我把卢老师的书反复看了好几遍。为了制作量子纠缠和贝尔不等式的内容，我阅读了北京大学吴飙老师的《简明量子力学》。为了讲记忆的原理，我读了日本科学家池谷裕二的《考试脑科学》和艾宾浩斯的《记忆的奥秘》。为了讲弗洛伊德的理论，我阅读了《梦的解析》等。

除了读书，我还会搜集大量的网络资料，包括维基百科、知乎、国内外视频网站上的其他博主以及 NASA（美国国家航空航天局）等科研机构的网站等。为了制作《可控核聚变》这期视频，我阅读了劳伦斯－利弗莫尔实验室网站的大量资料。不得不说，外国科研机构在科普上花的心思真多，很多资料准确又翔实。

我在刚开始做科普的时候，还能抖抖机灵，《考清华和中五百万哪个难？》就是抖机灵的视频，准备时间比较短。后来粉丝越来越多，对我的要求也越来越高，抖机灵已经不合适了，而且也没有那么多机灵可以抖。想要持续输出内容，必须进行持续学习。我制作一期视频，平均要阅读 20 万字以上的内容，花费二三十个小时准备。思路整理好了，拍摄的速度便非常快。所以，在每一个视频背后，我真的付出了很多的心血。

尽管阅读与学习提供了丰富的知识来源，但有些问题我也无法在短时间内完全弄懂。这个时候，我就需要同学、同事和学生的帮助了。

我提到过一个毕业多年的学生，在北京大学数学系读完了本科和硕士，又到美国读博士，现在已经博士毕业了。她叫鲁泠溪，我在视频中叫她 507，她有深厚的数学功底，能帮我解答许许多多的数学问题。我做张益唐的《孪生素数猜想》《朗道－西格尔零点猜想》时遇到一些困惑，就是她帮我答疑。再往前我想做一期关于小游戏《羊了个羊》的视频，也是她给我提供了思路。

在生物方面，我要感谢我的两个同事——黄森老师和和渊老师。黄森老师上课风趣幽默，讲解问题清楚明白。和渊老师是清华大学生命科学学院的博士，施一公的弟子，颜宁的师妹，许多关于生物学的前沿问题都能帮我解答。我还要特别感谢台北市立第一女子高级中学的生物老师——蔡任圃老师，从他的视频中我获得了很多知识，他也帮我解答了许多生物学问题。

虽然我是学物理的，但是很多前沿问题我也弄不太清楚，所以经常咨询我的同事和同学。我的同事陈曦老师帮我解答了很多问题，我的同学北京师范大学的刘海文老师在我制作《九章量子计算机》《贝尔不等式》等视频的时候，给了我很多指导。有时候为了研究一个问题，我可能辗转咨询很多人，直到找到让我满意的答案。然后我就认准这个人，以后遇到类似的问题还问他。另外，我还看了很多佑来了老师的视频，他做了很多有趣的物理实验，给了我很大的启发。

准备工作完成后，我会从互相关联的海量内容中，筛选出一条最容易讲述的思路，给大家展示，这就是我制作科普内容的过程。如果这些朋友都算是我的团队，那么我的团队还挺庞大的。

截至目前，我已经在互联网上上传了近千条科普短视频，还写了几本科普书。除此之外，我还积极参加了许多部门组织的线下科普活动，例如由中国科协主办的“乡村振兴、科教赋能”活动，中央电视台组织的四川凉山“大手牵小手”活动，以及中国科协、中国科学院（以下简称中科院）等单位组织的面向公众的多场演讲。我相信，线上科学普及是成本最低的，但是线下的科普活动依然有重要意义。

法拉第年轻时经常去听科学讲座，并且喜欢记笔记。有一次他去听化学家戴维的讲座，并且把自己的笔记给戴维看。戴维很喜欢这个年轻人，就把他招进了自己的实验室。有人说：戴维一生最大的贡献，就是发现了法拉第。法拉第成名后，也给公众做科学讲座，下面也坐着一个年轻人，在不停地记笔记。讲座之后，年轻人把笔记给法拉第看，法拉第鼓励他说：你不应该局限于我的观点，而应该有所突破。这个年轻人就是麦克斯韦。

如果有一天，一位科学家回忆起自己的童年，说是因为看了我的视频，听了我的讲座，才喜欢上科学，那将是我一生无尽的荣耀。

我相信，只有一个相信科学、热爱科学的国家，才能迸发出无限的创造力，才能有光明的未来。科学普及是一件正确的事，更是一件有意义的事。

本篇作者李永乐，中国人民大学附属中学物理教师，北京市青联委员，全国青联委员，北京市政协委员，中国科普作家协会会员，中国青少年新媒体协会理事，北京市少先队校外辅导员。中国科协、广东省、天津市特聘科普专家。曾获2020 年北京教育科学院北京物理学会“国际奥赛金牌教练”称号，2021 年北京市教工委“十大教育新闻人物”称号，2021 年北京市委宣传部“北京榜样”十大年榜人物称号，2021 年北京青年榜样“青年好网民”称号。业余时间在互联网上制作科普视频，全网累计粉丝近 3 000 万，视频累计播放量近百亿次。

科普需要与时俱进

□ 张 弛

移动互联网的发展，给社会带来了巨大变化。伴随电子支付、网络购物、共享单车等的广泛应用，学习和办公也快速地向移动互联网迁移。这些都已经改变了我们的生活，并已成为不可逆转的趋势。

社交媒体的形式也在不断变化，从博客到微博，再从语音到视频，当下最风靡的是短视频。社交媒体形式的变迁，是对公众阅读理解能力的要求不断降低的过程，同时也是内容的影响力不断上升的过程。

经常有人感慨网民素质下降了，更喜欢快餐文化，不再愿意看深度长文。而真相是，热衷网络的低学历者越来越多，并逐渐成为主流，爱看深度长文的那些人还在看，只是从比例上来说已经大幅度减少。

这种变化趋势，给科普工作带来了全方位的挑战。科普的对象、从业人员、科普方法、语言逻辑、效果评估，应该顺应时代，与时俱进。

一、科普的对象

传统科普的主要对象是青少年，主要形式是科普讲座和科普游学。

传统科普的受益者大多是大城市的中小学生，而广大三线以下城市和农村学生很难获得优质的科普资源。

以青少年为主的科普活动，旨在提高下一代人的科学素养，但对当前社会的舆论引导作用并不大。

根据中国互联网研究报告，20 年前，80% 以上的网民都是大学生，初中以下学历的网民只占 3%。而现在大学及以上学历的网民只占约 20%，这并不是说高学历者不爱上网了，而是随着低学历者的增多，比例被稀释了。

目前，国内网民数量已经超过十亿，其中约 60% 是初中及以下学历。作为网民主体，他们的共识在很大程度上代表着民意，从而深刻地影响着社会的发展进程。在这十亿网民中，绝大多数缺乏科学素养，因此很多群体性共识就会不可避免地出现偏差；又因为这种共识的声浪大，也会不可避免地影响到政府决策的制定和实施。

因此，科普对象应该是十亿网民，而不仅仅是青少年群体。除了提高科学素养，还要为当下的社会发展提供科学舆论的支持。

二、科普面向公众的意义

在社交媒体的平台，普通公众参与讨论社会问题的热情越来越高，公众舆论的影响力也越来越大。

例如转基因问题，世界卫生组织、世界粮油组织、全球科学界绝大多数科学家都认为转基因作物与杂交作物实质等同。中央一号文件提出要加强农业转基因的研究，安全管理，科学普及，转基因早已成为重要国策。但是，广大公众对转基因存在很深的误解，总认为转基因有害。而且这方面的科普做得不够到位，让本来光明正大、利国利民的事业，变成了必须用代号隐蔽的工程，已经严重影响了我国农业科技的正常发展。

相较而言，航空航天领域的科普，如火箭发射、卫星上天以及太空站等，都得到了广大民众的普遍关注和一致赞叹，从而形成了很好的群众性舆论基础。

在社交媒体时代，任何一项大型科技工程都会公开在人民群众的视线之下，并接受大众的评判，这就特别需要科普人员的正确引导。

科普的强有力引导，可以为国家建设和社会发展保驾护航，具有重要的现实意义。

三、科普的从业人员

科普界推崇资深科学家做科普，最好是由两院院士来领衔。资深科学家的公信力和影响力很高，但传播效果却往往不尽如人意。资深科学家常年工作在科研一线，习惯于在同行之间进行学术交流的科研语言。而做科普时，面向的多是初中学历的网友，他们能接受的语言逻辑、表达方法是完全不同的。

与普通公众交流，如何做到通俗易懂、深入浅出、循循善诱、深入人心，这需要一个长期的学习实践过程。

越资深的科学家，就越习惯于学术思维，就越难以切换成公众的思维方式和语言风格。虽然也有知名科学家同时也是知名科普作家的案例，但只是凤毛麟角，不具有普遍性的指导意义。

什么人适合做科普？现在知名度大、公信力强的成功科普人士都有一个共同的特点，那就是喜爱跟公众交流，有很强的表达欲望，能从科普实践中找到自身价值。

科普从业人员是难以专门培养的，更有效的方法是“招安”。在已经有社会影响的科普人士中，挑选科学根基扎实、具有发展潜质的人进行收编，并进行规范和提高。

四、新形势下的科普新方法

传统科普很重视论述的严谨性和逻辑性，通常是先有论点，再有论据，最后得出结论。可现在多数人的阅读和关注能力是不足的，往往看不到结尾就滑走了。

传统论证过程讲究的是抽丝剥茧、步步递进，最后柳暗花明、水落石出。这种逻辑清晰、层次分明的论证过程，适合受过科学训练的人，但难以被广大网友所接受，他们更喜欢的是开门见山，直奔主题。

为了更有效地让公众接受科普观点，可以将论证过程倒置，先给出结论，再进行论证。即使受众的注意力仅有 30 秒，也能获取正确的观点。

为了让毫无专业基础的公众能理解科普，论述过程必须要通俗化，要擅于讲故事、打比方。这肯定达不到专业领域的严谨要求，因此不应该用科研标准去要求科普。

如果把准确严谨的科学表述看作是百米跑道的终点，科普人士领着公众向前跑了 10 米就是成功。甚至在负面舆论环境下，引导公众原地不动不向后撤，这也是成功。

虽然偶尔因为表达不周而带来个别误解，也完全不能掩盖正确观点得以广泛传播而产生的巨大社会价值。

五、科普的语言逻辑

某学会评选科普奖，有个主题为“人工智能”的作品获得了一等奖。该作品第一句话就是“人工智能是什么样的神经网络”，这句话说得精准深刻，体现了作者深厚的学术功底。

但是，可能 99.9% 的普通公众并不懂什么是神经网络，这个作品的第一句话，就已经把绝大多数网民推开了。

内行专家觉得好，真正科普对象却听不懂，这是科普作品“同行评议”的最大弊端。

用专业术语去解释更高级的专业术语，这是默认大家都懂专业术语的内部学术交流方式，并不适合用来做面向公众的科普。

某省公安厅曾拍了一部歌颂热血警察的片子，其中有个片段是表彰一名警察，他在歹徒挥舞木棍袭击候车室乘客时果断开枪，当场将歹徒击毙。但这个片段却引发了网友的普遍质疑，在候车室抡棒子的醉汉罪不该死，警察为什么不打腿？

制作和审核该片的警察都知道，手枪射击精度是很低的，5 米之外的运动目标很难命中，即使打中了腿，也不能有效阻止歹徒继续行凶，射击胸腹部具有最快的停止作用，这也是全世界警察处置暴力犯罪的规范动作。

但普通老百姓没用过手枪，他们从电影电视上看到的手枪射击是夸张演绎，审核片子的警察把行业常识当作公众常识，从而造成了误会。

科普不能假设公众懂行，而需要不厌其烦地解释清楚。

六、网络科普的严谨性

笔者曾做过一则 100 字的《公钥密码学》的科普，大致内容是有人寄密信，把信放盒子里后上蓝锁，并快递给收信人，但钥匙藏自己身上没有寄出。收信人收到盒子后再上红锁，之后寄回。寄信人用钥匙打开蓝锁再寄出，收信人用钥匙打开红锁后看信。钥匙都藏自己身上没有邮寄，非常安全。

很多网友对这个方法击节赞叹，感慨“私钥”藏自己身上不传递，对方没有钥匙也能安全打开，以前觉得不可能，现在终于知道关窍在哪里了。公钥密码学虽然很神奇，但也能理解了。

但有些专业人员提出异议，认为这个说法并不严谨。

笔者曾给研究生讲授过课程“公钥密码学”，如果要严谨表达，要从超递增序列讲起，单向函数和杂凑函数也不能少，至少需要几十课时才能讲清楚。

用 100 字给外行讲密码学，怎么可能做到严谨？这注定不可能。

这种“不严谨”并没有产生坏的后果，反而是让外行用一分钟的阅读，了解到《公钥密码学》的大体思路。这难道不是一次非常优秀的科普吗？

七、科普的社会效果评估

科普作品评选的评委多是知名专家，高层次的评选通常由院士领衔。院士和知名专家对科普作品的科学性把握是毫无问题的，但他们往往对科普作品的公共传播价值缺乏准确的判断。

知名专家在评选科普作品时，会考虑作品的通俗易懂，但他们眼中的“通俗易懂”，是对低年级本科生来说的，毕竟他们工作接触的最低学历者就是低年级本科生。而这样的评判标准，对于六成初中及以下学历的十亿网民来说，肯定是很难理解的。因此经常会出现这种情况，知名专家评选出的科普作品传播度很低，叫好不叫座，效果不尽如人意。

相反的，如果一个科普作品内容不够全面，论述的不够严谨，但某个知识点引发了公众的共鸣，从而得到极大的传播，这个作品的社会效益就更高。

科研工作是同行交流，因此需要同行评议。而科普是内行与外行的交流，外行能否理解，内行并不能感同身受。科普作品的传播效果，更需要的是外行评议。

评价科普作品的社会效果，应该是“受众认知提高度”和“作品传播广度”的乘积，两者同等重要，不可偏废。

八、成立“科普网联会”的建议

现在社交平台上，科普人士层出不穷，但鱼龙混杂，水平也良莠不齐。有的科普人士颇有网络影响力，但科普内容并不具有科学性，容易误导广大群众。

建议科协成立“科普网联会”，号召网络科普人士自愿加入，提交学历和科普作品审核，批准后可以挂上网联会的认证标志，作为对该科普人士的资格认证。入会后，科普作品要接受联合会同人的审查。建议设立一个内部论坛，可以命名为“青砖广场”，会员作品要在此接受所有会员的“拍砖”，作者必须正面回应。若已经发表的科普出现重大错误，网联会的管理层可以发起弹劾提议，请大家投票讨论，决定是否摘除其会员资质。通过这种形式松散但管理严格的联合会组织，可以有效地整顿和规范当前比较混乱的网络科普环境。

本篇作者张弛，军事通信学博士，陆军工程大学原副教授，网名奥卡姆剃刀。中国科普作家协会会员，中国计算机学会科普工委执行委员，中国科协科普中国专家，中国航空学会航空科普专家，远望智库特约研究员。长年致力于信息通信领域的科普，发表科普文章 100 多篇，科普视频 400 部，多平台粉丝 1 400 多万，具有较高的公信力和影响力。

从“漫灌式”科普到精准科普

□ 孙亚飞

科普的全称是“科学普及”，很长时间以来，注重普及性都是科普活动的特点，这与我国的实际情况分不开。在普及九年义务教育前，我国有大量的人口属于文盲或半文盲，科普必须要照顾到受众的教育背景，采取“漫灌式”的科普。这种方式具体表现在三个方面：科普题材包罗万象、科普对象不分老幼、科普人才无所不能。

在互联网蓬勃发展的早期，“漫灌式”科普的现象仍然非常普遍。同一名意见领袖可以就各类科学话题发表自己的观点，反过来，很多受众也是不管什么问题都要问一问专家怎么说，但并不在意专家的实际身份。好的一面是，这种模式迅速构建起了互联网上的科普生态，但不好的一面是，其在发展过程中，越来越朝着庸俗化的方向发展，以至于很多人现在对网络科普的知识抱有不信任的态度。

这些负面的状况，一般会被归结于互联网这些年的去中心化，也就是每个人都有发言的权利，从而造成网络上的信息量过多，特别是有些“假专家”胡说八道，导致互联网科普的氛围一落千丈，科普也逐渐变了味。

但实际上，这种看法是片面的。互联网的氛围发生变化，本质上并不是因为互联网的这种形式造成的，而是时代变了，接受科普的对象和过去有了很大的变化，关注的话题自然也发生了很大的变化。如果不能改变科普的基本模式，从内容上精准地把握受众的实际需求，那么无论采取什么形式，都很难被接受、被认可，科普的效果自然也就很难得到保证。

“精准”的目标，对于从事科普的人员提出了更高的要求。以下几个方面的问题，值得仔细分析并思考。

一、科普受众的规模不应单纯地追求“大”

不管是官方认证的科普从业者还是互联网上发展出的科普“大 V”，受众面都是重要的评定标准之一。在线下交流的时候，科普从业者了解对方的方式，往往也是先看看“关注者”有多少。

这当然是非常直观的一种方式，对于科普从业者而言，关注者越多，说明越受大众的欢迎，实际的影响力也越大，这个标准本身并没有问题。

但是，如果“受众面大”成了唯一的标准，必然会产生反作用。

以“钟薛高”雪糕事件为例，这实际上是非常好的科普机会，可以向大众介绍雪糕制作这个行业，特别是能够科普雪糕是怎样制作的，其中会用到哪些食品添加剂等。但是，当这件事变得非常火爆的时候，刻意地迎合受众面就不利于科学的声音继续传播了。

这是因为关注“钟薛高”事件的人，大多数是通过舆论发酵才注意到这件事，即便是“雪糕刺客”这个称呼，对很多人而言也是第一次听到。所以，当人们被裹挟到这样的网络争论中时，他们接受到的唯一信息就是：“钟薛高”这种网红雪糕很贵，它让很多消费者感到不满。至于那些被“雪糕刺客”刺过的人，其情绪的构成就更加简单了，无非是“真心觉得贵”和“无所谓”两种心态，并且后者占比不会太多，且不一定会很关注此事。

所以，在这样的场景下，如果单纯地追求“受众面大”，那么必然需要面临站队的问题，而且基本上只有一条路，就是和网友们一起讨伐“雪糕刺客”。当然，也有艺高人胆大采用“反向操作”吸引注意的，但是就此事的讨论情况而言，实际效果并不理想。这主要是因为雪糕和人们的生活关系比较密切，特别是很多人都有听着街头叫卖冰棍的记忆，不太容易出现反向的共情，去认同非常昂贵的雪糕。

在这样的背景下，为了追求更高的音量，关于雪糕的科普就偏离了正常的方向。最明显的就是关于雪糕能不能溶化乃至烤化的问题，从一个科学命题转化成了社会命题。如果仅仅从科学角度看待这个问题，那么它所涉及的，应该是雪糕的不同成分随着温度上升时的状态变化，这可以通过数据进行描述。然而，如果从社会角度看待这个问题，就变成了关于诚信的讨论，消费者怀疑厂家放了“胶”，至于物质科学层面上的“胶”是什么，关心的人就很少了。

当然，这个问题不能只依赖科普从业者去改进，媒体在这方面的角色同样非常重要。对于媒体而言，无论报纸、电视还是门户网站，发行量或点击量都是考评的核心指标，这是长期形成的习惯。选择这种指标，本质上是将观众或读者视为被动的接受对象。但是，随着受众学识的进步，他们会主动去了解信息并发表观点，这已经成为新的潮流。

在这样的背景下，人们在媒体上阅读或浏览时，就分化成了一个个圈子，这在互联网时代反映得淋漓尽致。很多媒体人都喜欢用“众口难调”来形容现在受众的挑剔，但是从另外一个角度来说，受众的分化实际上是好事，他们的兴趣更具个性化，这时候再以单纯的数量指标去进行考察，无疑是要将不同圈子的人强行拉到一起。观点碰撞的火花固然很好看，但是如果都像雪糕事件这样，只停留在碰撞层面，而背后的科学问题探讨，就成了热点事件中走过场的内容。类似的情况还有很多，远的如印尼火山爆发，近的如极端高温气象，媒体在报道这些事件时，标题往往只注重它们的新闻价值，较少地从科学的角度出发。

当然，转变是需要时间的。最近几年来，媒体也在越来越多地和科学及科普从业者合作，在一些项目上取得了非常突出的进步，例如“祝融号”的话题就引发了全民对宇宙探索的热情，与之形成对比的是，我国探月工程的每一次进步，总是会引起对“阿波罗 11 号是否造假”这一话题的讨论。可见，大就是小，小就是大。只追求受众面的大，最终的结果很可能是思想层面上的小；相反，受众面相对小一些，反而可以形成更大的格局。

二、科普输出的主体和接受科普的受众应是互助关系

最理想的目标是，我们生活在地球上的每个人都可以科普自己熟悉的知识，每个人也都在倾听其他人的分享，毕竟“术业有专攻”，每个人都既是老师又是学生。

但是坦率来说，这种目标还很遥远，而且也不现实。“术业有专攻”的前一句是“闻道有先后”，这就决定了无论多么先进的科普环境，也总是会出现像小学课堂上那样的情形，在一个圈子里，有一个人知道其他所有人都不知道的很多内容，他甚至可以持续输出很长时间。

所以，科普从业者应当把科普作为一种职业，而不是凭着自己的热情作为业余娱乐的事务。换言之，我们需要有一批人专门拥有科普“老师”这样的一种身份，他们负责长期对公众进行输出。

另外，随着科普受众知识水平的不断提升，应当在输出者和受众之间建立起互助的关系，而不是一方朝另一方单向地输出。

这种关系，其核心任务是避免科普从业者的固步自封，总是靠几个相声段子的题目就能到处讲下去，丝毫不根据受众的特点做出调整。

比如我作为高分子专业出身的科普工作者，最擅长讲的话题就是各类塑料、橡胶之类的制品，它们在生活中也都很普遍，能够吸引不少关注。事实上，在我做科普的十余年里，线下有关这个内容的演讲做过不下十次。

一开始，我自认为自己所扮演的角色，就是负责将课本上那些艰深的专业知识，转换成非专业人士也听得懂的语言传达出去。这个工作不能说很简单，但是就跟翻译一样，只要做过一次，再一次使用的时候就只需要重新调取出资料。让

这个内容听起来更有趣，我也会选择一些“段子”，这些段子通常也只需要创作一次。

但是，在一次演讲中，我打破了这个惯例。

和平常的演讲不同，那一次的听众，七八成都是中年女性。事后从主办方那里了解到，那次投放讲座广告的位置是在老小区，同时又有很不错的中小学覆盖。为了孩子上学，那片区域的妈妈特别多，她们互相通知，就成了那次活动的主体。活动是在周末，有一些家庭带来了孩子，也是以小学生为主。

在演讲中，正是那些妈妈们，让我做了很大的调整。最直接的一点，是演讲时长从 45 分钟整整延长了一倍，妈妈们时不时地鼓掌，让我没法按照原来设计的节奏讲下去，而是临场增加了很多内容。

很多时候，我的演讲对象都是刚入学的大学生群体，他们并不怎么关注生活中的实用科学，却对一些听起来有些酷的故事感兴趣。所以，对于塑料的话题，他们会用更多的精力去倾听太平洋上塑料旋涡形成的岛屿，又或者是用塑料制成的防弹衣。而当中小学生的妈妈们在现场时，她们却更关心塑料对孩子的危害。

事后对整场活动复盘时，主持人说，这是他第一次在演讲时没有提醒嘉宾超时，主要就是因为现场的气氛所致。也正是有了这样一个经历，我切身体会到了观众对于演讲者的帮助，让我意识到哪些东西是值得讲出来的。

但是，这种互助不应该只体现在线下的演讲中。演讲的氛围，从某种意义上说就像是传统演艺行业，现场的各种互动对于演员们而言早已驾轻就熟，实际就是现场演出的一部分，否则也就没有人在有了高清电视后还愿意跑去剧场亲身体验了。但是，科普活动并不只是演讲，还包括更传统的图文以及更新潮的短视频，在这些场景下，互动就变得很有限了。尽管有了网络，图文可以被评论，视频可以发弹幕，但它依然是有滞后性的，并不能从互动形成“互助”。

归根到底，科普从业者应当要意识到，受众的整体水平是在提升的，没有什么包打天下的诀窍，要想真的说出受众最想了解的那一部分内容，首先得向受众取经。只有建立了这样的互助关系，不断地调整进步，才有可能做到精准科普。

三、科普队伍自身的团结合作，是实现精准科普的核心

精准科普，必然带来的一个结果是，一名科普从业者只能将自己最熟悉的内容讲给最需要听这部分内容的人听，正如前面所说，不再能够单纯地追求“大”规模了。这当然不是我们希望看到的场面——万物皆有自己的科学规律，科普工作也应该见缝插针，并惠及每一个人。每一名受众都最大化地获取科学信息，就像农田里，每一株苗都可以准确地获得成长所需的氮、磷、钾，这才叫“精准”。

所以，科普工作就必须以团队化的形式开展，像化肥生产时的氮、磷、钾肥那样互相配合。

比如月球上发现羟基形式的水，这个项目就很综合。懂机械的可以解答一部分有关月球车任务的问题，至于分子层面上的事情，可以由懂化学的人来进一步解释。但是，如果这个羟基形式的水远在仙后座，光是化学也不够用了，还得天文学的科普从业者参与，讲述天文观测的一些内容。这样一来，每个人都能把问题讲清楚，对于不同教育背景的受众而言，也可以各取所需。

这种合作容易出现的弊端在于，因为每个人都只需要讲述自己专业的内容，于是就成了垂直分布，最后的结果不过是各路人马集合在一起，并不是整体大于个体之和这样的效果。

实际上，正是因为需要展开合作，科普从业者的知识体系才应当更广一些。就像前面说的月球探索，机械专业的科普可以不去解释分子层面的各种反应，但是决不能对此一无所知，否则他甚至不知道在哪里需要进行专门的化学讲解。

当然，月球车是一个很积极的科普案例，因为参与者已经有了较长时间的磨合，特别是很多从业者直接参与科普，将他们在研究中的各种想法也分享出来，其中的紧密合作也很容易被感受得到。

但是，更多的科普工作却没能形成这样的场面。例如，在 2022 年春爆发俄乌冲突以后，原油的价格出现波动，进而又牵动了很多新能源领域产业的变化。能源相关的科普长盛不衰，但是能源本身却是个异常复杂的行业，它牵涉到包括

地质、采矿、物理、化学、环境、生物等多个专业。实际上，从任何一个专业出发讲好能源的故事都不容易，那么如果科普的合作只是停留在堆砌的水平上，最终的结果很可能就是一篇艰深晦涩的跨专业论文。

知识难以融合的前提是群体首先难以融合。

学术圈通过上百年的磨合，最终形成了一个合作效率不那么低的科研共同体。在这个共同体中，不同国家、不同领域的专家能够以较低的学习成本去了解其他人的工作，并尝试着去和自己的研究结合，催生出新的结果。

而在科普工作中，这样的“共同体”显然还未建立起来。甚至在很多时候，建立这样的“共同体”还面临着自己人的阻力。举个最简单的例子，如果是科研工作，一个灵光一闪的点子，在被某个科学家想出来之后往往可以被其他人学习模仿，我们只需要记住谁发明了它。而在科普工作中，一些优秀作品出现之后，模仿就被视同于抄袭。当然，真正的抄袭违背了保护知识产权的基本原则，当然要严厉打击，但是抄袭也有判断的标准，而不是连模仿都要被抨击。例如，“博物小亮”通过回答网友提问的方式将博物学推向了高峰，“李永乐老师”以黑板讲解的形式把物理学讲得很有魅力，“戴伟”用刺激的化学实验方式讲解化学知识，这都是非常出色的科普案例。他们的模仿者都很多，但总是很难被行业接纳，这其实不利于科普工作。

好的一方面是，有不少出版社与网络平台现在都已经开始注意到这个现象，他们开始“批量”推出一些科普作品，在保护知识产权的前提下，让不同领域的人共同发力，创作出更完整的成果。

从“漫灌式”科普到精准科普，这是科普活动的必然趋势，也确实在不断取得巨大的进步。但是不管怎么说，对于科普从业者而言，这仍然是一项巨大的挑战。不以受众群体大为唯一考量标准，提升科普从业者与受众之间的互助，扩大科普队伍内部的合作……这些都是我们努力的方向。

每一步，我们都走得不容易，但是每一步走出去，都意味着有很大一批人因此而受益。这是科普工作最接地气的目标，值得所有人为之奋斗。

本篇作者孙亚飞，博士，青年科普作家，就职于中国科学院自然科学史研究所，从事科学传播及新能源领域的研究与产业化工作。高中参加化学竞赛保送进入北京大学化学学院，后于清华大学化学系获得博士学位。2010 年开始从事科普工作，目前已出版著作及译作约 200 万字，其中原创作品《元素与人类文明》获第 17 届文津奖。

科普要“见人下菜碟”

——对于不同受众的科普方法

□ 江　泓

人生有终极三问：“我是谁？从哪里来？要到哪里去？”如果从整个人类的角度去探索这三个问题，那么上可以回溯地球生命的起源，下可以展望可期的未来，而对这三个问题的解答就与古生物学联系在了一起。古生物学是一门独特的学科，虽然与我们的日常生活没有多大的联系，但却会时不时搞出一个大新闻，颠覆长达几个世纪的传统认知。古生物科普的作用是在古生物学家和普罗大众之间架起一座知识的桥梁，通过桥梁上的“转码”让人们以便捷易懂的方式认知专业的发现和研究。在古生物科普领域工作了多年，我将通过自己的实践，分享一些思考和方法，与大家交流。

科普工作者首先必须严格要求自己，无论是从事古生物科普，还是其他学科领域的科普，都必须有扎实的基本功，不仅需要熟练掌握学科内所包含的各种知识和理论，还要紧跟学科体系及前沿动态，并且在理解新研究的基础上，将其转化为大众易于接受的传播方式方法，然后再进行科普传播。在科普传播的过程中，必须将知识的准确性和实效性放在首位。如果连科普的内容都是错的，那么受众就只会在接受错误的知识之后继续传播，甚至会导致以讹传讹，造成很大的负面影响。有的时候，我们要科普的许多知识点本身就不是绝对正确的，很可能没有最终定论，或者会被未来新的研究或发现推翻，那么这时就应该使用类似于“目前已知最大”“最大的之一”“很可能是最大的”等方式进行表达；也有的时候，因为研究的进步，有的知识发生了更新迭代，甚至推翻了之前被广泛接受的固有认知，此时就要首先打破自己的认知，然后及时传播最新的知识；还有的时候，一项最新公布的成果非常有意义，具有很高的传播价值，但是内容上却比较单调乏味，这时就应该仔细发掘研究的内容，找到可以互相关联又容易引起大众兴趣的切入点，并从这个切入点展开科普；甚至有的时候，当一个新闻热点事件登上热搜的时候，它就已经是自带流量的，此时不妨试着寻找热点事件与自身科普学科领域产生关联的可能性，以“蹭流量”的方式展开科普，说不定会收获意想不到的效果。

在科普工作中，我们通常面对众多的受众或者是爱好者，而他们在年龄、知识水平、认知能力、思考方式等方面可能存在很大的差异。就拿古生物科普为例，科普受众呈现出了两大群体，分别是可以称为“骨灰级”爱好者和“入门级”爱好者，下面就通过对两个群体的科普方法入手，介绍面对不同群体时，科普的方法和灵活性。

一、“骨灰级”爱好者

“骨灰级”爱好者，指的是那些对于这个学科领域有一定的知识基础，甚至是相当“专业”的爱好者。“骨灰级”的爱好者基本上都是成年人，拥有高中及以上学历，能够理性判断和思考，已经具备了独立自主搜索和编辑学习的能力，并且有着一定的知识积累。“骨灰级”爱好者善于使用网络，主要分布在各个网络社区和平台之上，包括但不仅限于新浪微博、知乎、头条号、百家号、网易号、哔哩哔哩等，所以这些网络社区和平台也就成了科普的重要阵地。当“骨灰级”

爱好者参与网络社区和平台的科普时，他们会表现出一种强烈的参与感，乐于进行评论，而且许多时候评论的内容和质量都相当高。在面对来自爱好者的评论时，不能懒、更不能端架子，而是应该尽可能给予认真的回复，甚至是在评论区进行讨论。这样做的确会花费一定的时间和精力，挤占了学习和创作的时间，但是却能够收获一批忠实的粉丝，成为在各个网络社区和平台转发、评论和点赞的主力，而他们的积极转发也会成为科普内容传播的加速剂。

在网络社区和平台，因为没有办法实现面对面的交流，所以科普的方式集中在短图文、科普文和视频三大类型的分享：

在短图文的创作中，除了以知识作为基础，也要兼顾趣味性，因为只有有趣又优质的内容才能够获得大量的转发，比如 2012 年 8 月我在新浪微博上发布了一条标题为“其实企鹅的脖子很长很长很长”的博文，配图是企鹅的标本和骨骼，看骨骼才知道企鹅的脖子原来那么长，并非我们平时看到的那样。这条微博在当时获得了 5 000+ 的转发，许多“大 V”和机构号纷纷转载，所以这种有趣、猎奇甚至是能够颠覆认知的短图文会更加吸引人。

在科普文的创作中，就不能将有趣放在首位，因为相对于短图文和视频，一篇动辄千字以上的图文在阅读时要花费至少几分钟的时间，点击阅读者往往就是“骨灰级”爱好者，他们希望获得的是密集度更高的知识。在创作科普文的时候，应该查阅大量的专业资料，以清晰的逻辑、流畅的文笔和丰富的配图来完成，确保科普文的原创性和专业性，当然在给文章起标题的时候可以多花一点心思。

在视频的创作中，视频的内容创作部分占比最大，不仅需要自己拍摄，还需要寻找大量的视频素材，并且进行整理和剪辑等工作，是最费时费力的。与投入相比，短视频又是目前传播性最好的方式，应该给予足够重视。短视频的制作应该遵循其传播规律，特别是观看者的需求和心态，不要做得过于死板、严肃和专业。其实在针对“骨灰级”爱好者以及网络社区和平台的科普时，知识才是基础，形式和手段要灵活选择，最关键的还是四个字——内容为王！

二、“入门级”爱好者

“入门级”爱好者，他们是科普工作的主要目标群体之一。以古生物科普为例，“入门级”爱好者就是幼儿园到初中的孩子，因为这个年龄段的孩子往往有着很强的好奇心和求知欲，愿意探索未知事物，甚至能够表现出极大的热情。与这些优秀品质相反，“入门级”爱好者因为年龄较小，阅读搜索能力有限，缺乏独立思考的能力，所以无法像“骨灰级”爱好者那样，能够独立深入地进行自主学习，更多的是被动地接受知识，所以在“入门级”爱好者的科普中，采用的是与“骨灰级”爱好者完全不同的方法和方式。在实际的科普过程中，往往以面对面的现场科普讲座或者带队游学的方式给“入门级”爱好者进行科普，此时语言话术就显得非常重要，需要通过生动有趣的语言和多样的方法抓住爱好者的好奇心和注意力，并且引导他们进入预设的科普内容之中。

类比法是科普讲座中最常使用的方法之一。由于许多科普涉及的内容都是在现场无法见到或者进行实体展示的，如果仅仅是进行直白的形容和描述，会显得非常枯燥。比如在提到霸王龙的体型的时候，通常的表达就是：“它的体长可达12米，身高4米以上，体重接近10吨。”这样的表达听上去一点都不形象，受众大脑之中对于霸王龙的体型依然没有概念。我们不妨换一种表达方式：“霸王龙的体长可达12米，和一辆大货车一样长，身高超过4米，比你的妈妈站在爸爸肩膀上还要高，体重接近10吨，相当于5辆小汽车加在一起的质量！”这样的表达就显得有趣而且形象得多。在实际的科普过程中，我们往往会遇到许多类似的情况，通过拿身边常见的事物来进行类比，就能够将抽象变为具象，达到很好的效果。

代入法是科普活动中另一种常用的方法，可以引导爱好者充分发挥想象力，闭上眼睛进入特定的虚拟场景，获得一种身临其境的感受。比如当我们站在四川省自贡恐龙博物馆保持原地埋藏状态的恐龙化石遗址时，可以想象自己回到距今1.6亿年的侏罗纪晚期，此时脚下站的地方不再是博物馆的展厅，而是一片宽阔积水的洼地，暴雨形成的流水汇集到洼地之中，流水中还裹挟着死亡恐龙的尸体。随着流水的汇集，恐龙尸体不断积累，这里就成为侏罗纪的一座恐龙乱葬坑，恐龙的骨骸经过了亿万年的地质作用，最终变成了化石并成了我们今天看到的样子。再比如我们站在南京德基广场，想象脚下黄色的地砖曾经是距今 1.5 亿年侏罗纪晚期的欧洲浅海，海底生长着大片的珊瑚礁，而在珊瑚礁之中有大群的菊石、鹦鹉螺和箭石游来游去，鱼类和虾蟹当然也是少不了的，偶尔会有几条鱼龙进入珊瑚礁寻找食物。就是这样一片生机勃勃的史前海洋变成了今天德国南部的内陆丘陵，曾经的海底形成了米黄色的大理石并被开采加工成为地砖，然后远渡重洋来到南京，铺在了商场的地面上。当结束了这段带入之后，爱好者可以低头寻找地砖上的古生物化石。这种方法就会起到相当不错的带入效果。

串联法是指将不同的学科和知识联系在一起。任何一个科学都不是完全孤立的，就好像世上所有的事物都是相互联系的，科普同样如此。比如介绍有“中华第一龙”称号的禄丰龙时，会涉及恐龙化石的发现历史，当时古生物学家是从北京撤到四川和云南的，因为抗日战争爆发之后日本侵略者占领了北京，这就与历史联系到了一起。禄丰龙化石的发现是个意外，原计划是寻找煤矿这种战略资源，这又与地质和工业联系到了一起。一个专业性很强的科普，能够与众多的学科产生横向串联，是拓展知识面的好机会。

互动是科普讲座中的一个重要环节。通过这个环节，爱好者会更加集中精力了解讲座的内容，也会感到更加轻松，效果也更好。互动又可以细分为举手互动、引导互动、游戏互动和提问互动等，其中举手互动和引导互动可以融入讲座的过程之中，目的是提高大家的注意力，在过程中有疑问随时可以提出。提问互动一般安排在科普讲座的最后一个环节，也就是讲座基本结束之后，此时爱好者往往正在消化讲座内容并且心中产生不少疑问，可以根据讲座内容进行发问，也可以提问相关领域内的其他问题，营造平等交流探讨的环境，激发大家的主动性，提升科普讲座的效果，也能很好地拉近科普工作者与爱好者之间的距离。

针对“骨灰级”爱好者和“入门级”爱好者两大群体的科普方法固然有区别，

但是我们不要忘记，“骨灰级”爱好者是由“入门级”爱好者发展而来。好的科普就是能够激发爱好者自身的兴趣爱好，并且将兴趣爱好不断发展，陪伴自己终身并且从中获益。

在科普的过程中，我们永远不要忘记，科普不仅仅是要普及科学知识，更重要的是培养人的科学精神和科学思维，这才是科普的真正目的。科学精神和科学思维是一笔重要的财富，它是一种有效的思辨能力，让人更有逻辑，能够从本质上看清事物。一个拥有科学精神和科学思维的人会通过观察、分析、概括得到结果，而不会受到周围干扰信息的影响。一个国家拥有科学精神和科学思维的人越来越多，就是科普工作取得明显成效的信号。

科普之路远比我们想象得要漫长和艰巨，所以落在每一个科普人肩膀上的担子是沉重的，但是这份沉重也是一种责任和荣誉，能够激励科普人在科普的道路上勇敢前进。

本篇作者江泓，古生物科普作家、军事科普作家、考古工作者、自媒体工作者。2011 年获得考古学及博物馆学硕士学位，任职于烟台市博物馆。现为山东省青年联合会委员，中国自然科学博物馆学会青年工委会会员，烟台市新媒体协会监事长。已出版大量古生物及军事科普图书，在北京、上海等地开设古生物科普讲座上百场。先后获得新浪微博 2018 十大影响力科普大 V、知乎致知计划铜奖等奖项。

从三个故事说起

□ 张志博

当今世界，科学技术在国家建设及个人生活中的作用越发凸显。如何加强对科学普及工作的重视，让科学知识更好地传播，成为学界研究的重点议题。习近平总书记在 2016 年全国“科技三会”上的重要讲话中明确提出科技创新、科学普及是实现创新发展的两翼，要把科学普及放在与科技创新同等重要的位置。科普工作在国家建设发展全局中被摆在了前所未有的重要位置，而科研人员在科普工作中的重要地位也更为突出。作为一名科研人员，我参与了较长时间的科普工作，在这里讲三个亲身经历的小故事，分享一下我做科普的一点点心得。

一、一枚小小的徽章

2020 年 5 月，一年一度的“中科院公众科学日”如期举行，我所工作的研究所也是参与单位之一。由于疫情防控的需要，这一年的公众参观活动有人数限制，并且要求每一位参观者提前预约才能进入参观。当天，我正在郊区的实验室做实验，突然接到单位保卫部门打来的电话，得知一位小同学没有预约就想参加活动，还手拿一枚所徽，以为凭着这枚徽章就能进入。这让我丈二和尚摸不着头脑，一时语塞。我仔细思考着来龙去脉，突然，我意识到事情可能的原因。经过询问，我的猜测得到了印证。原来，在不久前的某次小学科学演讲活动中，为了激发同学们的科学兴趣，我事先准备了一些研究所的所徽——小小的制作精美的蓝色徽章，受到孩子们的喜欢。互动过程中有一位同学非常积极，表现出对科学问题的浓厚兴趣。他一连问了好几个问题，直到课后还追着我问个不停。为了鼓励他，我送给他一枚徽章。他问我如果以后再有问题怎么办，我便答应他可以随时来研究所找我。哪知说者无心，听者有意。他今天就真的带着徽章来了。在他眼里这哪里是一枚普通的徽章，这就是一张特别通行证。想到这，我跟保卫部门和活动负责人解释了相关情况。他们给这位同学做了补充登记，并在志愿者的带领下完整地参加了所有活动。后来我一直保持着跟他的联系，知道他上了一所很好的中学，依然保持着对科学的热爱，还积极参加各类公益活动。有一次，我还特地把他请来在电视台的科普节目中做嘉宾，他像对待宝贝一样爱护着那枚徽章。我对他说："我希望，这一枚小小的徽章不仅仅是你通往我们研究所的通行证，更能成为你将来通往科学殿堂的通行证，加油啊！"

小小的徽章不仅感动着他，也激励着我，同时也一直提醒着我——做科普工作也需要态度。亨利·多尔曼曾说过"态度决定高度"，而从事科普工作的态度则取决于对于这项事业的认识。

首先，一名科研人员要做好科普工作，就要深刻认识到科普对于推动科学进步的意义。当今社会是一个信息爆炸的社会，每天大众面对的信息都在成倍甚至是成数量级地增长。人们面对着如此庞大的信息无所适从，往往只能被动接受。但是，在这些海量的信息中，科学只是其中的一部分，有时甚至是一小部分，因为科学需要验证、需要积累、需要讨论。在快餐文化盛行的当下，科学传播面临着更加巨大的挑战。科学内容不去占领大众信息需求的空间，这些空间就会被那些披着科学外衣的非科学、甚至是伪科学的信息迅速填充。当社会充满非科学的信息时，科学的进步将变得举步维艰。面对这样的挑战，科普工作对于科学进步而言将不再是副产品或是陪衬，它将担负起科学进步的"推进剂"和"催化剂"

的重要角色。因此，新时代做好科普工作显得更为重要和必要。

其次，科研人员还要认识到自身在科普工作中的重要角色。如果说科学是种子，那科普工作者就是播种者。而科研人员在科学普及中无疑应居于核心地位。作为科学研究的实际操作者，科研人员是最接近科学的群体，亦是最具备科学精神与责任的群体。他们提供的极具价值的科研成果，是科学普及的重要内容。由科研人员参与传播工作，对提高科学普及的质量和效果亦有重要意义。作为科学工作的直接参与者，科研人员对于科学的深入理解以及第一视角是其他人员无法替代的。科研工作者对于科普内容的策划与把握具有得天独厚的专业优势。而从社会角色方面来看，科普工作也应是科研人员责无旁贷的社会责任。

再次，科研人员还要认清科普与科研的关系。两者当然存在区别，完全用科研的思路去开展科普工作是不合适的。科普与科研的受众也不相同。科研过程中，科研人员所面对的大多数是本专业领域或相关领域的专家或是从业人员。他们对于该学科的基本概念、术语、现状、发展等，有着一定了解或是清晰地掌握。因此，在做学术报告或项目申请的过程中，不必考虑基本概念、科学术语的解释。甚至为了体现专业性和研究深度，在科研过程中科研人员往往会倾向于使用专业名词或表达方式。但是这些如果应用在科普工作中则会给受众带来极大困扰，甚至让人失去兴趣。科普的受众广泛、复杂，上到耄耋老人，下到学龄前儿童，人员构成灵活多变，但共同的特点是绝大多数为非专业人士。这就要求科普过程中尽可能使用通俗易懂的概念，使用接近百姓生活的表达方式，要规避那些晦涩难懂的专业名词或是将它们转化为较容易理解的说法。此外，科普受众的广泛性要求好的科普作品针对不同人群有不同的表达方式，不能一种模式包打天下。例如，针对小学生与高中生的科普作品，就要考虑到这两个年龄阶段的知识背景和兴趣特点的差异，对内容的深度与广度以及切入点做相应的设计。

当然两者之间也存在联系。它们从不同的方向推动着科学的进步。科学研究用科技成果带给人类光明，而科普让人们感受到这些成果的温度。科学研究为科学普及提供素材与内容，而科学普及在一定程度上可以反哺科学研究。对科研人员来说，自身的研究领域若不能获得社会关注、为公众所知，那么无论是对于科研项目的推进，还是增加科学与公众的互动性、构建社会共识方面，都是毫无益处的。因此，让公众听到科研人员的声音、了解其研究领域，是十分重要的。想要让那些尚未获得显著可见性但仍有重要意义的科研成果被公众看见、理解，科研人员自然是最好的传播者。

二、一把老旧的吉他

我喜欢弹吉他，学生时代也曾练过一阵。但是，自从走上工作岗位以后，常因忙于工作而疏于练习。偶然的一次机会，我们研究所迎来了一批学生参观团，我受邀为同学们做一场有关声学的科普报告。既然讲声学，那为何不来个别出心裁的开场？于是我就想到了那把旧吉他。我用一首《声音的世界》作为报告开场。这样的开场受到孩子们的喜爱，能够激发他们的兴趣，讲座的效果也是出奇得好。更重要的是，讲到声音科学的相关知识时，就可以顺手利用吉他来给大家做演示。例如，说到响度概念，就通过用力拨动琴弦和轻轻拨弦来做演示；说到频率，就拨动不同的琴弦，或按住不同的品位来演示；说到共振，就通过吉他的共鸣箱来说明。这样的讲解过程既生动又直观，起到了事半功倍的效果。受此启发，在此后的科普活动中，我格外注意运用演示实验，例如克拉尼振动实验、声悬浮实验、共振实验等，都是科普课堂上的常客。尤其在中小学生面前，一段生动的演示往往胜过千言万语。在我看来，科普工作的效果往往取决于科普工作者的表达能力。

说到表达能力，人们第一个想到的是“把话说好”。但对于科普工作来说，“把话说好”可并不见得是一件容易的事。而对于一名参与科普工作的科研人员，“把话说好”其实更为不易。因为，科研工作的语境与科普工作的语境并不相同。在科研工作中，科研人员面对的多是专业领域人员，可以使用专业术语，且对专业常识无须做过多解释；但在科普工作中则不一样，科普工作者面对的是普罗大众，甚至是零基础的外行人，需要用他们易于理解的词语和表达方式去阐述科学问题。

所以，在科普作品的创作中，科研人员常常扮演着“翻译”的角色，需要将某些晦涩难懂的科学知识、逻辑复杂的科学原理，“翻译”成深入浅出的日常语言、更加具象的生活场景。这就要求科研人员一方面要精通自己的专业领域，对其所熟悉的知识领域能够进行多角度、多层次的剖析，另一方面又要能够了解不同人群的表达和互动习惯，以便找到合适的信息传播切入点和信息传播方法。以声音的特性为例，当说到“响度”时，很多人一知半解，但补充上一句“也就是通常所说的音量”，大家就完全明白了。

严格地说，完成基本的“翻译”工作仅仅解决了“把话说懂”的问题，离“把话说好”还有一定距离。在科普中真正的“好话”应该是那些既直观易懂又引人入胜的表达。这也常常要求科研人员直接参与科普作品的表现，从而提高科学传播的效率。因为这就使得科普作品从“科学”到“普及”找到了最短路径。内容的提供者和信息的传播者合二为一，也可以进一步确保其表达的准确程度，例如各类直面观众的科学演讲或科学表演。但这也对科研人员的表达能力提出了更高的要求。为了能够使受众获得更佳的接收效果，科研人员应该寻求适合自己风格又能够调动听众兴趣的展示方式，应尝试在公众表达、互动沟通、语言技巧等方面，有意识地对自己进行训练和锻炼。例如在中小学开展科普讲座，生动幽默的肢体语言往往会极大地调动孩子们的热情。又例如，专业的公众表达训练可以使科普演讲获得事半功倍的效果。我在声学科普活动中用吉他演奏的开场就是为了既让听众很容易融入主题，又可以借由吉他很好地解释各种声音要素，可谓一举两得。

三、一次未播的节目

时至今日，我已数次参与科普电视节目的录制，从科普节目的策划到出镜讲解已经得心应手。但回想起首次与电视媒体的合作，其中的波折还历历在目。那一次，节目组通过单位找到我，希望做一期与海豚有关的科普节目。原本我以为作为科研人员，只需要提供必要的科学支持即可，但现实却让我措手不及：原来电视台的编导只是提出了选题，但具体内容、呈现方式甚至相关实验都还是未知，需要由我来提供建议。于是，我第一次知道什么是节目策划，第一次知道什么是文案撰写，第一次知道什么是道具设计。通过反复沟通，我了解了导演的表达意图——这是个系列节目，需要配合同期的其他几个节目设计内容。于是我按照这个思路，提炼出海豚的主要特性，同时设计出两个与声音有关的实验来展现其中的科学原理。而且在这个过程中我还纠正了大众普遍存在的误解，例如很多人以为声纳是根据海豚的声音原理发明的，但其实海豚使用声音的能力是在人类发明声纳之后才被发现的。经过一个月的沟通与合作，我们完整地创作了节目方案、剧本、实验道具等。但非常遗憾的是，由于人事变动以及整体节目方案的调整，我的这一次电视节目处女作并未如期播出。也许很多人会为这样的结果感到沮丧，但我却感觉通过这一次与媒体人的通力合作，对科普电视节目有了清晰的认识，对流程有了系统的了解。尤其是我意识到作为一名科研人员参与科普作品创作的重要性，这种参与应该是自始至终的。同时，科普工作对科研人员的合作能力亦有较高要求。

说到合作能力，科研人员往往都自认为做得不错，因为现在的科学研究大多不再依靠单打独斗，多是需要团队合作才能完成。但是科普工作要求的合作能力却不是简单地在自己熟悉的领域与人合作。科普宣传的合作过程往往是跨领域的，因此就对科研人员提出了新的要求。

第一，科普合作要求科研人员立足自己的专业，具有发掘该领域科普信息的能力。作为专业人员，科研人员长期专注于一线的科学研究，对于本领域的科学动态、基础知识、生产生活相关性等方面，有较为系统和专业的了解。当然，并不是所有的科学内容都适合开展科普。对于什么内容适合开展科普、科普到什么程度、与当时的社会热点有什么相关等方面的把握，科研人员都有重要的发言权。但是，这种对于科普内容发掘与提炼的能力需要在日常工作与生活中进行有意识地培养。例如，在科研工作中应有意识地关注有趣的科学现象、与人们生活较为密切的科学成果甚至是可以让人顿悟的科学感想等，并及时加以记录，以便获得科普灵感或作为科普素材。此外，在保证科研深入钻研能力的同时，也应保持较为宽广的科学视野，能够对本领域的相关知识有较为宽泛的了解，甚至对跨领域的科学知识也应有所涉猎。在生活中，科研人员应更多地与非专业人士沟通交流，主动了解大众对本专业领域的熟悉程度、感兴趣的知识点或是某些广泛存在的偏见、误解等，这些都是很好的科普切入点。科研人员作为科学专业领域与普罗大众之间的信息“摆渡人”，在这两个时空里应时刻有意识地准备与探索科普工作，久而久之才能形成较为敏锐的科普嗅觉，才能积累较为丰富的科普素材。

第二，科普合作要求科研人员增强与信息传播专业人士的合作能力。所谓“科学普及”，即“科学”加“普及”。术业有专攻，“科学”的事交给科研人员，“普及”的事则要与信息传播人士进行充分合作。这里所说的信息传播人士不仅限于传统的媒体人，更是指所有能够有效进行信息传播的专业人士，例如学校里的老师、研学从业人员、网络达人等。合作能力需要在实践中不断增强，以进行科普视频直播为例，相关的导演或工作人员可能会有一定的工科背景，但更多的则是专业的媒体人。这种情况下，科研人员就应提前介入该科普项目，在直播前期的选题、选材、表达方式、实验设计等方面与专业工作人员进行沟通合作，确保内容和表达的科学性。同时，也应主动向媒体人了解新的直播手段的具体操作、受众人群、表达的趣味性、互动方式等相关情况，并听取专业人士的建议。

媒体人往往对社会热点有较高的敏感度，能够及时抓住大众的关注点，这种能力是科研人员较为欠缺的。但社会热点如何与科普内容有机结合，还需要科研人员与传媒人的通力合作。适时的热点可以提高内容的被关注度，这是科学传播效果需要的助力因素。科研人员通过分析信息热点，在本领域搜索相关的科学内容，使科学内容和社会热点实现有机结合。而这当中还需要媒体的润色与加工，以使这种结合显得更加自然、合理，不至于牵强、晦涩。好的合作将会给科普作品带来爆炸式的关注量，达到极佳的科学传播效果。

同时，随着互联网和移动终端的不断发展，当今人们接收信息的方式也日趋多元化，自媒体、社交软件等新型信息传播方式正在受到人们的追捧。科普工作也应该与时俱进地适应社会的发展，尤其是新的、多样的、高效的信息传播方式。

一方面，应充分挖掘传统媒体在科学传播上的效能。以电视、广播和报纸等为代表的传统媒体，虽然其信息效力受到了新媒体的挑战，但仍然有较为固定和基数庞大的受众。同时，传统媒体在节目制作、内容审核等方面有较高的标准和严格的流程，能够较好地保证科普作品的质量和深度。科研人员应更加主动地参与节目的策划、设计与录制过程，给予编导人员更多的科学概念、呈现方式等方面的支持，才能使得科普作品有更强的科学表达效果，从而达到吸引观众、听众的目的。

另一方面，应充分认可新媒体在科学传播上的潜能。直播、短视频、微信、微博等新型的信息传播形式深受年轻人的喜爱，同时新媒体以简洁、高效的表达方式承载着海量的信息传播。青少年正是科普的重点目标群体之一。充分利用好新媒体平台，是科普工作能够取得良好效果的关键。同时，由于信息传递的扁平化，信息的制作、传播与接受都变得更加快速、简易，带来的问题则是作品制作的标准低、随意性强、缺乏专业审核，从而产生科学性缺乏、表达错误等问题。这就更加需要科研人员参与科普作品的策划、设计、制作、审核以及呈现，尽可能地让更多科学的内容、作品或者理念借助新媒体的力量达到更快、更广的传播效果。

四、小结

通过以上三个小故事，回顾了三段科普工作经历，分享了我的一些感悟，也希望能给其他的科普人以启发。

科技自立自强是新时代赋予科研人员的新使命。从事科普工作也是科研人员的职责所在，并且在新时代更加突出强化了这一职责。随着科学和技术成果对公众生活的影响越来越深入且广泛，公众对获取科学技术知识的需求日益旺盛，科研人员把科研成果传播给公众的呼声也日益高涨。这不仅要求政策上激励、形式上创新，还要求科研人员在开展科研的同时注重提升科普能力，推动科研与科普的“两翼齐飞”，进而实现公民科学素质的提升，为创新型国家建设奠定基础。

本篇作者张志博，中国科学院博士，中国科学院声学研究所研究员，中国声学学会高级会员，国家公派访欧学者，中央电视台、北京电视台特邀嘉宾，中国科学院科普讲解大赛冠军，科普中国专家，中华环保基金会特邀专家，中国博士后科学基金评审专家，中国科学院大学、北京大学学位论文评审专家。长期从事声学、物理、仿生学、信号、电子等相关领域的科普及科研工作。对于科学普及有着极高的热情和独到的思路，热衷投身到科学传播实践之中。

让科学传播落到实处

——科普“入心走心”的五个要点

□ 唐义诚

2022年9月，中共中央办公厅、国务院办公厅印发《关于新时代进一步加强科学技术普及工作的意见》，强调“全面提高全民科学素质，厚植创新沃土，以科普高质量发展更好服务党和国家中心工作”，同时，呼吁广大科技工作者“发挥自身优势和专长，积极参与和支持科普事业，自觉承担科普责任。注重提升科普能力，运用公众易于理解、接受和参与的方式开展科普”。这实际上更加明确了科普工作需要贴合心理需求。作为科技工作者，唯有坚持科普形式与内容“入心走心”，公众理解科学的过程方能“上心用心”。本文将结合心理学相关原理提出五个助力科普深入人心的要点，供读者参考。

一、做科普要能“弯下腰”

从社会心理与行为发展规律的角度，科技工作者开展科普之难在于“知识的诅咒”，指的是个体一旦掌握了某项知识或信息，就很难从未知者的角度看问题，这就容易导致科学家在向受众解释研究进展时，因为表达晦涩导致误解，增加了受众对科学知识的认知成本。为了克服这一认知偏差，科技工作者需要积极树立基于受众知识背景做传播的身份自觉，坚定推进从“知识传递”到“科普传播”的飞跃。毕竟，科普不仅是科学知识的简单搬运，更是对于有价值内容的“再加工”与“再创造”。值得强调的是，针对教育资源落后地区的受众，科技工作者应采取“俯下身来做科普”的工作方法，从选题方向、传播形式、语言风格、阐述路径等层面全面提升科普内容的传播力与连接感，无论是科学讲解，还是科普作品，要在“书卷气”中再融入“泥土气”，让科普工作的开展兼具温度、广度与深度。

除了积极与受众的认知水平接轨，做科普“弯下腰”的另一层含义在于需要把握“下一代”的志趣与情绪，以“传帮带”的底层心态面向新世代开展有趣、有用、有态度的科学传播，这就需要科普工作者深入了解新时代青年的生活方式。例如，家庭心理教育是科普的重要战场，以往的科普模式在接触到“90后”群体时却遇到了较大瓶颈，要知道传统家庭观念中的“儿女双全”已不完全是“90后”群体的圈层叙事——主动选择不生育的青年人逐年升高。相反，许多“90后”群体的幸福成了“猫狗双全”。据有关统计，中国养宠物的人数超过了7 000万人，如果把养宠物的人单独择出来组成一个国家，这个国家的人口数估计能排进世界前20，作为年轻人的“90后”开始在宠物身上投射较强的依恋需求，催生了“孤独经济”形态，那么，家庭心理教育作为科普重要抓手也需要贴合“90后”的新期待。开展“宠物心理学”工作坊，传播动物疗法相关知识与技能，倡导“90后”与爱宠之间建立新型依恋关系，均为与时俱进的科普议题。美国社会学家玛格丽特·米德在《文化与承诺》一书中预测人类将进入“后喻时代”，后代掌握的信息数量与质量逐渐超过先辈，这意味着全社会将兴起“向年轻人学习”的潮流，在科普领域则更是如此。做满足年轻人需求、符合年轻人口味、使用年轻人语言的科普传播，将成为不容忽略的趋势。

二、做科普要会“讲故事”

故事是一系列由冲突驱动的动态递进的事件，在人物的生活中引起了意义重大的改变，从心理学角度分析，故事是最适合人类心智的学习工具，故事可以成为承载科学内容的切入口。这是因为人类的大脑进化出从不断灌输进来的海量信息中搜寻有意义信息的能力，我们需要抽出对生存有意义的内容，否则就会“认知过载”，故事就是我们人类控制这个混乱世界的一种方式。我们天生依靠故事来教给我们世界的运作规律，由此可见，听故事是人类的本能，故事最大程度地提升了信息传递效率。科普工作者打动受众的不仅是知识与技能，更是其“浩瀚的人生”。作为科学传播工作者，可以考虑在科普宣讲中融入自己的人生故事，结合亲身经历讲述科学知识的具体应用，更能够引人入胜。讲故事可以让受众的大脑与讲述者保持同频。有研究者用功能性核磁共振成像（fMRI），扫描讲故事的人和听故事的人的大脑，结果发现故事开始之后，听众的大脑，就在一定程度上成了讲故事者的大脑的镜像。故事讲到动情的地方，讲故事者大脑的“岛叶”（负责感情）活跃起来，听众大脑的“岛叶”也跟着活跃起来。如果讲故事者的大脑的“前额叶”（理性决策）活跃起来，听众大脑的“前额叶”也活跃起来。正所谓“人同此心，心同此理”，将故事与科普相结合更容易带动受众的情绪，保障认知同步。

具体而言，在科普中融入故事的方式有许多，结合亲身经历讲述效果最为深远。譬如，开展脊柱健康科普的工作者，普及预防腰背疼痛的相关知识时，就可以充分融入故事做开场：“我小时候就是经常久坐，时间长了腰就疼，父母还特别不理解，说你一学习就腰疼。打游戏怎么没见你腰疼呢？谁说打游戏不疼，只不过我都是忍着疼打游戏。”或者也可以聊聊与受众共同的童年回忆，拉近距离：“我小时候曾一脸认真地问过我妈，‘妈，我腰疼’，我妈头也不回就说，‘你这孩子，小孩哪有腰，赶紧写作业去’，是不是你们的妈妈也说过同样的话？”这些生动的情节富有画面感，可以很快地吸引受众注意力。在此之后再开展相关科普内容的讲授，更符合受众的心理规律。同时，作为科普组织方，在遴选一线科普从业者的过程中，也需要重点关照“有故事”的群体，譬如：让有抑郁症经历的康复者，开展抑郁症与抑郁情绪的预防相关科普宣讲，让经历了退休阵痛期的老年讲师去给刚刚离退休的老年干部讲解自我心态调适技巧，这样就更容易将亲身经历与人生故事带到传播实践中，也避免了硬知识与受众之间的距离感。

三、做科普要去“反常识”

可以快速传播的科学内容通常是超越公众常识的，换句话说，可以给公众提供看待世界的新观念与视角。反常识的内容可以给受众带来“啊哈”时刻，让受众获得新知识时产生顿悟感，这种顿悟感会导致“印刻效应”，让科普内容深入人心。同时，反常识之所以会有传播效应，还在于这一内容带来的意外感。人类大脑天然对新异刺激有兴趣，突破原有认知的观点与事实会吸引注意力，获得更多关注。科普实务中，将“反常识”结合到严肃知识中是常见做法。以家庭教育的普及为例，“夫妻一起打孩子可以增进夫妻感情”这一选题就达到了“反常识”的目的，以生动有趣的方式推广了“父母教养方式一致性”对育儿的重要影响；同时，网络流行的“中年危机”话题也可以作为科普的切入口，普及“中年人的大脑功能更强”这一反常识的结论，强调言语智慧与推理能力在中年时期达到巅峰，让受众对中年人群体产生更加客观与科学的认知。除此之外，反常识科普还可以从受众的俗语中提炼，以心理学科普领域为例，诸如“一孕傻三年”“头脑简单，四肢发达”“棍棒底下出孝子”等说法都可以从“反常识”角度切入，提出相反的科学论据，策划出“关于……你一直都想错了”系列的科普专题，从而获得关注。

四、做科普要懂“抓情绪”

科学传播需要搭上情绪的快车，情绪是科普的核心动力，甚至在基于社交媒体的科普实务中，情绪先于内容、优于内容。这就要求科普从业者懂人性、说人话，抓住情绪与痛点，创造共鸣，引导自传播的发生。激活了公众焦虑感的科普选题是具备传播优势的，“双十一”期间，中国心理学会策划过“买东西前千万不要喝这种饮料”的选题，普及购物前喝咖啡对冲动消费的影响，倡导公众理性购物。“千万不要”就诱发了读者的好奇与恐惧感，让人忍不住想要阅读。值得一提的是，抓情绪不限于个体情绪，时代情绪也是重要对象。中国心理学会与喜马拉雅平台联合推出过10周年特别科普节目——“从‘屌丝逆袭’到‘躺平摆烂’，从网络热词看十年公众心态变化”，这一选题获得了较高的关注度，其原因就在于节目尝试从网络热词这一小切口出发把握住时代情绪。2012年的网络热词是“屌丝逆袭”，10年后的今天，网络热词却变成了“躺平摆烂”，这种从进取到停滞的渐变就是时代情绪的转化，与每个生活在当下的受众休戚相关，故有助于减少科普内容的陌生感与距离感。无独有偶，曾经风靡网络的热词“松弛感”背后也有着浓厚的时代情绪，过于焦虑与疲惫的工作节奏让许多都市人感到精神内耗，所以“松弛感”才会登上舞台。从科普的角度，贴合“松弛感”这一热点开展关于情绪管理与心态建设的内容创作就是“抓住情绪”的良好方向。

五、做科普要敢“逆主流”

美好的事物往往都在主流的边缘，传播学上有“次者为王”原理，说的是越主流的观点，人们讨论的热情就越低。反倒是逆主流的东西，关注度更高。值得一提的是，“逆主流”是一种守正创新，并不等于“反主流”。二者的区别在于，逆主流是基于主流的调侃，而反主流是彻底颠覆主流，挑战底线。比如，在一则谴责地沟油事件的新闻里，你留言说“一天不吃地沟油，还真有点不适应”，这就属于调侃，谁都听得出，你也痛恨商家使用地沟油，只不过你的表达方式属于“逆主流”。但是，假如你义正词严地说，地沟油对人体无害，这就属于挑战底线。做科普“逆主流”可以有效传播的原因很好理解，因为越是主流的内容，越是共识。对于大家都认可的观点，很多人都觉得没有讨论的必要。人们最感兴趣的，往往是那些在主流价值的底线内，但和主流的模板又稍稍有点不一样的东西。例如，居家办公期间，中国心理学会与今日头条等媒体平台合作了“防疫加油站”项目，就策划了一期“逆主流”的科普选题——隔离期间“种菜”有助于缓解焦虑。这一选题的“逆主流”体现在“种菜”并非严格意义上的心理学调适手段，具有一定的创新性，同时，这一方法也建立了“控制点”理论，符合科学规律，故而并不“反主流”。事实证明，这一科普内容被推送到了当日的新浪微博热搜主榜，获得了千万级别的点赞和阅读量，引发了公众热烈讨论，扩展了影响力半径，是一次“逆主流”的成功尝试。最后，需要强调的是，“逆主流”并不是“哗众取宠”或“博眼球”，与主流的偏离需要以科学性与实用性为标尺，切实地将科普受众服务到位，才是有意义的创新。

总之，科普需要深入人心，更需要实事求是。为了跑赢科普最后一公里，就需要科技工作者扎根基层，深入一线，于服务的过程中增加对受众的感性认知，同时，针对儿童青少年、妇女、老年人等重点服务对象，应积极了解其身心特征、知识背景、所处社会圈层与文化习俗，保障有效传播知识、建构思维、引导行为。唯有抓住心理做科普，面向受众现阶段的知识与认知发展特征开展工作，理解到受众的痛点与需求，方可让科普工作落到实处。

本篇作者唐义诚，中国科学院心理研究所应用心理硕士，中国科协“科普中国”专家库成员。中国心理学会心理学普及工作委员会委员，中国管理科学研究院素质教育研究所常务副所长，科普中国心理应急志愿服务队秘书长，全国心理服务基层协作网秘书长，北京中科普心理健康促进中心常务副主任。长期致力于心理科学传播工作，全网科普作品点阅量过亿。

中○篇

创作与表达

科普写作通论

□ 汪　诘

在我看来，科普作者可以分为正确型作者和优异型作者。正确型作者就好像是经受过严格训练的礼仪小姐，写出来的科普文章是正确的，不会引起大众的反感，同时也是合格的，可以放心地发表在各种平台，一般也是可以按照字数明码标价的。优异型作者就好像是明星，写出来的科普文章是优异的，带有强烈的个人风格，他必须从“正确的、合格的”这些规范和套路中跳出来，几句话就能被喜爱他的读者识别出来。但是，跳出来的意思不是不用管规范和范式，而是在成熟的规范和范式的基础上创造出有鲜明个人特色的风格。甚至有些优异型的作者，他们的文章会让读者两极分化，喜欢的人特别喜欢，不喜欢的人恨不得把脏水泼到作者身上。

我认为，一个正确型科普作者，可以把自己的写作目标设定为帮助人们提高科学素养。我想用下面一个简单的图（图 9）来说明什么是科学素养。

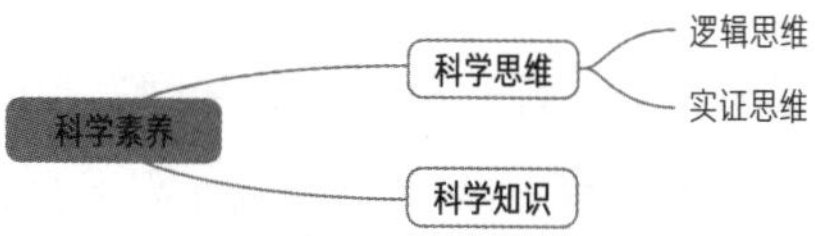

图 9　科学素养

我个人的感受是，目前国内绝大多数科普作者往往都只盯着“科学知识”这一块猛写。可不可以？当然是可以的，毕竟一个人的科学知识与科学素养是成正比的。但是，我只是想提醒大家，千万别忘了提升科学素养的另外一大领域——科学思维的普及。如果你想从众多的科普作者中凸显出自己的价值，可以尝试着在这个领域探索，因为这是一个被大多数科普作者忽略的领域。如果用商业做比喻，科学知识这片领域就像是红海，竞争充分，文章多如牛毛；而科学思维这片领域则像是一片蓝海，竞争没那么充分，相对容易打到鱼。

还有一个重要的原因，假如你科普的对象科学知识增长得很快，但科学思维始终停留在一个比较低的水平，那么他整体的科学素养成长是很缓慢的。我可以用下面这张图（图 10）说明这个原理。

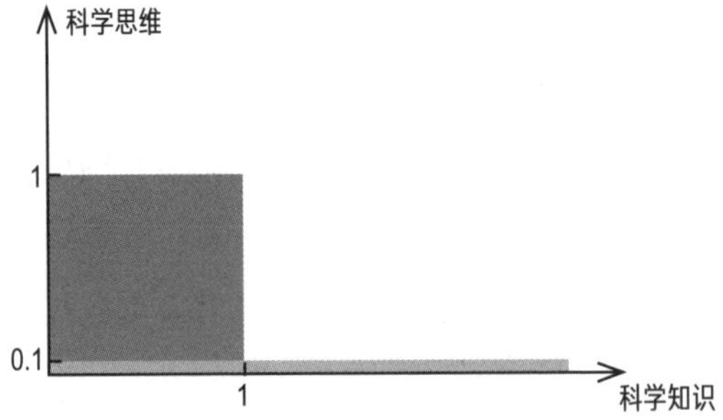

图 10 科学思维与科学知识关系图

图中阴影部分的面积可以定量地代表一个人科学素养的高低。我们假设一个人提升科学知识和科学思维花的力气是同样的。一个人的科学思维如果始终停留在 0.1 的水平上，那么科学知识要涨到 10 才能获得 1 个单位的科学素养。相比之下，如果科学素养能从 0.1 涨到 1，那么只要 1 的科学知识就能获得同样的科学素养。所以，帮助别人均衡发展，是一件非常划算的事情。

基于这个原理，我认为一篇对提升科学素养帮助最大的科普文章是把科学知识和科学思维有机结合起来的文章。当然，这样的文章也最难写。我自己最满意的文章都是那些通过某段科学史或者解答生活中的某个问题，把科学知识和科学思维巧妙地结合在一起的文章。我觉得，这样的科普文章是高级的科普文章，也是最有生命力的文章。从我这几年实践的结果来看，对我感谢最多的那些读者，基本上都是因为通过我的文章帮助他们提升了思维和认知的那些人。

我认为，科普文章与诗歌、小说、散文等文体有一个基本区别点，前者更侧重追求知识或者观点的准确，而后者追求的是唤起读者的某种情绪。因此，对于非科普写作来说，修辞非常重要。但是对于科普写作来说，修辞就不是最重要的技巧了。意思准确、逻辑通畅、条理清晰、通俗易懂，这四点才是最重要的。

所以，不论你要讲的是天文、物理，还是文学、艺术、体育、法律、历史知识，只要是以传播知识为目标，所遵循的基本写作原则都是相通的。

我认为，科普写作不是做科学研究，更不是为了训练科学家。科普写作研究的是怎样才能把人类积累的知识和科学家的思考方法有效地传播给大众，因此，科普其实属于大众传播学范畴。这也是为什么一个优秀的科学家不一定能成为优秀的科普作家的道理。

这几年的创作实践，让我有了一些自己的心得。仿照阿西莫夫的机器人三定律，我给自己的科普写作设计了这样的三法则：

科普写作第一法则：不违背科学精神。

科普写作第二法则：在不违反第一法则的前提下，要有愉快的阅读体验。

科普写作第三法则：在不违反第一和第二法则的前提下，尽可能做到严谨、客观。

以上仅代表我个人的写作法则，我无意强加给任何人，只是抛砖引玉，供大家参考。

为什么我要说不违背科学精神这一条是最重要的，因为我觉得这是区别科普文章和心灵鸡汤文、标题党震惊文、伪科学毒草的最大区别。如果一篇科普文章违背了基本的科学精神，那么，这篇文章有多大的传播力，对社会的伤害就有多大。所以，这一条是最为重要的。

首先，我要简明扼要地谈一下什么是科学精神。我个人有一个写作纲领：比科学故事更重要的是科学精神。

如果用最简单的一个词来描述科学精神，我会选择这四个字：求真务实。

这里的求真并不是“寻求真理”的意思，恰恰相反，科学其实并不关心真理。这可能会有点儿反常识，因为很多人从小就听说，科学就是对真理的追求。但是，当真正理解什么是科学之后，我们会发现，任何一个科学理论都不是对宇宙真理的描述。

实际上，科学理论是一个数学模型，它在试图精确地描述自然现象，不但要能解释已经观测到的现象，还能预测未来有可能观测到的现象。但任何理论模型都受限于人类的观测能力，我们不敢保证在现有人类的观测能力还没达到的地方，这个理论是否还能精确地描述现象。

一个最典型的例子是，当我们的观测能力有限时，牛顿运动三定律已经能非常精确地描述和预测自然现象。但是，随着观测能力的提升，人类发现，当运动速度达到一定程度，或者观测的对象小到一定尺度，牛顿理论的计算结果就与观测到的现象越来越不相符，于是，科学家们又发展出了相对论和量子力学来更加精确地描述自然现象。

不过，这并不意味着牛顿的理论是错误的，只是说明了牛顿的理论有适用范围，也就是常规尺度和低速运动这两个适用范围。实际上，即使是相对论和量子力学，乃至任何现有的科学理论，也都有它们各自的适用范围，它们都不能被称为真理。

科学理论除了关心模型和现象的相符程度，还关心理论的简洁性。这里有一个特别好的例子来帮助理解理论与简洁性之间的关系。

在量子力学中有一个叫“量子隧穿效应”的现象。打个比方来说，如果把电子想象成一个乒乓球，把能量想象成一堵墙，那么在我们的宏观世界中，你把乒乓球扔向一堵墙，不论你扔多少次，乒乓球总是会被反弹回来。但是，在微观世界中，电子却可以有一定的概率穿过这堵墙，这就叫量子隧穿效应。听上去很奇怪，但这就是观测事实。

用什么样的理论来解释这个奇怪的观测事实呢？

首先，我们需要知道，所有的电子都长得一模一样，它们所有的属性也都是完全一致的，换句话说，人类并没有任何办法区分不同位置的电子是不是同一个，理论上也完全没有可能给电子做一个标记。

那么，当电子隧穿效应发生的时候，我们既可以认为是一个电子穿过了那堵墙跑到了墙的另一边，也可以认为是一个电子在墙的这边消失，在墙的另外一边凭空生成了一个新的电子。注意，这两种理论是没有办法检验真伪的，至少在人类目前具备的观测能力下，是根本不可能检验真伪的。

同样的道理，现在的电子运动模型，也可以换成电子消失又生成的理论模型。那为什么科学共同体接受了量子隧穿这个理论，而不是量子消失生成的理论呢？原因就是量子隧穿这个理论模型相对来说更简洁，要解释的东西更少，做理论计算和预测也更简单。

既然科学不是追求真理的，那么科学精神中的求真到底求的是什么“真”呢？答案是：求的是“真相”。所谓的真相有两个含义：一是有证据支撑的事实；二是科学共同体的当下最新理解。

科学精神要求我们把证据摆在极为崇高的位置，有一分证据说一分话，没有证据不瞎说。所谓求真的一个含义就是求证据，当我们在向读者转述一个事实时，我们在主观上有义务为读者去追问这个事实有没有证据。虽然，我们不可能做得到亲身检验每一项证据，但这是一种精神，这种精神要求我们尽最大努力去追问证据，哪怕最后我们确实错了，但至少我们在态度上并没罔顾证据，我们尽了自己的努力，这就叫科学精神。

求真的另一个含义就是我们主观上有没有去寻找科学共同体对某个问题的当下最新理解，比如说关于全球气候变暖的原因问题，我们不能随便看到一篇写于10 多年前的科普文或者论文，就把里面的数据或者观点毫不犹豫地拿来引用。在遇到任何问题时，我们都应当秉持一种态度，或者说是自我要求：我有没有尽自己的最大努力去了解当下最新最好的回答呢？换句话说，科学精神的求真就是不要用静止的眼光看问题，绝对不能有崇古的心态，认为古老的、经典的就是最好的，相反，要相信人类的认知水平是在不断提高的，新的认知会好于旧的认知，后人一定可以超越前人。

讲完了“求真”，我再来讲什么是“务实”。

务实就是要认识到任何科学研究都是有代价和成本的，我们不能活在自己想象中的理想精神世界中。为了说明这一点，我有一个非常好的案例。我最常被问到的问题之一就是：为什么科学家们寻找外星生命，总是要先找到水，或者说总是要找到和地球差不多的环境？

经常会有人用一种非常恼火的口气说：“每次谈到外星生命的存在条件时，科学家总会提到水，给人一种‘水就是产生生命的必要条件’的印象。科学家怎么就不能打破一下常规思维呢？”

借用这个问题，就能很好地回答科学精神中的务实精神。

首先，经过科学家的最大努力，也依然无法找到任何离开液态水还能保持活动状态的生命，这是一条有证据支撑的事实，我们要先接受下来。

那么在现有的情况下，在寻找外星生命的时候，科学家就只能把液态水作为生命存在的必要条件。科学活动都是以时间、金钱为代价的，因此选择研究方向是非常严谨、非常严肃的事情。如果方向错了，科学家就有可能一辈子碌碌无为。在我们人类现在的知识体系下，要在寻找外星生命这项研究中出成果，最有可能的路径当然是先找到与地球产生生命差不多的环境，然后在这个环境中继续寻找生命存在的证据。

比如说，NASA 第一次拍到土卫六的照片时，科学家们惊讶地发现，这颗土星的卫星从外貌来看长得和地球实在是太像了，他们在土卫六上发现了由液态甲烷构成的海洋。但是能不能就此宣称在土卫六上可能含有生命呢？不能。因为缺失了证据链上最重要的一环，就是液态甲烷能够孕育生命。缺失了这个证据，最后的推论就是建立在凭空的臆测，而不是理性的思考之上。当然，科学家也不会宣称土卫六上肯定不存在生命。

2017年，NASA在土卫二上的羽流中测量到了二氧化碳、氢气和甲烷的含量处于一种不平衡的状态，这就证明了在土卫二的冰层下面不但有液态的海洋，而且还存在能够提供生命所需要的能量物质。有了这个直接证据，也就值得我们进一步花费巨资，继续发射探测器，甚至把航天员送过去，做彻底的调查研究。因为它存在可能性的证据，值得进一步研究。

有时，在我与大家谈论外星生命与地外文明的时候，其实都隐含着一个假定的前提：我谈论的是我们人类已知的生命形式，或者说是已知的高等智慧文明形式。这个假定和前提很重要，但是每次都强调又未免显得啰唆，所以我也就常常省略。

但是，这并不是说：不存在我们人类未知的生命形式。相反，我也相信有未知的生命形式存在。但问题是，既然它是未知的，那我们该怎么谈论呢？又何谈去寻找呢？未知就意味着一切可能，而一切可能其实对具体的科学活动没有指导意义。“一切皆有可能”不过是“啥也不知道”的一种好听的、等价的说法而已。

以上，就是我所理解的“求真务实”的含义，它是我进行科普写作的第一法则：不违背求真务实的科学精神。

在科学精神指引的前提下，愉快的阅读体验是最重要的，这也是科普文章和正式论文的区别。这是我的科普写作第二法则。但这个话题无法在很短的篇幅内展开来谈，起码需要10万字才够。所以，我只好略过。

我的最后一条科普写作法则是严谨、客观。放在最后一条并不是说这一条不重要，仅仅是一种优先级排序。对于科普文章来说，这三条都重要。我其实是想表达：为了达成愉快的阅读体验这个目标，在不得已的情况下我们可以放弃一些严谨性，但决不能丢掉科学精神。

以下这些做法是可以接受的：

比如说，在给孩子讲科学时，可以模糊质量和重量之间的区别，因为孩子还分不出质量和重量。用类比的方式来讲解某些科学原理也是可以接受的，尽管我们都知道任何类比其实都是不严谨的，但为了阅读体验，我只能牺牲严谨性，这是因为：一个粗糙的理解总是要好过完全不理解。

但是，下面这些做法是不可以被接受的：

比如，为了吸引阅读量而宣扬神秘主义或者伪科学，动不动就是什么发现外星人、颠覆传统科学认知之类；或者把未经证实的发现当作重大新闻来播报，动不动就超光速、爱因斯坦被否定了等。我认为这些做法违背了基本的科学精神，是一个科普作者不能为之的。

以上浅见，仅供参考。本人深知，对于博大精深的科普写作，我依然只是一个初窥门径的小学生，诚恳欢迎批评指正。

本篇作者汪诘，中国科普作协会员。代表作《时间的形状——相对论史话》获第八届文津图书奖。科幻小说《时间囚笼》获 2019 百花文学奖。执导（编剧）科技馆特效影片《令人惊叹的宇宙》，获第六届中国科普作协优秀科普作品（影视动画类）金奖。执导（编剧）《寻秘自然》获第七届中国科普作协优秀科普作品（影视动画类）银奖。另有《星空的琴弦》《亿万年的孤独》《少儿科学思维培养书系》《太阳系简史》《文明的火种》《说出来你别不信》《植物的战斗》等十多部著作。

会倾听的讲述者才是好的科普人

□ 叶　盛

我是一名生命科学领域的科研人，主要从事蛋白质的结构、功能与人工设计研究，力图解决疾病的分子病理机制与诊疗药物问题。

与科普结缘，源于我在美国哥伦比亚大学做博士后的工作期间，在网络上发表了第一篇科普文章《追寻隐形的光线——X 射线源发展小史》，并收获了不错的反响。此后，我便走上了业余时间坚持从事科普工作的道路，先后翻译了《为什么相信达尔文》《大灭绝时代》，以及理查德·道金斯的科普名著《自私的基因》（40 周年纪念版），也会在大中小学和一些论坛上进行科普演讲，以及参与电视广播科普节目的策划、撰稿、录制。

一晃，14 年的时间过去了。我从一名博士后成长为带领研究生从事科研攻关的大学教师，同时也从一名科普新兵成长为一名科普老兵，并非常荣幸地获聘成为中国科协的“科普中国形象大使”。这既是一份荣誉，也是对我的鞭策，推动我在科普工作的道路上更进一步。

其实，在这些年的科普工作中，我真切地品味到了科研人从事科普的酸甜苦辣，实在是五味杂陈。科研人手中掌握着科学知识，按理说应该更容易从事科普创作；但实际上，科研人在科普创作中面临的困难远比外人想象的更大。这之中既有创作技巧层面的欠缺，也有思想认识层面的偏差。

事实上，对于绝大多数科研人来说，科普只是可有可无、偶尔为之的事情。他们并不太清楚什么样的科普才是好的科普，才是公众需要的科普，更没有认真思考过为什么要做科普，以及要如何做科普。然而，科普并不是一件信手拈来的事情，它需要参与者的认真思考。在此，我想谈谈自己这些年来对于科普工作的一些简单想法，算是抛砖引玉，希望能引发更多科研人的重视与思考。

一、传播出去的科学才是好科普

当前是我国科学普及工作最好的一个时代。一方面，国家重视，科普得到了政策和资源的倾斜；另一方面，公众重视，科普有了实实在在的“需求端”。

于是，在这个“最好的时代”，很多科研人员或情愿或不情愿地披挂上阵，投入了科普工作之中。他们之中相当一部分人的热情是高涨的，甚至有点高涨过头。

曾经在一次生命科学领域的科普嘉年华活动中，我受邀做了一场科普演讲，便有幸现场见证了一次科普热情的“大爆发”。与我同一场活动中的另一位受邀嘉宾是生物学领域的领军人物，科学水平绝对一流。他的演讲在节目单上显示为35分钟，其中包含了5分钟的提问时间。然而实际上，我们这位可爱的老师在台上足足讲了一个半小时，虽然不停地说自己很快就结束，但始终没有结束的意思。

那场演讲的效果好吗？

那天现场的几百名观众是自愿报名参加活动的，主要是热心的家长领着自己的孩子。当这位老师在PPT中抛出一张张黑白双色的学术图表时，观众们就已经开始“涣散”了。当演讲时间超过40分钟以后，几乎没有孩子还坐得住了。家长们倒是坐得住，但都在刷手机。面对这样的观众，我们这位老师竟然还滔滔不绝地又讲了40多分钟。

如果站在学术的角度来看，这场演讲没毛病：内容丰富、逻辑清晰、通俗易懂——对于生物学中跨领域的同行来说通俗易懂。但是如果站在科普活动现场观众的角度来看，这场演讲恐怕大部分人是听不懂的，甚至很多人根本就没有在听。

所以，问题来了：在科学传播中，是“科学”更重要，还是“传播”更重要呢？

几乎所有人，包括原来的我自己，都会天然地认为是科学更重要——毕竟，科普也姓“科”嘛！但是让我们想想看，在上面这场堪称“奇葩”的科普演讲中，台下的观众如果连听都没听进去，那么就算演讲的内容是多么精彩的科学，这场科普演讲又能起到什么样的科学传播效果呢？

霍金曾经说，他的编辑告诉他：科普书中每多一个公式，读者就会减少一半。我们的科研人员在做科普时大概很少有人记得这一点。不过，对于我这篇文字的读者来说，我想大家不会介意我在这里用一个数学公式来总结：

$$0 \cdot x = 0$$

如果科普的受众是 0，那么无论那个 x 有多么科学、多么高深、多么精妙，结果仍然只能是 0——因为没有受众接收到这次传播。

的确，这样的 0 效果演讲或许并不多见，但实际上，与此类似的现象在科普中比比皆是。如果一篇科普文章写得枯燥乏味，读者打开链接读了两句就又关上了，这也是 0 效果传播；如果一个科普短视频没有品质又不注重话术，观看者听不完第一句话就滑走了，这同样是 0 效果传播。

对于这些 0 效果的科学传播来说，其中的科学还重要吗？恐怕根本就已经不重要了。

当然，有的科研人员大概会反驳：科学写下来本身就是有意义的，无论有没有人去读它！

的确，这样说没错。但是，严肃的科学应该记录在严肃的科学论文中，或是严肃的科学著作中。这样的科学，哪怕没有任何人阅读它，只要它的科学是正确的，是有价值的，它就一定会有闪光的那一天。历史已经无数次地证明了这一点。

在生命科学领域最为经典的例子，就是孟德尔那篇有关遗传定律的论文在发表近40年后的“再发现”。

科学论文的使命是客观地记录科研工作的结果，忠实地反映科研人员的研究思想。但是科普作品的使命与此大相径庭。科普作品不应该、也无法承担记录科学的使命。科普作品的使命应该是将科学知识、科学思想、科学精神传播给最广泛的人群。

正因为如此，传播出去的科学才是好科普！

二、以受众为中心的科普创作

明确了“传播”才是科普创作的核心，那么该如何做好“传播”这件事呢？

在科普工作中，专门有一类栏目、活动、比赛甚至是产品，是以“辟谣”为目的的。随着科学的流行，首先容易被人们记住的不会是艰深的科学概念，而会是一些出镜率极高的科学名词。继而，就会有些居心叵测的人，利用这些流行的科学名词，编造出一些科学谣言，以达到为自身牟利的目的。

在20世纪末21世纪初，一个被玩坏了的科学名词就是“纳米”。任何商品都可以冠以纳米之名，并且只要一沾上纳米的边，似乎就具备了种种神奇的功效。然而实际上，直到今天，真正使用到纳米科技的商业产品仍然是非常少的，因为各种神奇的纳米效应如果想要体现在宏观物体上，往往需要非常高超的材料技术，其成本必然不菲，难以成为寻常百姓的日常生活用品。

最近十几年间，随着我国在量子通信、量子计算等领域取得了一系列重大突破，我便在多年前做过一个“预言”：下一个被玩坏的科学名词将会是“量子”。

果然，不幸被我言中了。量子通信尚未能走入千家万户，我们却已经能够“幸运”地买到各种各样的“量子产品”了。更让我哭笑不得的是，这种事情还曾找上过我。那是几年前，有一位只有一面之缘的人突然打来电话说要我帮忙。原来是有人要到他的家乡建厂，生产“量子化肥”，正在号召当地人一起投资。他想知道，这位带着量子高科技来的科学家是不是真有其人？这个“量子化肥”又是不是靠谱？我告诉这位朋友：这个科学家的来历我可以查查再告诉他，但是这个“量子化肥”，我不用查就知道，一定是骗人的。

关注科普的人或许早就发现了，在“辟谣”这件事情上，我们的科普工作永远只能是跟在骗子屁股后面跑。当然，从逻辑上也只能如此，只有出现了谣言，才会有辟谣的需求。然而在这件事情上，我们真正要思考的问题是：为什么骗子满口谎言，只是用了几个科学名词，就骗得人们都相信他们；而科学家们讲的都是真话，满满都是科学名词，却没有人愿意相信他们？

我认为，答案就在于“人心”二字。

骗子研究的是人心，他们所讲的故事，以及讲故事的方式，完全都是围绕着人心来构建的，所以才能很容易被听者接受。至于具体讲什么，是不是正确，是不是科学，是不是有证据支持，这些都不是骗子需要考虑的事情。但是科研人在讲科普的时候恰恰相反，他们从来不考虑人心的问题，甚至不会去关心究竟谁是他的听众。科研人只关心科学，他们所讲的一切也是围绕科学问题来构建的。最终的结果就是，科研人讲的话疏离了人心，因此很难被听众接受。

那我们的科普该怎么做呢？难道要向骗子们学习吗？我认为大可不必。毕竟，我们讲述的是科学，不可能像骗子那样不受约束地随意编造内容。特别是科研人员，也没有那么多的心力去研究“人心”这件事情。不过，我认为我们仍旧有改进的空间，比如我们可以让自己走下中心位，把受众摆到中心位。

科研人往往都有很强的表达欲望，这是学术演讲超时的主要根源。虽然他们中的很多人私下里都比较内向，不擅言辞，但是只要谈起科学来，特别是他们的专业领域时，他们就会变得侃侃而谈，整个人都散发着光芒。但是，这样的表达欲望并不一定适合直接移植到科普工作中来，因为这样的表达是“我要讲”，是传道授业解惑，是以讲述者自身为中心的输出。

然而就像我们前面已经谈到的，科学传播不能不顾传播效果。因此它不应该是以讲述者自身为中心的科普创作，而应该是以受众为中心的科普创作，这样才有可能更好地达成“传播”的使命。

三、放低姿态，先倾听，再讲述

要想做到“以受众为中心”进行科普创作，并不是一件简单的事情，对于科研人来说就更是难上加难。在这些年的科普创作实践中，我曾经拿到过一些作品奖项，也有传播量达到“100 000+”的作品，又或是写出了收获编辑和读者一致赞誉的文章。我想把自己的一些创作经验分享给大家，希望能够有所帮助。

科普作品的创作在某种程度上与厨艺有相通之处。那么要学会做菜的先决条件是什么呢？你首先得吃过那道菜。世界上大概没有哪位厨师从来没尝过一道菜，就能做好这道菜的。

就科普创作而言，同样如此。要想写好科普文章，首先得要多读科普文章。古人云：读书破万卷，下笔如有神。但是我们的科研人员不要说“破万卷”了，很多人恐怕连十篇科普文章也没看过。其中的道理很简单，在科研人自己的专业上，他掌握着全面的知识，需要看的是最新的研究论文，而不是一般性的科普。

不过，这个问题也并非无解。科研人虽然在自己的专业方向上不需要被科普，但是在自己专业之外的广大科学领域也有被科普的需求。如果一名科研人想要进行科普创作，我建议他一定要花一些时间读一读、看一看其他领域的科普，要知道科普作品是什么样子的，好的科普作品又是什么样子的，才有可能自己创作出好的科普作品来。

接下来，要做一桌好菜，就得先搞清楚是谁来吃饭。如果是四川的朋友，那就得考虑做些麻辣的重口味；如果是江浙的朋友，那就得搞点清淡鲜甜的菜色。对于科普创作来说同样如此，在创作之前首先要搞清楚的是：你要创作的科普作品的受众是谁？

比如面向高知群体的科普创作，就要注重逻辑的完整性和严谨性，深入浅出，适当地采取一些比喻的手法，便于跨专业的受众理解艰深的概念。如果是给大众化的平媒写稿，或是在传统的电视媒体上做科普，就要通俗易懂，接地气，减少复杂的讲解，多给一些简单明了的结论。如果是给青少年写的科普文章，就要生动有趣，甚至可以是小故事，在潜移默化中植入科学知识与科学观念。甚至，当我受邀去中小学开展科普演讲时，我都要问清楚听众具体是几年级的学生，根据不同年龄层次在知识上和心理上的特点，调整演讲内容，以达到最好的效果。去了解你的受众，恰恰就是“以受众为中心”首先要做的事情。

巧妇难为无米之炊！搞清楚了谁来吃饭，接下来就要准备食材了。对于科普创作来说，要以受众的体验感为中心来选取并组织素材。也就是说，如果写科普文章，要首先照顾整篇文字的阅读体验；如果做科普视频，要首先照顾整个视频的观看体验。两者共同的要求是：流畅、衔接紧密、有一定的娱乐性或趣味性。这些特性是能够确保受众看完整个作品的基础。

为了能够达到这样的品质，在选取素材时，我建议科研人首先要做到的一点是：放弃体系化的知识架构。科学知识都是体系化的，在读书期间如果能够意识到这一点，并且用体系化的思维来学习、记忆知识，能够达到事半功倍的效果。但是公众阅读科普作品不是为了接受体系化的知识教育，否则不如直接看教科书。如果创作科普作品时用体系化的方式来组织素材，那就会出现可读性或可看性严重下降的问题，也会出现冗长或超时的问题。

当然，经过长年的严格科研训练之后，要暂时放下严谨的体系化思维，这对于科研人员来说不是一件容易的事情。比如某个知识有三个方面，一个方面为主，另外两个方面作为补充。科研人深知其中的严谨性，便总觉得不敢放下这两个次要的方面，生怕话不严谨。但是，如果对素材不加取舍，只能损害文章的可读性、视频的可看性，最终导致传播效果严重下降。那么，具体到每一次创作的素材究竟该如何取舍，就只能靠我们在科普的实践中不断去摸索、去学习、去积累了。

科普作品并无一定之规。在阅读严重碎片化的今天，我也曾在一些科普公众号上发表过万字长文，同样收获了大量读者的点赞，甚至有文科生表示自己认认真真看完了。内容丰富并不是问题，关键还是看如何组织，如何谋篇布局。这已经不是一个科普创作的问题了，而是一个一般性的写作问题，需要在不断的创作过程中去磨炼。

接下来就是具体的创作了。就写作而言，同样有两点一般性的写作经验与大家分享：一曰“写完”，二曰“修改”。

美国科幻黄金时代的著名科幻作家罗伯特·海因莱因就曾经说过：“写完就是胜利！”很多作家也都表达过类似的观点。不论是成功的作家还是写作新手，都有可能在写到全篇 2/3 左右达到一种心理上的最低点，对自己的作品严重不满，并且失去继续创作的动力。比如说你正在读的这篇文字，我就在写完前两部分之后卡了很久。这个时候，给自己一些压力，咬牙坚持写完是非常重要的。无论初稿的质量如何，它都给了你一个可以继续修改的基础。否则的话，这篇作品就永远无法诞生。

所以，接下来一个问题就是修改。好的作者能修改自己写的每一个字，甚至把费尽心血写出来的整章文字删掉；而写作新手往往改不动自己的作品，每个字都舍不得删掉。一个能够分享给写作新手的好办法是：把你的作品暂且放下不管，等过几天再去重读。这时，你往往能够跳脱出作者的身份，以一个读者的客观视角来审视自己的作品，就会发现各种各样的问题，并且有足够的动力去修改它了。

最后想要跟科研人分享的一点是：学会接受“外行”的意见。科研人员在自己的专业领域内一定都是内行，因此对于写什么以及怎么写往往有着自己的“专业”意见，便很难接受编辑、节目编导等“外行”提出的意见。但是我们已经讨论过，科普不仅仅是科学，而更是传播。在传播这件事情上，我们科研人无疑是“外行”，而我们眼中的“外行”却变成了“内行”。所以在科普创作中，科研人应该学会去倾听并接受所谓“外行”的意见，才能在双方的合力之下，达到最好的传播科学的效果。

总而言之，无论具体的创作技巧或方法如何，对于科研人来说，最重要的还是改变自己的心态。在科普工作中，让自己从中心位上走下来，转而以受众为中心来打造作品，倾听受众的需求，倾听“外行”的意见，才能把科学传播做好，让更多的人了解到你所掌握的科学知识、科学思想、科学精神！

本篇作者叶盛，北京航空航天大学医学科学与工程学院教授，中国科普作家协会理事，中国生物物理学会人工智能生物学分会副会长，中国生物物理学会科普工作委员会秘书长。主要从事与癌症等重大疾病相关的蛋白质研究，以及基于AI（人工智能）算法的创新药物研发，主持国家“973”课题、国家自然科学基金委面上项目多项。业余从事科普科幻的写作和翻译，译有《大灭绝时代》《自私的基因》等书。获得国家图书馆“文津图书奖”推荐图书奖，中国科幻最高奖“银河奖”最佳中篇奖，以及“全球华语科幻星云奖”中篇银奖。长期参与央视《透视新科技》、央视《解码科技史》、北广《照亮新闻深处》等多档科普栏目的制作和录制工作。2020年被中国科协聘为“科普中国形象大使”。

科普中的比喻与类比

□ 游识猷

一、科普文章中的比喻

在科普文章中，比喻是常用的手法。首先，它是用日常的、浅显的、具体的东西，去帮助别人理解非日常的、复杂的、抽象的东西。作家马塞尔·普鲁斯特曾经说过，“事实上，每个读者只能读到已然存在于他内心的东西。书籍只不过是一种光学仪器，作者将其提供给读者，以便于他发现如果没有这本书的帮助他就发现不了的东西”。这个表述正是比喻存在的意义之一。我们无法让读者凭空理解某个事物，除非那个事物与他已有的概念发生了关联。通过“已然存在于他内心的东西”，读者得以逐渐触摸到更广阔的世界。

其次，比喻也会令人印象深刻。卡夫卡说，“所谓书，必须是砍向我们内心冰封大海的斧头”。一个好的比喻，一本好的科普书，应当如同斧头一般，能让人为之震动，牢牢记住，甚至从此改变。 比如，哈佛大学的心理学家丹·吉尔伯特在 TED 演讲中，要让听众理解大脑的一个重要部分——前额叶皮质的功能时，他是这么说的：“前额叶皮质最重要的功能，在于它是一个经验模拟器。飞行员通过在飞行模拟器中训练，来避免在真实飞行中产生失误。人类具有惊人的适应性，能在大脑中体验未曾真实经历过的事物……比如说，哈根达斯不卖肝脏洋葱口味的冰淇淋，并不是因为他们试做了一些，尝了尝，然后说‘真恶心’，而是因为你在脑子里就能模拟出那种味道有多难吃。”听过这个比喻的人，一定不会忘记前额叶皮质的这种功能。

再次，比喻会让原本抽象难懂的内容变得通俗易懂。比如，关于多巴胺的比喻，“多巴胺是一种大脑的神经递质，常常出现在奖赏回路里”。这样的表述，大多数人可能是难以理解的。而有个科普作品却是这么解释的，“多巴胺就像大脑的‘保存按键’，如果你想养成习惯，只需要重复做某事，再让大脑释放多巴胺——习惯就被保存了”。这个对于多巴胺功能的比喻就非常通俗易懂，读者就很容易理解。再举个例子，美国心理学家卡罗尔·塔夫里斯和艾略特·阿伦森写的《错不在我》一书里，有这样一个比喻，“就像鱼儿察觉不到自己游弋其中的河水一样，人类也觉察不到自己的盲点，那些能够在水中游弋的鱼儿具有对河水视而不见的强烈动机”。心理学里的盲点，是个极其抽象的概念，但将其与“鱼儿游弋其中的河水”关联起来后，读者的视觉、触觉就会被调动，这个概念就显得“简单”了许多。再比如,不理解科研的读者,常常会将科研想象成如同在学校做题,有着确定的步骤和答案。实际上，为了解释清楚科研的过程，许多科普工作者都致力于用比喻来讲述其的真正过程。奥赞·瓦罗尔在《像火箭科学家一样思考》一书里，写下了数学家安德鲁·怀尔斯的比喻：“怀尔斯把发现的过程比作在一座黑暗的宅邸中前行。他说，首先要进入第一个房间，花上几个月的时间摸索前进，四处试探和撞到各种东西。经历了极大的无所适从和困惑之后，才可能最终找到电灯开关。然后，他又走向下一个黑暗的房间，一切重新开始。”天文物理学家弗吉尼亚·特里波则是这么说的：“科学进步就像变形虫一样，向不可预知的方向伸出伪足，然后把身体的其余部分拽过去，偶尔还会无序地后退。”

科研的具体方法，相对来说比较复杂，但通过合适的比喻，读者也是可以理解的。比如，科普作者马尔科姆·格拉德威尔在《陌生人效应》里要向读者解释“FACS（面部动作编码系统）”。这是一套非常复杂的研究工具，它会对成千上万种肌肉运动进行精确的分类。马尔科姆·格拉德威尔是这样描述的："接受过FACS知识培训的人，可以观察别人的面部表情并对其赋分，就像音乐家听一段音乐就能将其翻译成一系列音符写在纸上一样。"通过将"面部动作编码系统"和音符建立联系，读者便能够轻松理解。

在关于基因的科普图书中，比喻也很常见。比如《基因传》里提到，研究者费希尔这样解释单基因的独立影响："对于单基因的独立影响而言，费希尔认为就像是点彩派绘画中的某个点。如果你将画面放大到足够倍数，那么展现在眼前的就是许多独立且离散的点。但是在浩瀚的自然界中，我们观察与体验到的性状却是无数散点组成的集合：似乎这幅天衣无缝的画作由密集的像素构成。"

我自己在写一篇关于洗脑式课程的文章时，也引用了以色列心理学家艾里尔·梅拉里的"隧道"比喻。"'隧道'具备两个特点：一是阻隔外界；二是视野狭窄。在隧道里，外界的信息、反馈、支持都消失了。人只能随着大流，朝着同一个方向前进。眼前是有限的视野。出口是唯一的光。训练是唯一的任务。同伴是唯一的反馈。教练是唯一的榜样。只能前进，不能中途退出。退出就是背叛自己最初的承诺，也是背叛了一起行走的同伴。最后走出隧道的人，再也不是进去时的模样。"还有一次，我在写有关哈佛的格兰特终身研究的科普文章。研究发现，酗酒是人生悲剧的起因，而非结果。为了强调这一点，我打了一个比方，"酗酒不仅仅是一种疾病，它还是一种'刺'。身上长出的'刺'，不但令你自己痛苦，还会划破你周围的安全网。酗酒导致离婚，即使伴侣没有离开，婚姻也往往不幸。酗酒导致易怒和反社会行为，这会驱逐身边的朋友，让身边的支持者变得越来越少。安全网一张张被划破，于是，当酗酒者坠落时，就没有可以承接住他的网。一次失足，别人掉落一两米，酗酒者可能就直坠数十米，甚至落入难以爬出的深渊"。

美国作家纳西姆·尼古拉斯·塔勒布也是使用比喻的高手。他在《反脆弱》一书里有个精彩的比喻："风会熄灭蜡烛，却能使篝火越烧越旺。对随机性、不确定性和混沌也是一样：你要利用它们，而不是躲避它们。你要成为篝火，渴望得到风的吹拂。”“随机性、不确定性”本身就是极其抽象的概念，如果再谈到应对方式，就更加抽象复杂了。但塔勒布通过引入“风、蜡烛、篝火”等意象，就会让人眼前出现画面，而且记忆深刻。这种严格意义上的有本体有喻体的比喻，在科普文里很常见。

二、科普文中的类比

在科普文章中，跟“比喻”一样，更广义的“类比”也大有用处。

人其实并不擅长理解极大或极小的数字，也不擅长理解超出日常生活之外的尺度、时间、空间。这时候，如果能找到合适的“参照系”，一个类比，一个“转化”，就能让人恍然大悟。比如，复旦经济学者兰小欢在《置身事内》一书里写道，“中学时我听过一件事，一直记着：美国就算只把加州单拿出来，也是世界第六大经济体！……这种类比很好记，我现在也常在课堂上套用：广东和江苏相当于世界上第 13 和第 14 大经济体，超过西班牙和澳大利亚。山东、浙江、河南每一个单独计算都是世界前 20 大经济体，其中，河南仅次于荷兰。”有一次，兰小欢要为美国的一个创业团队介绍湖北。这个创业团队第一次来中国，对湖北完全不了解，兰小欢于是介绍说，“湖北的地区生产总值与阿根廷相当，所以湖北省投资基金类似于阿根廷的主权基金。”这是金融数字的类比。这样的类比让对方的兴趣立刻被激发起来。

再比如，我曾经读到一个关于数码技术进步的文章，其中写道，“1980 年时一台最先进的个人电脑 Apple II（苹果二代）有 48 KB 的内存，而如今普通手机就有 64 GB 的容量，内存是那台 Apple II 的 100 万倍”。作者为了将 100 万倍解释得更直观，又多加了一句——“想想蛇爬行的速度和国际空间站在轨道中行进的速度，而这两者之间的倍数只有 50 万。”于是，读者对于“100 万倍”这个数字可能就有了更加直观的理解。

再比如，病毒是极其微小的。怎么让人理解病毒有多小呢？美国科普作者卡尔·齐默在《病毒星球》里是这样写的："假如你把一粒盐撒在桌上，现在看着这个小颗粒，它的一条边上可以挨个排下 10 个表皮细胞，或者 100 个细菌。如果你用烟草花叶病毒，则可以排下 1 000 个。"于是读者就对病毒"极其微小"的特点有了直观的概念。

还有一种年份的类比。有一次，我曾读到一个句子："詹尼·佩斯博士的家族里出了好几位寿命很长的老人。他的叔祖父生于 1893 年，也就是柴油机诞生的那一年；死于 2004 年，也就是 Facebook（脸书）创立的那一年。他一共活了 110 岁零 125 天。"大多数人只会简单地列出年份，但这样的写法令人印象深刻，也更能体会到时代的变迁。于是，从那之后，我自己在写年份时，也常常有意识地将年份与一些大事关联起来。比如，有一次我写新发现的一种鳄鱼——中华韩愈鳄，这种鳄鱼大概是 3 000 年前开始在古代中国生活，但是在两三百年前就完全灭绝了。于是我就描述：中华韩愈鳄在中国生活的时代，大概是从商朝、周朝那时起，一直到清代的康熙年间。对读者来说，一个更好理解的时间框架就建立起来了。

还有些时候，用来做比较的不单单是"相似之处"，不同之处也可以拿来比较，甚至可以制造幽默和反差的效果。比如有一篇关于"养狗可能促进锻炼"的科普文就这么写道，"对狗的热爱和关心可以成为强大的锻炼动力……这并不是说，人们应该把养狗作为一种健身手段。你不能在厌倦锻炼时把小狗像跑步机一样丢到地下室里。不过，从另一方面讲，没有哪个健身器材会在看见你穿上跑鞋后如此高兴"。

三、结语

好的比喻与类比，有时候可遇不可求。建议有志于科学传播的写作者，建立一个写作数据库，遇到精妙的案例则摘录下来。同时，如果偶然想到了好的比喻或类比，也要立刻记录下来，以备后用。如果积累的资料多了，还可以分门别类，进行整理、分析、提炼、总结。积累的素材越多，可以拿来作为比喻与类比的东西也就越多，运用起来也就更得心应手。

好的比喻与类比，能调动读者的五感，在读者面前展开一个丰富的世界。科学传播者能做到的最好的事情之一，可能就是让无数“宇宙的星尘”意识到，自己和这个世界是多么美丽。

当然，运用比喻和类比也有需要注意的地方。在科学传播里，科学性和准确性永远是第一位的。如果有合适的、贴切的比喻、类比，用起来当然是锦上添花。但切不可为了使用而使用，如果造成了读者的错误理解，还不如不用。

本篇作者颜园园，笔名游识猷，果壳网主笔，有着深厚的媒体功底和敏锐的内容判断力，编辑过多篇阅读过百万的科普文章，积累了大量专家作者资源。对于科学传播和内容营销有丰富和独到的理解、实践经验，个人微博 @ 游识猷有 474 万关注者，多次获得科学传播奖项。2019 年游识猷个人科普微博，获得中国科协主办的“典赞·科普中国”十大科普自媒体奖项；2017 年游识猷个人科普微博，获得微博的十大科学大 V 奖；2011—2017 年，应长江文艺出版社邀请，主持选编年度《中国科普文学精选》。

科普写作方法探索

□ 三蝶纪

细数一下，我从开始科普写作到现在，已经有十五年了。十五年前，我从来没有想到能靠写作养活自己。在这十五年中，除了科普写作，我还做过科普图书的编辑和审校，做过科普图书推选活动的评审，阅读了不少优秀的科普书籍。年复一年，我能感受到自己在写作中取得的微小进步。作为一名科普写作者，我始终认为自己写作的内容还有改善的空间。只是过往的这些工作经历，帮助我观察和学习到一些科普写作的心得和经验，在这里通过这篇文章与大家交流与分享。

一、科普写作的逻辑和选题

科普写作是一种非虚构写作。与写虚构的小说、散文完全不同，科普写作的素材要基于信源可靠的科学知识，不能瞎编乱造。从文体上说，科普文更偏向于说明文和议论文，提出一个值得写作的好问题，围绕主题分析与解决问题。

我曾在很长的一段时间里纠结自己的文笔，担心语言不够生动活泼，写出来的科普文吸引不了读者。后来看到一些优秀的科普写作者分享经验，才顿悟到对于科普写作来说，文字能力和表达技巧也许并不是最重要的，核心问题是处理信息和转化信息的能力。

由于科普文是一种非虚构写作，写作者在写作前需要查阅大量文献和资料获得信息。获得信息之后，又需要将这些信息进行筛选和分类处理，提取核心信息。最后，再以清晰的逻辑深入浅出地加以表达：先说什么，后说什么；如何从一个问题引出下一个问题，拓展更多信息；怎样将提出的问题解释完整，最后是否选择留下一些开放性的问题让读者思考。厘清这样的写作逻辑是很重要的。

科普写作的选题存在一定的随机性，只要想写随时随地都可以写。就我自己而言，有时候是看到一些信息心血来潮想写一个选题，还有一些是编辑约稿的命题作文。从传播上说，如果当下正好有一个热点话题，那就是科普传播的好时机，此时一些“蹭热点”的命题文章传播度更高。但是这种写作对时效性要求很高，需要在短时间内迅速出文跟上“热点”。科普文章不比其他文章，省略不了必要的步骤，有时候赶急稿反而容易忙中出错。最好是平时能够多写多积累，说不定哪天热点就转到了自己曾经写过的选题，此时把旧文拿出来打磨加工，这样效果更佳，同时也避免了因赶时间导致的“欲速则不达”。“蹭热点”型的文章往往需要一个吸睛的标题来抓住读者的心。

二、打破“知识诅咒”

在科普写作中，具有某个专业背景的作者，相对来说更擅长写自己专业领域的选题，在筛选和判断专业知识方面也更有优势。但是，专业知识又是一把双刃剑，剑刃的另一面就是“知识诅咒”。

“知识诅咒”又叫专家盲点，意思是当我们掌握某种知识时，就很难想象没有掌握这种知识会是什么样，在交流时下意识地觉得别人也都掌握了这种知识，即被知识“诅咒”了。最典型的是在大学课堂，为什么很多老师上起专业课来让人觉得枯燥、难以理解，就是因为他们已经处于知识体系之中，将自己的认知水平带入给了所有人，并认为学生也都处于这样的知识体系之中。

在科普写作时最容易触发“知识诅咒”的点就是专业术语的使用。专业写作者往往意识不到术语的使用。在写作时，专业写作者应对术语保持敏感度。写到学科里的专有名词时，就要在内心拷问自己：这个词如果不在文章中做额外的解释，读者是否能够理解？如果将自己写的内容讲给小学生听，对方是否能明白你在说什么？如果不能，那么就要考虑推翻了重写，或者是做必要的补充说明，解释文中首次出现的术语。“普”的意思就是大众普及，做不到“普”也就失去了传播的意义。

在“普”的时候有两个技巧是可以运用的。一是善用类比。用离读者生活很近的事物类别去解释说明艰深的知识，读者便很容易理解，切忌用一个本身就很生僻的事物去说明另一个生僻的知识。二是灵活使用数字和计量单位。巧妙地运用数据，能够增强科普文章的可信度和科学性。但数字本身又是一个比较难获取的信息，需要有针对性地收集和筛选。有一类科普文的常见写法是将数字转化后使用，比如蚂蚁可以举起自身体重几倍的重量。这种类型的数据未必需要自己换算，在核查文献时可以直接引用。引用这种数据之前最好自己也计算一遍，以免以讹传讹。

三、科普写作的语言选择

科普写作中，我们默认的读者对象是普通大众。但是，如果普及对象限定为某一专门人群，就需要根据对象的不同调整写作语言。比如说面向儿童读者，写作语言就需要更加通俗和简化，多用口语，少用书面语。如果可以，还应尽量配上适合的图片，以便更加直观地加以说明。如果写好的科普文稿后期是通过音频传播，那么写作语言除了要求口语化之外，还要注意与听众建立联系，比如遇到生僻字词时，应适当加以解释，表达时使用的人称应多用“你”“我”这样的称谓词，这样听上去更像是和读者在面对面地交流，让读者听到音频时更有亲切感。

在科普写作时，我建议少用网络流行语。网络流行语或许能让文章在当下看起来活泼生动一些，但是，如果过了网络流行语的流行期限，文章读起来就会非常别扭。

对于科普写作来说，由于写作内容有专业门槛，作者需要花时间消化，因此适合使用短句和精练的表达，大段的文字则需要分段表达。一般来说，段落的开头就需点出整段的核心内容，然后再在段落中展开。段落也不宜过长，否则会引起读者的阅读疲劳感。

科普写作者常常希望把自己所知道的知识面面俱到地表达给读者。这种心态容易造成的一个问题就是写着写着，就从一条主线跳到一条支线，将长篇累牍浪费在解释支线上，最后回到主线时，支线反而显得喧宾夺主了。俗话说“贪多嚼不烂”，一篇文章紧紧围绕主线精练地解释清楚问题即可，支线话题过多会模糊主题，也会给读者造成理解上的障碍，引起消化不良。如果篇幅过长，就要考虑压缩容量，删除相对冗赘的内容。

四、科普写作的信息筛选

与其他自由写作不同的是，科普写作必然涉及查询信息和筛选信息。即便是自己擅长的领域，在写到某些知识点时还是需要二次查证信息。在信息时代，信息多而庞杂。在信息筛选上，有专业背景的写作者比没有专业背景的写作者更有优势。

在科普写作时，如果熟悉专业，有第一手的观察和研究资料，信息往往是最准确的。退而求其次是根据关键词，查询相关的研究论文或者专著，这些专业资料发表的时间距现在越近，信息准确度越高。时间较久远的老文献、专著也并非没有价值，只是老旧的文献资料里往往缺少最新的研究进展。科技在不断地发展进步，老旧资料难免会出现部分信息滞后的现象，这就需要科普写作者及时进行查证，将不同时期的文献横向比对，才能把滞后的信息更新过来，筛选出最终需要的最准确的信息。

随着互联网的发展，网络平台也成为获取信息的一个重要来源。但是，网络信息的缺点在于良莠不齐、真假难辨。在多数时候，科普写作者切忌单纯依靠网络信息作为科普写作的信息来源。如果一定要参考网络信息，尽量选择权威的科普媒体、博物馆、动植物园的官方网站等参考信息。

信息筛选的能力需要训练，需要日积月累，必要时还需要寻求专家的帮助。

五、提高科普写作能力的方法

与其他技能一样，科普写作并没有什么捷径，需要的是勤学苦练。勤学有两个层面：一个是从书本中学习，一个是从实践中学习。“读书破万卷，下笔如有神”同样适用于科普写作。

想提高科普写作能力要看的书很多，比较有参考价值的就是各类大众科普图书。近些年，国内外优秀的科普图书作品不断涌现，从数量到质量相较过去都有了质的变化。这些科普书的作者分为三类，每一类的风格和写作特点都不同。第一类是专业研究者、科学家，这类书通常专题性强、信息密度大。但是，这类书对于大众读者而言，往往很难读懂，因为专业人士常常沉迷于自己的知识体系叙事无法自拔，容易犯“知识诅咒”的毛病，忘记自己感兴趣的未必是大众感兴趣的，最终生产出来的作品就像全麦面包，健康但是啃起来费劲。第二类是爱好者，这类作者不是科班出身，通常凭借自己的爱好深耕某一领域，继而出版相关的科普作品。这类书通常更贴近大众读者，通俗易懂，情感充沛，但其缺点是容易写得比较“水”，知识不够的地方抒情来凑。第三类作者是科学记者。这类作者我认为是最有优势的，因为记者的职业特点是写作速度快、懂得大众的兴趣点、懂得如何讲故事和传播。知识部分由采访科学家和自行查阅筛选信息完成，这就能保证信息的准确性，且能接触到最前沿的研究信息。缺点是如果采访的科学家本身提供的信息有误，或者在信息加工时有误，那么科学记者写出来的内容就可能跟着犯错。当然上述所说的三类作者人群并不能代表所有人，只是描述了一般情况，可根据自己的需要选择不同的作品借鉴。

除了科普书，科普写作者也应多看文学作品，学习优秀的表达方式。在看科普作品时，如果感觉语言晦涩，读起来吃力，那么除了知识本身的难度，还有一个原因可能是受到作者或译者的表达影响。作者或译者写出来的文字读起来枯燥无味，或者是没有理顺语句逻辑，读起来别扭。引进版的科普作品，更是受到译者翻译水平的影响，如果译者的翻译不地道，读者阅读起来就不会有很好的阅读体验。多看文学作品可以训练出更好的语感，积累不同的表达方式，从而应用于自己的写作中。有时候写一个专题就像是给读者讲故事，讲故事的能力提高了，读者的接受度也会相应提高。

看完书以后就是动笔实践的过程了，这一过程就是写、多写，最好还有人催稿。都说截稿日期（deadline）是第一生产力，这话一点都不假。此前毫无灵感不想动笔的，在要按期交稿的压力下会迸发出写作灵感。

本篇作者三蝶纪，华东师范大学动物学硕士、中国科普作家协会会员、中国科学探险学会专家报告团成员、科普中国特聘专家。著有《酷虫成长记》《常见海滨动物识别手册》等科普图书，编著《大鹏自然博物馆》《红树林里的自然课》等自然教材，发表科普文章数百篇。在少年得到开设网课《昆虫记里的昆虫课》，曾被上海植物园、中国科学院西双版纳热带植物园、中国林学会等机构特聘为昆虫课程讲师。

科普图书创作是一场自我提升

□ 汤　波

进入科学传播这一领域，既是偶然，也是必然。从事科普创作，本意是向读者传播科学知识、科学理念和科学思想，于我而言，最大的收获，莫过于科学创意带来的惊喜和不断提升自我的满足感。

一、光与热

当阅读了《时间简史》之后，我不仅钦佩于理论物理学家霍金先生身残志坚却仍醉心科学研究的不屈精神，更惊叹于他用生动浅显的语言介绍深奥宇宙学知识的非凡能力。当阅读了《万物简史》之后，我不仅钦佩于英国作家比尔·布莱森能将如此纷繁复杂的科技知识熔于一炉，更惊叹于科学史竟然可以写得如此妙趣横生。当阅读了《天生与人生　生殖与克隆》之后，我不仅钦佩于生物学家杨焕明院士取得卓越成就之际仍然热心科普创作，更惊叹于科普作品也可以展开丰富的想象。除了这三本科普图书以外，我开始有意识地去寻找各种科普图书来阅读。一次次的阅读，一次次的启发，让我似乎窥见“科学传播”的光芒，也使我渐渐有了跃跃欲试的“心动”：或许我也可以尝试进行科普创作。

真正让“心动”转化为“行动”的，是我所从事的研究工作——生物技术研究。近年来，体细胞克隆技术、基因工程技术、基因编辑技术、干细胞技术等前沿生命科技不断产生重大新发现和新成果，一次次突破人类对生命的认知局限，又一次次为人类健康带来巨大希望。面对每项生命科学的新发现和新进展，我不仅感到激动和兴奋，更为科学家们的奇思妙想和敢为天下先的创新精神所折服。公众由于对基因工程等前沿生命科技缺乏了解，很容易产生误解，网络上也经常出现一些针对前沿生命科技的非理性、不公正的评价。

由此，我逐渐萌生了向公众特别是青少年介绍这些前沿生命科技成果的想法，希望通过科普创作消除大众的误解，更希望激发青少年群体对生命科技的兴趣，进而有更多的青少年将来投身于生命科技的创新研究中。

二、他山之石

当然，科普创作能力的提高不可能一蹴而就，需要不断提升文献阅读能力和文字写作能力。其中，第一步是要广泛阅读。

刚开始，我觉得科普写作只是“小儿科”。但是当我真正开始写科普文章的时候，突然发现科普创作并不比写学术论文等材料来得轻松。因为科普作品一来要求科学知识准确，二来要求通俗易懂，三来还要求生动有趣，这对科普创作者提出了很高的要求。要写出高质量的科普文章，作者需要对前沿科技研究论文进行反复研读，同时还要结合大家耳熟能详的故事和热点事件，将这些前沿科技成果转化成浅显易懂的语言，再介绍给公众，并引发公众的关注和阅读兴趣。

如何才能提升科普创作者的写作技能呢？首先要广泛地阅读，既要阅读一些经典的科普名著，如《时间简史》《万物简史》《天生与人生 生殖与克隆》《细菌世界历险记》等，也要认真阅读一些写作教程类的书籍。市面上很少有专门针对科普写作的图书，但是不同题材的写作技巧是可借鉴的。科普创作其实也是在讲故事。

三、从科普短文开始

做好前期准备之后，可以尝试写一些科普小文章，来磨炼自己的写作基本功。写作科普短文并不是无的放矢，而是要充分考虑以下四个因素。

第一，要考虑为谁写，即写作对象。弄清楚科普写作的目标读者非常重要，必须做到有的放矢。要考虑不同读者人群的阅读偏好、知识储备和认知能力等问题，然后根据目标读者来确定写作内容、写作重点以及语言风格。比如我最开始只是希望能为网友答疑解惑，后来我更希望能让青少年群体对生命科学感兴趣，所以目标读者更多地偏向青少年，那么在写作时就会更多地围绕青少年来组织内容和语言。

第二，要考虑写什么，即写作范围。科普创作者最好从自己熟悉的某个领域入手，熟练之后再扩展到其他领域。比如我比较熟悉基因工程动物，我写的第一篇科普短文就是关于基因工程蚊子，随后连续写了十多篇基因工程动物的科普文章，逐渐得到了编辑和读者的认可，之后我才把写作范围拓展到农业、生物医学等与生命科学有关的领域。

第三，要考虑如何写，即写作技巧。首先，也是最重要的，是要根据不同目标读者确定不同的写作思路和语言风格。当出现热点科技新闻时，我常常会接到多家媒体同时约稿，这时候我会根据不同的读者确定所写文章的知识重点和语言风格。比如 2020 年上半年关于新冠疫苗的话题，我曾接到《我们爱科学》杂志、《科学 24 小时》杂志和《科学辟谣平台》公众号等媒体平台的约稿，而这三家媒体的主要读者群分别为小学生、中学生和成年人。在《疫苗，快把病毒消灭掉》一文中，面对小学生读者，我从一位父亲与女儿的对话开始，引出疫苗话题，介绍疫苗研发过程，语言尽量浅显易懂和生动有趣。在《疫苗是如何研发出来的》一文中，面对中学生读者，我重点介绍了疫苗的研发历史以及新冠疫苗的研发进展，将科学历史故事与最新研究进展有机结合，让文章兼具故事性和科学性。在《这些抗新型冠状病毒药物靠谱吗》一文中，面对成年读者，我重点介绍了新冠疫苗研发现状和进展，并作出趋势预测，语言偏理性严肃。其次，要灵活安排文章结构。一般科普文章采取三段式结构，可以列出小标题。新闻性比较强的科普文章可以采取倒金字塔结构，即最新的、最重要的内容放在前面，次要的、解释性的内容放在中间，补充性、拓展性的内容放在后面。没有新闻时效性的科普文章，可以根据科学事件发展的自然顺序来组织结构，一般先介绍为什么会发生，然后介绍发生了什么，再介绍产生了什么后果以及会有什么影响等。最后，要围绕新闻热点来进行科普创作。新冠肺炎疫情暴发期间，社会大众普遍关注疫情进展和有关病毒、疫苗等的研究，这时科普创作者就可以根据这些新闻热点撰写科普文章，传播科学知识。

第四，要考虑如何传播，即传播平台。文章写好后，自然要争取能发表出来，让更多的读者看到，因此选择合适的传播平台非常重要。目前全国有上百种以科普为主题的杂志，比如中国科普作家协会每年会评选出50本杂志列入中国优秀科普期刊目录，包括《我们爱科学》《博物》《知识就是力量》《科学画报》《科学世界》等。除了《科普日报》,《南方周末》《北京日报》等报纸也有科学科技板块。除了上述杂志、报纸等传统媒体，微信公众号、微博等自媒体也成为越来越重要的科学传播平台，其影响力甚至超过一些传统纸媒，如果壳网、科普中国、知识分子等微信公众号。科普创作者可以根据自己文章的内容选择合适的媒体。此外，科普创作者还可以利用自媒体平台来发表自己的文章，与粉丝分享自己对科学问题的看法，也可将希望传播的科学知识内容制作成音频或小视频，可能会起到比科普文章更好的传播效果。

四、科普图书不是短文集

一些有影响力的科普作家，将自己平时写的科普短文集结成书，也很受读者欢迎。不过，这种做法对于新入门的科普创作者却有一定风险。一方面，科普短文可能并不是围绕一个主题；另一方面，对于介绍科技前沿进展的文章，简单地集结成书并不是好主意。因为很多科学新闻具有时效性，而且科学研究不断有新的进展，将之前发表的文章集结成书，就可能使阅读价值大打折扣。更好的做法是围绕一个主题重新创作一个完整的科学故事。

创作一本科普图书，其实就像打造一个产品，除了图书本身的质量之外，还需要考虑市场定位、消费群体（读者）、出版商和销售平台等问题。这些问题非常重要，往往关系到科普图书是否能得到市场的认可。那么，新入门的科普创作者应如何围绕一个主题创作科普图书呢？

比如，在过去几十年，科学家们创造的高科技动物不计其数，而且这些高科技动物都是由世界不同国家的科学家创造的，如何将这些分散在世界各地的神奇动物有机地组织起来，并且还要使内容具有故事性呢？受《物理世界奇遇记》《细菌世界历险记》《地心历险记》等畅销科普科幻图书的启发，我设计了一个“神奇动物世界”主题公园，并设定了两个主要人物，一个人物是从事生物技术研究的唐博士，另一个人物是他的女儿——好学的中学生唐小迪。

为了建设这个主题公园，唐小迪一家开启了一段以研学为目的的神奇环球之旅。在旅行中，小迪一家遵循神奇高科技动物诞生的轨迹，前往它们的出生地，与创造这些神奇动物的科学家面对面交流，通过这些科学家的口吻，将 25 种高科技动物的相关知识以故事讲述的方式呈现出来。这 25 种高科技动物都是真实存在的。以科学家的口吻讲述这些创新故事，能让读者有身临其境的感觉，切身感受到科学家对科学研究的认真、严谨、坚持不懈的精神。

由于形式比较新颖、内容涉及前沿科技动物，《动物世界奇遇记》出版后广受好评，得到了很多青少年读者的喜爱，甚至一些中学生因为阅读了这本书而立志将来从事生物技术研究。这就真正实现了科普创作的意义。

在创作科普图书的过程中，我也在不断提升自我，对科普创作的热情更是有增无减，希望创作更多高质量的科普图书作品，为提升我国居民科学素养和建设创新型国家尽绵薄之力。

本篇作者汤波，分子生物学博士，研究馆员，中国科普作家协会会员。著有《动物世界奇遇记》《探秘生命密码》和《“吃鸡自由”科学简史》等科普图书。获国家科学技术进步奖二等奖、科技部全国优秀科普作品奖、文津图书奖和中国科普作家协会优秀科普作品奖等奖项。

努力煲一锅科学与人文的浓汤

——《生命的时钟》写作过程中对科普方法的思考与初探

□ 郭金虎

我从事生物钟研究已有十多年，自从回国工作后就打算动笔写一本这方面的科普书。我在国外买过一本耶鲁大学出版社出版的 *Rhythms of Life*（《生命的节奏》）。这本书的涵盖面很广，几乎涉及了生物钟的各个方面，我给本科生讲课也会引用其中的部分内容。但是我个人觉得里面的内容仍然显得有些高冷，不够亲切。因此，我当时就想，我在撰写科普内容的时候应当尽力避免这种问题。但是，在实际写作过程中要想避免这个问题，着实需要花费很大力气。

从酝酿、动笔，直到最终完成，《生命的时钟》这本科普书花费了近十年的时间，并最终由上海科技教育出版社出版。结合这部科普作品的创作经历以及写作过程中有关科普写作方法的思考与心得，本文将粗浅地谈谈科普写作中对科普方法的感受和认识。这些经历、感受和认识给了我很多的启示，它们是推动我探索科普写作方法和帮助我形成科普理念的源泉。

一、科普与人文的结合

我从小就喜欢看科普书，经常攥着自己攒的零花钱去买科普书。其中给我印象最深的一本是江苏科学技术出版社于 1986 年出版的《秦牧科普作品选》。秦牧先生称自己是文学出身，对科学知之甚少，形容自己的科普作品是“一块猪骨熬了一大锅汤”。事实上，这本书包含了秦牧写的多篇带有博物学性质的科普小品、散文、科学故事和童话以及与科学相关的报告和漫谈。作者深厚的文学修养，让人在流畅、有趣的阅读中能够领略到自然之美和科学之奇。《秦牧科普作品选》中有两篇文章，分别为《文学艺术与自然科学》和《让科学文学恋爱、结婚》。在这两篇文章里，作者都强调了科学与文学、艺术结合的重要性。例如，他认为“科学家在表述自己的工作中应多注进文学的血液，文学家在描绘时代生活当中应多注进科学的血液……我们也许可以说：让科学和文学恋爱结婚，并且早生贵子吧”。虽然这些观点是多年之前提出的，但放在今天仍然对科普写作有很大的启示意义。

缺了科学或者缺了人文，人类都无法发展成今天的模样。一部科普书，如果能够在坚持科学性的基础上带些文艺范儿，会更容易引起读者的共鸣。科学与人文相结合的科普作品，功能更加丰富，因此科普创作可以通过科普提升人文，通过人文强化科普。当然，科普创作不能为了增加人文的内容而成为“掉书袋”，不能喧宾夺主。除了科学与人文的隔阂可以打通，科学与艺术、科学与社会之间的壁垒也可以打通。

我也读过一本名为《大月亮及其他》的书，这本书信息量极大，而且书中运用了大量的修辞、典故，这种写作方式被称为舒尔茨式的修辞盛宴。这本书无疑非常有价值，但这样的创作对作者的要求非常高。如果我写科普也能烧出浓到黏稠的汤（我的能力应该做不到），读者也可能会消化不良。

通过对市场上科普书的调研，我发现有关进化的科普书和与重要时事有关的科普书往往更受到读者的关注。此外，科普图书中有关博物类的居多，有的凭借精美的图片胜出，有的凭借优美的诗歌或散文式的写作风格而“圈粉”。相对而言，博物类科普图书主要是对动植物的外观、行为等特性进行描写，理解起来难度较低。但如果是介绍近现代生物科学技术进展的科普书，普通读者读起来就会很吃力，因为其中涉及太多的术语、概念、原理。对于作者来说，努力做到深入浅出地介绍几个概念、原理不是很难，但如果要把很多的概念、原理都深入浅出地写出来，其难度不亚于移山。但是，如果只介绍几个概念、原理，管中窥豹，又很难做到系统、全面地介绍相关领域的进展。也有一些科普书写得很系统，但这样的科普书对于普通大众来说难度太大；而对专业人士来说，又过于浅显，不会去读。这有点像广东过年时的大盆菜，满满的都是硬菜，却着实咽不下去多少。

虽然科学术语、原理理解起来很困难，但是如果科普书完全只拣容易的写，那也达不到把最新科研进展普及给大众的目的。太多也不行，但又不能没有干货，那么放哪些干货既能反映新进展、又容易让读者理解呢？这是写一本科普书需要考虑的重要问题。这个问题的确很难，尽管我也思考了很长时间，但如何科普纷繁复杂的分子生物学的内容，我至今仍然没有把握。我现在唯一能想到的办法是保留知识的主干而去掉不影响理解的枝节，这样可以集中力量对重要的概念、原理进行讲解，然后多加人文的汤水进行稀释，这样品尝起来不至于太油腻。

二、科普的艺术灵感

我在广州工作已有十余年，一个偶然的机会让我了解到广州美院国画系的陈侗老师每两周会举行一次读书会。于是我就经常去参加读书会，增长了很多美术方面的知识。其中接触到的一些画作后来还被我用在了《生命的时钟》一书里，例如，朱耷的《孔雀竹石图》被我用来反映社会阶层等因素对生物节律的影响。此外，我也从国外购买了不少画作或印刷品，它们有些已经被用到书里，有的作为素材将来也许会用到。

李政道曾这样评述科学与艺术的关系：“科学和艺术是不可分割的，就像硬币的两面，它们源于人类活动最高尚的部分，都追求着深刻性、普遍性、永恒和富有意义。”充满想象与创造的艺术能够给予讲求逻辑、理性的科学以休憩和启迪，并可以提升包括科学家在内所有人群的人文素养；科学技术的发展也会不断拓展艺术家的视野，是激发艺术家的灵感与创造力的重要源泉。艺术与科学之间存在一些重要的共性之处，比如，无论对于科学还是艺术而言，想象力都是推动前行的发动机。

通过参加美院读书会，我进一步拓展了广州艺术界的朋友圈。与艺术家群体的接触，给我提供了很多创作灵感，让我找到科普创作与艺术内容更多的关联，也让我在科普写作的形式和难度把握等方面更有信心。艺术与科学不分家，国外很多优秀的教科书里也会出现一些与艺术相关的图片。在参加学术会议汇报我的研究工作或者在课上讲授细胞生物学时，我会根据自己的理解放一些艺术图片进去，这样做的确能激起听众或学生的兴趣。

三、资料搜寻与积累的艰辛

任何一部优秀的科普著作都不可能一蹴而就，且离不开作者长期的积累。写一篇科普文章相对比较容易，但如果要完成一部著作则是很大的挑战。以近年的《迷人的材料》《我包罗万象》等优秀科普书为例，前一本书的作者平时就注重将自己的专业与日常生活建立联系；后一本书的作者是记者，平时工作中采访了很多的科学家，同时也积累了大量的资料。由此可见，科普图书的创作需要作者平时注重收集资料，然后在创作过程中能够将复杂抽象的问题通过比喻、类比等方法，或辅以生动的图示来使之简单化，帮助读者理解。科普创作者需要自己先吸收、消化那些有趣但深奥的科学知识，再思考如何给不同层次的对象讲解。经过长期这样的发酵，才可能酿成美酒。

从决定撰写《生命的时钟》这一科普书开始，我就开始留意积累一切可能相关的资料。法国科学家让－雅克·奥托斯·迪马伦（1678—1771 年）是生物钟研究的鼻祖，我不仅通过亚马逊网站购买了一幅他的画像，还利用赴里昂参加欧洲生物钟会议的机会自费去西南部的贝济耶参观了解了他的故乡，拜访了一个以他名字命名的酒庄，甚至还在市区发现了一条以他名字命名的街道。

我在参观博物馆或美术馆时也会处处留心。比如，参观上海博物馆，专门去找宋徽宗赵佶的《鸲鹆图》；参观湖南博物馆，特地去查找写有“一日不卧，百日不复”的马王堆竹简，但是没有找到，回来后我就去查找相关书籍，最后终于在裘锡圭主编的几卷厚厚的《长沙马王堆汉墓简帛集成》里找到了；参观安阳殷墟博物馆，发现了带有孔洞的商代陶制计时器，然后经过多方打听和请教，打破砂锅问到底，终于明白了它的计时原理。

德国科学家尤根·阿朔夫（1913—1998 年）是现代生物钟研究的奠基人之一。《生命的时钟》里有一张阿朔夫一边滑冰一边演奏手风琴的珍贵照片。这张照片在网络上根本查不到，它是日本北海道大学本间研一教授赠予我的一本书里使用的。我觉得这张照片很有趣也很难得，于是在征得本间教授同意之后放进了《生命的时钟》一书。

网络的确给人们搜集信息带来了便利，但如果写书所需的信息大家在网络上都可以轻易找到，那么这本书的价值就很局限——好的科普书必须能补充读者所掌握的信息。不仅如此，网络上的很多资料还存在错讹之处，需要校正。可以说，搜集资料给科普写作带来了极大的帮助；反过来，科普写作也能够促进创作者去阅读更多、更广泛的科普图书。

四、难忘的科普创作经历

我还记得初中二年级时，我的语文老师刘维平让我们写一篇说明文，我想写如何用一盆水和一面镜子来制造彩虹，但我觉得似乎画图更容易说明问题，用文字不知道怎么去描述。我就跑去问刘老师我能不能少写文字而是用画图来完成这篇作文，刘老师让我讲述打算如何画这个图，我就把操作流程一步步地讲给刘老师听，如何让阳光或手电筒的光线经由水反射和折射出来，出现彩虹。刘老师说，你讲得很清楚，那么你可以把这些文字写出来。老师这种启发式的教学令我茅塞顿开，我在科普的很多时候也是在描述心中所想到的图片和过程。

硕士毕业后参加工作期间，一个偶然的机会，一位同事推荐我参加江苏教育出版社科普书的编写工作，我负责完成生物学相关的书稿。当时，我并没有科普创作的经验。主编喻纬老师是学数学出身，对生物学的知识并不精通。他经常约我讨论书稿的修改，并对我提出的要求是我要尽量改到他能看懂。如果他能看懂，那么普通读者就可以看得懂。与喻老师的这次合作，让我深刻体会到科普创作者不仅是作者，也要经常站在读者的角度去看待自己所写的内容。传说白居易写诗时，经常读给市井大众听，如果他们听不懂就要修改，一直改到普通大众能听懂为止。《生命的时钟》出版大约一年后，我在《中国科学报》上看到王大鹏老师写的书评，其中说到他透过这本书认为我把“科普当科研做，把科研当科普做”。如果我真的能做到这样，也得益于当年的这些耳濡目染。

后来，喻老师还带我们几位作者去水乡周庄、同里和西塘团建，并顺道去上海拜访了科普界的著名专家卞毓麟老师。尽管我后来走上了科研的道路，但这些经历对我后来决定抽时间继续从事科普书创作起到了重要作用。

五、大众究竟关心科学的什么

《生命的时钟》出版后，在出版社的推荐下，我参加了澎湃网的澎友圈“问吧”栏目。我将网友们关注的问题进行分类，发现网友提的问题大多数与生活密切相关，很少有基于兴趣的探索性问题。另外，几乎没有网友会就一个问题连续发问、不断深入，真正达到讨论的目的。

有些出版社在推介难懂的科普作品（或者可以姑且称之为“高级科普”）时会用这样一句广告语，“读某某的书，读不懂也是收获”。读书肯定是有益的，但读而不懂不是科普的目的。由于社会、文化和教育等方面的原因，大众对于很多问题仍然处于只是简单地求答案的阶段，而并不是想体会思考的艰辛与快乐，很多人甚至经常陷入非此即彼的误区。例如对于转基因的利弊问题，我们应分别从不同的作物类别、知识产权、辅助农药的环境毒性等多个层面进行判断，而不是一个简单的彻底支持或彻底反对的问题。很多事物都具有多个复杂的维度，如果只简单地拿非黑即白的标签去贴——如同看电影的小孩子只知道简单地把角色区分为好人和坏人——那么我们永远无法提升思维和获得对事物全面而客观的认识。

科普创作究竟应该秉承什么理念？是灌输知识，还是教会大众如何思考？创办于 1915 年的《科学》杂志在发刊词中强调国家富强与科学有直接联系，认为“国力之发展，必与其学术思想之进步为平行线”，办刊方针是求真致用并重。如果科普创作能够在推介知识的同时更加重视对读者科学思维的提升，那就功德无量了。

以前接触过一个以色列科学家，他说的一句犹太谚语让我很赞同：两个犹太人争论，他们有三个观点（Two Jewish argue，they have three points）。在给研究生上课时，我也会组织大家辩论，同时告诉他们，辩论只是一种锻炼，有时并不一定有助于获得正确认识，因为很少事物只有正反两面，并且辩论是否有道理不能看嗓门、语速，如果陷入狡辩则更浪费时间。辩论需遵循一定的规矩（例如哈维尔准则），才有益于推进双方的认知。这些“他山之石”，可以供我们借鉴，推动我们的思维发展和进步。

我认为，好的科普创作要“授人以鱼，授人以渔，授人以娱”，而不能“授人以愚”。好的科普创作要鱼、渔、娱兼备，在轻松愉快（娱）当中学会思考（渔），获得知识（鱼），这应该是科普创作中一个比较高的追求。“授人以愚”则是指宣传那些骗人的伪科学。因此在科普的同时，科普创作者也要抽出精力对付伪科学。

六、什么样的科普书是优秀的

如何写好科普书这个问题，也可以转换为另一个问题：什么样的科普书是优秀的。这两个问题即便不是一回事，也是具有紧密关联的。对于哪些书是好书，哪些科普书是优秀的，答案一定见仁见智。但是，真正优秀的科普书终归会处于多数人认可的交集。对于我自己来说，我从小就经常看科普书，对科普书也比较挑剔。那么，在我眼里，怎样的科普书才算得上优秀呢？我认为优秀科普书要满足这样五个条件：有料、趣味性和启发性、作者会讲故事、优秀的文笔和文风、独立思考。

好的科普作者都是某一领域出色的专家，或者是投入了很多精力、对相关领域的了解已经达到专家水平的撰稿人，他们还有另一个共同点：都很会讲故事。《蜜蜂的民主》的作者是研究蜜蜂行为的专业学者，所以这本书很有料，当然写得也并不艰深，非专业的读者稍稍动脑也可以理解，同时能享受到“烧脑”的愉悦。类似的好作品还有《迷人的材料》《树的秘密生活》《鸡征服世界》《时间的螺旋》《我包罗万象》等，这些书的作者为一线研究人员、科学记者或自由撰稿人。著名动物保护主义者珍·古道尔的《希望》一书中很多生物学知识并不深奥，但她对动物保护者所做的事情娓娓道来，令人沉浸其中。

有些科普书里面知识含量是丰富的，但语言风格中性、沉闷、乏味，使得这些书看起来不太像科普书。相反，出色的文风、文笔会增加趣味性和可读性，让人在阅读时心生羡慕。例如，在《人类简史》里有这么一句：“但科学家多半同意，大约到了 15 万年前，东非就已经有了智人，外貌和我们几乎一模一样。如果现代的停尸间里突然出现一具智人的尸体，验尸官根本不会发现有什么不同。”前一句话只是普通的陈述，但是后一句的类比凸显了作者不羁的联想和幽默感，让人忍俊不禁。本来读者面对满眼的文字可能已经疲惫了，但看到这里很开心，于是会振奋精神继续往下看。吸引人的文笔，不一定只有幽默一种方式，如果有深厚积淀，任何风格运用得当都可能充满吸引力。

我自己在写《生命的时钟》时也着实费了一番功夫，对很多文字和表达反复推敲。比如前面提到我从本间教授那里获得了阿朔夫一边滑冰一边演奏手风琴的珍贵照片，我刚开始在书稿里介绍这张照片时只是平铺直叙地说，阿朔夫在研究生物钟之余，还喜欢弹奏手风琴和溜冰。但后来改成了“阿朔夫喜欢溜冰，也喜欢弹奏手风琴，还喜欢一边溜冰一边弹奏手风琴”，这样读起来就更有趣味。

有一些人认为看书总比不看好，看科普总比不看科普强。对这种观点，我不太同意，至少不完全同意。这个问题取决于从读书当中到底学习和领悟到了什么，是记住一鳞半爪的知识重要，还是学会认知事物的方法和培养独立思考的习惯更重要。

对很多人而言，《时间简史》与其说是科普书，不如说更像一本打卡书——大家都说好，那我也要找来看，而且我不能说这本书不好，甚至走马观花地翻了下，也会像鸽子一样频频点头说：嗯，果然是好书。如果不说《时间简史》是好书，会被人认为是异类。读书不是打卡，不是到此一游。霍金的《果壳里的宇宙》很畅销，但里面有一个关于生物学的错误：霍金在谈及二维平面不可能存在生命时，用了一只骆驼来解释，但霍金毕竟不是生物学专业出身，他不知道并非所有的生物都是从一个入口进食、从另一个出口排出排泄物，有的生物就只有一个口，摄食和排泄共用同一个出口，例如水螅、海葵、水母等腔肠动物，还有我们爱吃的凉菜海蜇。当然，这个问题瑕不掩瑜，我们不能因此就说这本书整个都不好。我在这里绕了一大圈，想表达的意思是，如果没有仔细读过一本书，那没必要跟风点赞，而如果认真读了这本书，发现里面存在不少问题，哪怕很多人说这本书很好，你也不必赞同——读科普书的一个目的就是想把自己浸润在科学里，不仅是科学的知识，还有科学的精神，而科学的精神就是要独立思考，吾爱吾师，吾更爱真理。

作为科普作者，在写书的时候不能囫囵吞枣，要对科学食料细细咀嚼、消化，加入自己的理解后再写出来。这几年见过几本科普书里面大部分内容是摘抄报刊上的资料，没有自己的独立思考，翻几页就看不下去了。作为读者，则不要太相信图书评奖，也不要太相信头衔与光环。现在很多图书评奖的评委都很忙，忙得甚至可能没有时间去读那些作者辛苦写出来的书，评奖时按头衔或光环大致分一分就好了。所以，要相信自己的判断以及靠谱的师友的推荐，不要盲目相信所谓名家的推荐。以畅销书《你当像鸟飞往你的山》为例——这不是科普而是一本小说——书的名字有点奇特，同时又是比尔·盖茨推荐的，所以前年一出来我就买了，利用空闲时间从头读到尾。这本书里的故事很离奇，所以还是很吸引人的，但是我觉得书中的故事也有些极端，书不错，但不是很上乘的作品。总之，我认为不盲从非常重要，因为这本身就是一种科学精神。如果带着盲从去读书、尤其是读科普书，有点羊质而虎皮的滑稽感。

有人说：你是由你吃进去的东西决定的（you are what you eat）。任何一件事情都不能凭空出现，都有其源流，这也包括科学发现、发明和文学、艺术作品的创作。科学研究是站在前人的肩膀上，科普的理念与方法同样也都是有来源、有借鉴、有传承的，自己认为优秀的科普书会对自己的写作产生很大的影响，正是那些经历和认识才让我形成现在的科普写作理念和风格。从《秦牧科普作品选》开始，我就非常重视科普和人文的结合，尽管在开始科普写作前我可能没有意识到，但是在写作《生命的时钟》过程里我越来越深刻地体会到了这一点。

秦牧是爱喝汤的广东人，所以这可能是他拿熬汤来形容他的科普作品的原因，而我对于科普的基本做法也是学着他的样儿来熬汤。在今后的科普写作过程中，我还会继续探讨这种方式。科学与人文不应孤立或对立，而是要拥抱、融合在一起。广东人认为包含了多种营养元素的老火汤有益健康，我也希望我自己在写科普作品时能够煲出一锅蕴含了科学与人文的浓汤，以飨读者。

本篇作者郭金虎，中山大学生命科学学院教授。中国细胞生物学学会生物节律分会秘书长，中国空间科学学会空间生命起源与进化专委会副主委。科普作品《生命的时钟》获国家出版基金资助，2019、2020年度被评为中国细胞生物学学会先进科普个人。

做好科普宣讲的三点认识

□ 郭　耕

科普，又称大众科学或普及科学。科普宣讲，也叫科普演讲，一般认为，科普宣讲是指利用各种传播媒介，以浅显的、让公众易于理解、接受和参与的方式介绍自然科学和社会科学知识、推广科学技术的应用、倡导科学方法、传播科学思想、弘扬科学精神的宣传演讲活动。某种程度上，科普宣讲是一个传播科普知识的过程。因此，科普宣讲，有助于普及科学知识、弘扬科学精神、提高全民科学素养，是提升文化软实力的重要内容。

一、科普宣讲的三个基本要素

本文借鉴美国学者拉斯维尔的“5W 模式”，从传播主体（Who）、传播内容（say What）、传播渠道（in Which channel）、传播客体（to Whom）和传播效果（with What effect）五个方面对科普宣讲进行传播要素分析。

一般认为，一个完整的传播过程应由六要素构成。一是传播者，又称“信源”，指的是传播行为的引发者，即以发出讯息的方式主动作用于他人的人。二是受众，又称信宿，指的是讯息的接收者和反应者，是传播者的作用对象。三是讯息，由一组相互关联的意义符号组成，能够表达完整意义的信息。四是媒介，又称传播渠道、信道、手段或工具，媒介是讯息的搬运者，也是将传播过程中的各种因素相互连接起来的纽带。五是反馈，是受众对接收到的信息的反应或回应，也是受众对传播者的反作用。六是功能，包括环境监视功能、社会协调功能、社会遗产传承功能。因此，科普宣讲作为传播过程，有三个最基本的要素，即宣讲对象（受众）、宣讲内容（讯息）、宣讲渠道（媒介），简称“3W”。

（一）宣讲对象，要明确是针对谁进行科普宣讲

受众，是传播的对象。一般而言，受众个体之间的差异带来的影响，概括起来大体包括以下几个方面：一是受众的文化程度和受教育程度；二是个体的生活阅历和个人习惯；三是学术探讨认识客观环境的态度、价值观及各种信仰；四是感知和理解客观事物的倾向和态度。这会在很大程度上影响信息传播的广度和深度以及人们的认可度。在科普宣讲过程中，受众由于年龄、性别、学历、职业等不同，会导致其感知、识记、态度的改变程度不同。比如，不同受众群体对科普知识呈现形式的喜好程度、理解程度的感知、对科普知识科学理论性的感知、对科普知识的识记效果（再认、理论理解效果）、科普知识对受众态度行为改变的影响不同，因此，科普宣讲要针对不同受众的特点进行因材施教。换言之，区分受众群体，有针对性地选取科普内容和宣讲渠道，是取得良好科普宣讲效果的前提条件。

传播学有一个著名的公式：信息的传播 = 7% 的言辞 + 38% 的声音 + 55% 的表情。即听众费力的程度越低，所获得的信息越多。一场有效的报告或演讲，必须有声有色，视听融合，调动各种手段，才能引人入胜。科普不是单向的传播，我说你听，而是要充分考虑宣讲的内容受众能否听懂。受众不仅要听得懂，而且要有共鸣，有呼应，有赞同甚至是接受。试想，宣讲的知识再多，讲得再高深，如果没几个人听得进去或没几个人能听得懂，就像一顿消化不了的大餐，无异于浪费时间。再如，给小学生科普环保知识，如果过于强调“科”的成分，尽是专业术语，像做学术报告那样，能听懂或记住者则很可能寥寥无几。但如果因材施教，宣讲内容注重“普”的广泛适用性，而非“科”的专业理论性，加之用“儿歌儿语”或游戏等形式，将抽象的理论具象化、深奥的问题形象化，看似“普”的成分大于“科”的内涵，但学生乐于参与，还会乐于接受。接受就有可能会理解，理解就有可能会引起态度和行为的改变，进而实现科普宣讲所要达到的教育目的。

（二）宣讲内容，要清楚想传播的内容

近年，快手、抖音等短视频平台受到越来越多受众的青睐。借助这些短视频平台，传播的信息更加直观、立体、有趣味性，传播的效果有时会更好。在这种情况下，科普知识作为讯息的一种，如何在众多讯息中“脱颖而出”被受众接受、理解、认同，进而内化于心外化于行，是科普宣讲者应该认真思考的问题。如果将科普知识比作饭店准备的食材，将受众类比为顾客，科普宣讲者就是主厨，得会“看人下菜碟”，既要满足受众的选择，还要针对受众的特点和接受能力调整内容，做到因材施教、因地制宜。

（三）宣讲渠道，要思考怎么传播才最有效

在移动互联网时代，人们获取讯息的途径更多，方式更便捷。微信、微博、知乎等社交网络平台成为热点问题的传播主渠道，而且渠道渗透率超过了电视等传统媒介。有研究人员指出，这种垂直化、碎片化、互动式、多屏式的内容受到人们的欢迎和追捧。讯息的传播可以借助多种渠道、手段或工具。有效的传播过程应是多种因素叠加的结果。如，演讲的目的与话题选择得当，组织结构明晰（从开场、背景、冲突到解决措施等逻辑清晰、环环相扣），以案示教（讲故事甚至现身说法，以亲历者的口吻讲述某个事例），富有幽默感，或打情感牌以情动人（怒、厌、恐、爱，悲喜交集），吸引人的语言，口头表达悦耳（娓娓道来、真诚感人），非口头表达悦目（装束干练、容貌清新、双目有神），视觉辅助适宜（一图胜千言）、宣讲者精神状态饱满等。

二、科普与讲座的关系

（一）讲座在科普中的定位

科普宣讲，通常是以讲座的形式呈现。科普讲座在科学普及方面发挥着重要的作用。科普讲座的举办不仅可以吸引公众注意力、扩大科技影响力，还可以服务于公众科学素养的提高。随着社会的发展以及公众科学需求的不断增加，科普讲座从内容到形式等众多方面都发生了变化。科普，主要建立在传播学和教育学的基础之上，而教育的功能需贯穿科普传播的全过程。教育的形式包括学校教育、家庭教育、社会教育。学校教育属于正式教育，家庭教育和社会教育属于非正式教育。科普即为非正式教育的社会教育，具有终身性、广阔性、多样性等特点。要想实现科普的宣教目的，科普宣讲者一要了解受众，二要整合资源（包括硬件资源，教师、场地、教具、装备；软件资源，人员数量、能力、教材等）。

科普创作有多种途径，比如写科普文章、编科普图书、拍科教视频、开展科普活动、做科普游戏、做科普报告、办科普讲座（宣讲）等。科普宣讲的特点是短小精悍，通俗易懂。科普宣讲者与受众面对面，可交流，有答疑，能解惑，为受众现场解说。因此，讲座（宣讲）是科普工作中较为常用的一种方式，也是普及科学技术知识很重要的一种手段。

（二）恰当处理讲座的情节与细节

科普宣讲者，作为校外教育工作者，宣讲时既要立意高深，出师有名，有理有据，也要掌握能抓住人的注意力的表达方式，有料、有趣。科普宣讲要想讲得生动有趣、引人入胜，宣讲内容就要具有故事性和节奏性、情节设计跌宕起伏；在宣讲过程中，可利用提问、设问等方法，设置悬念。

细节上，在编写讲座内容时，一方面要注意挖掘奇特视角，用创新思维指导写作，比如讲案例，说史实，或以图带出事件，往往能够令听众感到惊奇，大开眼界。另一方面，亦可设置富有哲理的科学故事，使讲座内容具有思想性。但思想性要暗含于故事之中，不要变成说教，而要发人深省，使读者在潜移默化中受到美好情操的熏陶。

（三）合理编排讲座课件

科普讲座历来是我国科普宣传的主要手段之一，科普课件作为其中不可或缺的组成部分，其内容、表现方式、制作水平等直接影响到科普讲座的效果。当前，我国科普课件存在质量参差不齐，未明确区分不同年龄、不同阶层讲座对象的接受能力和理解水平等问题。在广泛收集科普素材的基础上，科普宣讲人员需要结合不同社会群体的认知特点和认知需求，创作面向不同社会群体，内容科学且素材丰富的科普内容。随着信息技术的发展，科普讲座的形式渐渐从单纯讲解、画片展示、投影，发展到如今的多媒体播放、幻灯片配合演讲。这使得科普讲座这一形式更加直观。

在制作幻灯片时，要注意以下几点：一是逻辑合理，条理清晰。讲座内容以中心思想为主线，按逻辑顺序逐级排列。提炼关键词，将要点逐条显示，也可利用字体颜色将要点突出显示。选择合适的背景模板。模板应与字体颜色有较大反差，使观众易于辨认，且色调与图片色调和谐美观。二是精图少文。不是文字信息越多，观众就越容易记住。在一页幻灯片中概念不宜超过 7 个，文字不超过 10 至 12 行，要尽量让幻灯片看起来简洁。对于图片，应选择有真实感和冲击力的图片。三是善用图表。在幻灯片展示中，文不如字、字不如表、表不如图，因此应尽量使用图表来说明问题。

三、宣讲技巧

在传播学理论框架下回顾传播要素之间的相互关系和人际传播的基本特征，可以发现传播是一个双向的互动的过程。传播效果取决于传者、讯息、受者和媒介相互作用的结果。科普宣讲要取得预期的宣讲效果，宣讲人员必须具备宣讲的知识和技能，并能有效运用宣讲策略。

（一）科普宣讲应掌握的技巧

宣讲者自身的享受与投入是关键。掌握知识、传播知识是两个重要环节。自然与社会、历史与现实、科技与人文要相互结合。科学性、知识性、通俗性、趣味性应有效统一。话语、动作、表情、口技、歌声五种语言要灵活运用。善引导、抓重点、讲亲历、揭内幕、展亮点、体现幽默感等技巧需熟练掌握。

（二）宣讲的礼仪、形体要规范

服饰要规范得体，制服平整。仪容应清爽大方，稳重自然。表情要真切诚恳，面带微笑。眼神与受众要有目光交流，扫视全场。态度和蔼亲切，有问必答。站立服务，体态舒展。步姿轻盈稳重，疾徐有致。

（三）讲解语言要鲜活生动

宣讲是“说”的艺术，宣讲的语言要尽量口语化。用口语化的语言去表达思想感情，让表达通俗易懂。此外，修辞手法的恰当运用，也可使语言更加鲜活灵动，进而增加语言的表达魅力，从而达到感召、鼓舞受众的目的。

（四）对宣讲者的素质要求

一是良好的科学素养与思想品质；二是高尚宽容的心理世界；三是高雅幽默的风度谈吐；四是扎实的科学文化知识；五是熟练的沟通表达技巧；六是灵活的现场应变能力；七是虎头龙尾的背诵功底等。

本篇作者郭耕，北京生物多样性保护研究中心研究员，北京经济技术开发区作家协会副主席。作为科普作家，自1994年以来，几十年笔耕不辍，撰写《世界猿猴一览》等科普图书二十多部，创意生物多样性保护主题科教设施三十余个。作为中国科学院老科学家科普演讲团教授，在全国开设多场科普讲座。2018年获北京市“首都环保先进个人”称号，2019年获北京榜样提名人物，2020年获全国科普工作先进工作者称号，2021年获首都精神文明建设奖，2022年所著《动物与人》获首都30部科普好书推荐书目。

了解你的听众，避免“翻车”

□ 刘　勇

从 2011 年回国到目前为止，我已经做了超过一百场的科普报告。我给科学院的一些退休老专家讲过，给一些大学生讲过，也给幼儿园中班的小朋友讲过。当然，听众最多的还是中小学生。如果要说做科普的经验，关键还是了解你的听众。我分四个部分来说明这个问题，分别是了解他们能听懂什么，了解他们的知识边界，了解他们的兴趣点和了解他们的特点。

一、了解你的听众，了解他们能听懂什么

我生平第一次做科普报告是 2011 年在广州。刚刚回国的时候我到广州出差，遇到了中山大学附属中学的严钦熙校长，也是我高中时的英语老师。严校长邀请我去给附中的学生做一场科普报告，给学生介绍我研究的空间天气。讲座之前严校长听说我以前没有做科普报告的经验，特地提醒我说，他们学校之前也请了一位著名的专家去做科普报告，专家讲的内容太深奥，学生们都听不懂，结果就是听不懂的学生在下面自己讲小话，弄得场面很尴尬。严校长告诉我这些，让我明白了他的担忧。专家通常专业水平很高，报告内容丰富，但是作为科普报告来说，

如果听众完全听不懂，就失去了科普的意义。于是我选择了一些容易理解的空间天气的知识点，比如空间天气是什么，我们为什么要研究空间天气等。面向初中学生的这次科普报告最终取得了成功，学生们问了很多有趣的问题，交流讨论也非常充分。八年后，有个科技创业公司的负责人联系到我，说在当年听过我讲的空间天气科普报告，至今仍然印象深刻。

在科普报告中了解你的听众，第一条就是要知道他们能听懂什么。有关空间天气的科普报告让我在中大附中取得了成功，但也有翻车的时候。

记得当时是在中关村第三小学（后称中关村三小），学生们对我报告的空间天气兴趣索然。其实那次的报告内容和之前在中大附中的内容差别不大，效果却相去甚远。初中生能听懂一些关于空间天气的内容，也对我讲的空间天气的故事感兴趣，但同样的内容对于大部分小学生来说就有相当的难度，有些人可能根本听不懂。所以之后在我选择科普报告内容时，开始对不同的听众选择不同的内容，首先要保证大部分听众能听懂。

很快我就有了新的听众，这次的听众很特殊，他们是我女儿的同班同学，小学二年级的学生。有了上次的教训之后，我没有讲空间天气，而是讲了太阳系一些最基本的知识。

小学生往往很难理解一些复杂的天体之间的关系，他们可能都没有学过椭圆，那又如何给他们介绍轨道呢？所以这次的报告，我是按照最简单的知识点来编排的。比如太阳系八大行星的个头大小，哪个最大，哪个最小；还有就是轨道分布，或者说离太阳的远近，从里到外依次是水星、金星、地球、火星、木星、土星、天王星和海王星。另外再介绍一些有趣好玩的知识点，比如金星表面温度高而且压强大，就像一个高压锅等。

二、了解你的听众，了解他们的知识边界

给初中生和高中生的讲座内容有所不同，也都是根据他们能理解的知识面来

进行设计。除了他们能听懂的知识，还需要选择一些有挑战的内容，或者说学生知识的边界点，让他们有所收获。

即使同样是小学生，差别也非常大。有关太阳系基本知识的讲座我在很多小学都讲过，非常受欢迎。不过在另一次中关村三小的讲座中却差点翻车。那次参加讲座的学生知识面非常广。也可能是他们事先看过我讲座的录像，所以我在讲座中提到的每一个知识点，几乎一半的小朋友都知道。那是一次非常尴尬的体验，一个科学院研究员面对一群小学生，提出了他认为孩子们并不了解的新知识，可是孩子们却对答如流，甚至还有几分不屑。那是我最近的一次"翻车"。不过从那次开始，我基本都会事先了解一下听众是否听过相关的报告，或者学习过相关的课程。如果有学习过类似的课程，我会选择更高级的内容。

了解听众，了解他们能理解的知识点，了解他们还不掌握的知识。我会根据这些方向来选择内容。逐渐地，我开始有了自己的科普讲座体系。给小学生讲太阳系基础知识，标题叫做"地球和她的同学们"。给初中生讲"下一站火星"，我会从为什么要探测火星开始，介绍人类探索火星的历史、意义以及现状，其中结合航天知识和太阳系行星的一些基本知识。对于初中学生来说，这些都是他们能理解的知识点，当然中间的大部分内容在课堂学习的知识之外。给高中学生讲航天知识，标题叫做"人类的航天"，通过航天的历史故事，给学生们介绍一些比较浅显的航天知识。除了航天知识以外，相关人物和国家的命运也非常吸引人。航天之父齐奥尔科夫斯基和火箭专家冯·布劳恩的人生经历都是很好的例子。

齐奥尔科夫斯基自幼丧父，后来又因为生病几乎失去了听力。他小小年纪就辍学到莫斯科打工，成了一名"莫漂"。但他在打工之余坚持自学，独立发现了火箭公式，还给出了人类未来航天的技术路线。正如他自己留下的名言所说，"地球是人类的摇篮，但是人类不会永远停留在摇篮里"。人类先是小心翼翼地冲出大气层，然后探索整个太阳系。

把阿姆斯特朗送上月球的德国人冯·布劳恩可以说是命运坎坷。虽然是贵族出身，而且心怀探索星辰大海的理想，但在二战中却不得不为希特勒制造火箭攻击英国伦敦。他制作的“V2”火箭，杀死了3 000多名英国人。德国战败后，他主动向美军投降，并没有得到太多重用。美国的第一个卫星计划起初一直把他排除在外，直到苏联发射第一颗人造地球卫星上天，美方才不得已起用了他。很快他就将美国的第一颗人造地球卫星送上了天。1969年，在他领导下设计出了人类到目前为止最强大的“土星五号”火箭，将阿姆斯特朗送上了月球。他的事迹被拍成电影《他瞄准月亮》，还有人调侃他说，虽然他瞄准月亮，有时候也打中伦敦。听到这些话，冯·布劳恩内心估计五味杂陈。

同样经受命运考验的还有我国的航天之父钱学森。钱老和苏联的火箭专家科罗廖夫，这两位的事迹很多文章都有提到。

高中阶段是一个人的世界观、人生观形成的阶段。高中生开始对人物命运感兴趣，思考技术进步背后的人物故事。这些故事启发他们思考，同样提高他们面对挫折的心理承受能力，从而有助于其健康成长。

三、了解你的听众，了解他们的兴趣点

做科普可以蹭热点。流行事物往往引起很多人关注，也提供了很好的科普话题切入点，《流浪地球》就是一个很典型的例子。《流浪地球》虽然只是一部科幻电影，但是其中航天、天文相关的知识点非常多。因为电影热映，很多观众也希望了解背后的知识，比如，地球为什么需要流浪？飞船经过木星接力是怎么回事？还有影片中主角驾驶的空间站是怎样的结构？现实中的空间站又是什么样的？等等。

2019年，因为电影《流浪地球》的热映，我做了二十多场以“流浪地球”为主题的科普报告，都非常受欢迎。不过一旦流行事物热度过了，就需要找另外的话题切入。虽然我后来还会用《流浪地球》的相关素材，比如讲国际空间站的机械臂会幻想一下影片主角在跟机械臂大战一番，最终才取得空间站的控制权等，不过以“流浪地球”为主题的科普报告就很少讲了。

除了流行的话题，日常生活中经常接触的一些事物甚至是食物也被我拿来解读科学概念。比如我最常说的太阳就像一个油炸冰淇淋。冰淇淋可能是孩子们最喜欢的食物，油炸冰淇淋则会让更多人向往。很多人都知道太阳是一个大火球，却很少有人知道太阳表面的温度远低于太阳周围的大气温度，就像把一个冰球放在沸腾的油中烹炸一样。另一个我常举的例子是关于水星的。水星在太阳引力作用下自转很慢。水星上一个昼夜的时间约为 180 天，所以昼夜温差特别大。白天的温度高达 400 摄氏度以上，夜晚的温度低到零下 180 摄氏度，就像一块忘了翻面的烤肉，一面快要烤焦，另一面还是生的。

四、了解你的听众，了解他们的特点

科普报告还可以根据听众的地域、生活习性来设计，把一些地方听众感兴趣的点和科学知识结合起来。了解他们喜欢的内容，并在传播中把这些内容整合进来，能更好地达到传播知识的效果。比如我的家乡湖北潜江以小龙虾而闻名，在家乡做科普时，我常常把小龙虾和太空食品结合起来，讨论一下小龙虾作为太空食品的可能以及优越性，或者想象一下如何在太空中养殖小龙虾。这些都是听众非常感兴趣的话题。

了解你的听众，不仅仅限于听众的知识面和理解能力，还需要了解不同听众的特点。这些特点跟报告的内容设计可能关系不大，但是却跟具体的科普报告的方式有关。

有一次我给北京航空航天大学附属小学的学生做科普讲座，小学生们非常热情，提了很多问题，往往我一个问题还没答完，就有好几个小朋友举手。这种来不及回答问题的情况如果愈演愈烈，小朋友们争相举手发言，有的小朋友就开始不举手就发言，场面就很容易失控。我们虽然需要小朋友们的热情，希望他们对我们的报告内容感兴趣，但也不能让这种热情失去控制。最后我们不得不停下来进行场控。面对一大群小学生时，场控难度非常大，也容易影响报告人的心态。

所以准备好一些有难度的问题，对敢于发言的小朋友需要适当的鼓励，但是对于过于热情的小学生需要给出有适当难度的问题。这些问题并不是为了为难小朋友，而是让他保持安静继续听讲座，不至于场面失控。

小学生的问题是太热情，特别喜欢提问甚至导致场面失控。和小学生相反，年纪更大的听众对科学事物的兴趣就没有那么大，在这种情况下科普的内容就需要与他们感兴趣的事物结合，这样才能更好地吸引观众，比如结合当下流行的影视剧的情节或者地方特产等。

小学生还有一个很好的优点就是喜欢参与，给小学生的科普讲座中我会设计几个科学游戏让他们参与。最常玩的是让孩子们扮演太阳系的行星和卫星，让他们了解行星和卫星的公转和自转。找一个个子高一点的学生扮演太阳，太阳在中间只需要自转。扮演地球的学生绕着太阳公转的同时还需要自转。扮演月球的学生稍微辛苦一点，需要自转，绕着地球公转，还要跟着地球一起绕太阳转。这个游戏对扮演月球的学生要求很高，不过让地球转慢一点就容易跟上。这个游戏还可以把其他的一些知识点，比如白天黑夜、月相变化、日食月食等天文现象放在一起给学生讲解。通过游戏能将这些抽象的天文概念变得更加具体，也更利于学生理解。

我给高中生设计的互动环节是让一个学生朗读阿姆斯特朗的一份悼词。因为上月球风险特别高，首次登月的宇航员并不一定能安全返回地球，所以他们在上月球之前，就已经准备好了悼词。“命运决定这些前往月球探险的人将永远在月球上安息，这些勇敢的男人早就知道，他们没有任何回来的希望，不过他们也知道，由于他们的牺牲，人类将拥有更多的希望。这两个男人已经将生命献给人类最崇高的目标：对真相和知识的追寻……每个地球上的人仰望天上的月亮的时候都会记起他们……”有的学生读得非常好，感情充沛，也让其他学生对航天这个高风险的行业有了更加深刻的认识。

总的来说，了解你的听众，了解他们的理解能力，了解他们的知识盲区和兴趣点，最后还要了解他们的一些行为特点，设计相应的内容，比如游戏，能更好地传播知识。还有一些经验，比如科普对于场地和视频投影也有要求。我第一次在中关村三小做科普报告时，学生们席地而坐，导致学生们坐得很不舒服，另外现场采用了不够大的电视屏幕播放 PPT，很多学生根本看不清，也就很难跟上我的报告。这些场外的因素也会影响报告的效果。

科学知识门类繁多，每个科研人员或者科普工作者在工作中都会逐渐形成自己的方法或者特点。让青少年从小爱科学、喜欢学科学对于我们国家的未来至关重要，希望更多的科研工作者能投身到青少年的科学教育中。

本篇作者刘勇，中国科学院国家空间科学中心研究员、博士生导师、中国航天科普大使、空间科学学会科普工作委员会主任、空间科学传播专家工作室执行主任、美国新罕布什尔大学理学博士，中国科普作家协会理事、中国科技出版社科学顾问、中国高科技产业化研究会顾问，航天科技教育联盟特约专家、中国空间站太空授课专家组成员。参与了我国和美国多个空间科学卫星工程项目，多次受邀参加中央电视台、《科技日报》等媒体举办的科普活动，在全国各地举行科普报告超过 100 场。著有《深空探测器》《国际空间站》等科普图书。

科普表演如何绘声绘色?

□ 林　曦

对于科普工作者来说，科普表演是一种相对更容易吸引公众、传播科学知识的方式。但不论是初学者还是富有经验的“老手”，在科普表演创作的过程中，总会遇到这样那样的问题，如“先立意再选题还是先选题再立意”“科普剧中实验更重要，还是表演更重要”“表演者在排练过程中遇到瓶颈时该怎么做”，抑或是“上台前过分紧张，担心出差错怎么办”等。本文将结合笔者多年科普表演的经验，对科普表演的方式方法进行一定的总结，希望为有志于做好科普表演的同人提供一些参考借鉴。

一、科普表演初印象

从全球范围来说，科普表演是一种全新的独特的科普形式，并且越来越受到科普场馆的关注与重视。如其名所示，科普表演就是将科普知识、科学实验、科学精神等以舞台表演的形式表现出来，让儿童在观看表演的过程中，能够跟随人物情节的发展在潜移默化中接受科学知识、感受科学精神、参与科学实验，从而激发对科学的兴趣。

科普舞台剧、科学实验秀、街头科学秀、科学魔术秀等都是科普表演的形式。广义而言，科普表演是科学与艺术相融合，再加上各种辅助手段如舞台造景、灯光、音乐、音效等，展示表演与实验相结合的一种科学传播方式。

科普表演的目的在于把经验视觉与想象力进行结合。其最大的优势就是将科学原理有趣地展现出来，拉近观众与科学的距离，使形象思维占主导的儿童更易接受和理解。在观看过程中，儿童能自发地进入表演的情景当中，并引入自己经验世界的知识与之匹配，从而提高注意力、观察力、想象力和创造力，增加学习兴趣，激发参与热情，并得到美好的科学体验和艺术熏陶。

二、科普表演的筹备

（一）科普剧本的创作

1. 选题与立意

在创作开始前，首先应树立一个正确的创作理念。优秀的科普表演需要同时具备精准的科学知识、美好的艺术形式、深刻的思想启迪这三点。唯其如此，才能有效地达到通过科普表演传播科学知识的目的。

在创作初期，要面对先立意还是先选题的抉择。一些创作者会选择根据题目提炼中心思想，但是更好的方式应该是先确定想通过表演向公众传递怎样的科学知识，再选择题目，这样既不会偏离主题，也可以增强针对性。在确定好主题思想后，还需考虑的就是作品的受众群体。一个优秀的科普表演应当是老少皆宜，且有更深层次的情怀与内涵的。

2. 人物设定

同样，在设计实验与表演时，我们也会面临实验和表演孰轻孰重的选择。大多数情况下，两者都很重要，但如果非要做出选择的话，其实表演比实验更吸引人，因为最先吸引观众的一定是表演本身，然后才是实验设计是否巧妙、实验原理是否准确等。要想构思出精彩的科普表演，首先要有全龄化意识，其次要把小表演演出大情怀，最后，一个合理巧妙的人物设定也是精彩表演不可或缺的重要支撑之一。人物的造型服饰、眼神表情、个性特点、过往经历等，只有与相符的故事线索相配合，才能吸引观众关注到表演所展示的科学原理及深刻内涵。

3. 科普表演是艺术的综合

设定好立意选题，接下来就是剧本的创作，也就是科普表演中的文学艺术。

首先，我们可以将剧本的创作结构分为三种：横式结构、纵式结构、纵横交叉式结构。横式结构是按照思维逻辑分块定点。优点是构思简单，抒情色彩浓厚，且不易跑题；不易之处是要找到三个以上表面内容不同但又有内在联系的角度，且在语言上要有一定的深度，不能泛泛而谈。纵式结构是按照时间顺序分段定点，前提是时间跨度要大。优点是线索集中，中心突出，容易产生高潮；不易之处是需要一个新颖、重要的事件作为支撑，如果故事简单，就无法深入，略显单薄。纵横交叉式结构，也叫作时空交叉结构，是以时间推移为经，以空间位置为纬，立体化全方位反映事物广度和深度的一种结构方法。这种结构既能照顾时间上的连续性，又能兼顾事情的串列性。与横式结构和纵式结构相比，该结构更富于变化，更需把握基调的中心，因而难度更大。

其次，剧本的创作就如同工师之建宅，需要有一个全面的安排设计，所以剧本的“和谐统一”是不可忽视的重要部分。我们一方面需要注意场景、剧情的衔接相连是否机械生硬，前后剧情是否清晰，避免观众一头雾水或是剧情头重脚轻、比例失调，另一方面还要保证文本内容详略得当、疏密相间，作品的主次分明，前后文相互呼应，衔接过渡自然。

再次，剧本的创作其实就是故事的叙述，那么选择合适的叙事方法，有助于更好地表达主题和内涵。一般来说，叙事方法包含常规线性、多线性、倒叙线性、重复线性、回忆、环形结构等。如果能找到与剧本及实验相适应、相协调的方法，就能起到画龙点睛、锦上添花的作用。

最后，在创作剧本时，要在叙事和表达原理的基础上倾注自己的感情。剧本创作的过程也是作者抒发情感的过程，观众从中感知到这种情绪，就是共情。而表演者的表演是社会性的，塑造的角色也是社会性的，这些角色一般来说带有某种情感，同时也间接表达了创作者的情绪，让观众置身于剧情，感同身受，才算是达到表演的目的。

舞台布景、灯光、道具、服装、化妆、多媒体等统称为科普表演中的造型艺术。由于现代科技的进步，舞台的配套设施日臻完善，舞台自身的功能也愈发齐全，如灯光的旋、扫、闪，装置的升、移、摇，音效可以在剧院环绕，影像可以在舞台升腾，舞台可以横移、旋转、云山雾罩、呼风唤雨。这些都为舞台增光添彩，同时也使科普表演更加深入人心。

当然，除了文学和造型外，另一重要的舞台表现形式就是音乐艺术与舞蹈艺术。背景音乐通常插入电视剧、舞台剧等的对话之中，起到调节气氛、增强情感表达的作用，让观众身临其境。所以，在注重题材内容及风格的同时，选择合适的表演音乐，可以丰富人物性格、突出人物心理活动、表达人物思考感情，从而让科普表演更加充实，给予观众代入感，使其对表演的印象更加深刻。同样，舞蹈也被设计为剧情的有机组成部分，已经成为推动剧情发展、与音乐互为呼应的重要表现形式。舞蹈表演者竭力表演各种现代舞种，如爵士舞、现代舞、踢踏舞与拉丁舞等。在科普剧中，有的有大段的舞蹈，有的则将舞蹈融入表演者的表演中，无论是何种表现形式，这些舞蹈或动作语言都需要是观众能看懂、喜欢的类型，且是没有距离感的自然舞蹈动作，能够自由地表现思想感情与生活。

科学来自生活，所以我们要在生活中留心观察，收集素材片段；同时我们也要尽可能提升自己的艺术素养，恰当运用源自生活的素材片段，让我们的科普表演更加生动，从而达到激励公众更加积极地探索科学世界的目的。

（二）科普角色的塑造

1. 案头工作

科普角色塑造的第一阶段，主要是案头工作。所谓案头工作，是指在第一次拿到剧本时，对剧本内容进行分析，对角色和剧情进行理解。在这一阶段，我们要通读科普剧本，理清剧本的整体框架和内容概要，理解其科普内涵，熟悉剧本中的故事和人物。这类似于课本的预习。

在分析剧本内容时，首先，我们应明确科普情境。剧本中规定的情境，也就是时代背景、与剧情契合的时代特征以及与之相匹配协调的科学技术水平等。规定的情境有外部和内部两个方面。外部情境，指的就是剧本的情节、格调，对于表演者来说，能否抓住剧本的外部情境是能否形成人物性格的重要依据。内部情境，则是意识层面的内容，比如用来阐释人物的精神生活与内心状态的个人的理想、目标、欲望、思想、资质、情绪，以及待人接物的方式等。表演者在进行表演创作时，需要依照内部情境来确定展示人物性格的外在表现方式。只有明确剧本中的内部情境和外部情境，才能更准确地形成人物性格。其次，我们要抓住科普主题。围绕中心事件，就是围绕某一个事件最重要的部分。剧本的中心事件是整个剧本剧情的内核，与剧本中的矛盾冲突有着直接关系。因此，在抓住中心事件的同时，我们要把握剧本中的矛盾冲突。“没有矛盾就没有冲突。”戏剧就是以多样的舞台形式反映现实生活中的矛盾，冲突从产生到表现的发展过程就构成了剧本的情节结构，也就是矛盾的承载体。作为表演者，把握冲突与矛盾是第一阶段的重要任务。最后，还应当把握科普思想。我们要去挖掘作品背后所蕴含的主题思想以及它想要表达的内容，彻底理解剧本表达的内容，再通过表演的方式将这个内核展现出来。另外，我们还要把握住剧本的风格与体裁，以便在科普表演时通过融入舞蹈、音乐、文学等多种艺术表现形式来塑造形象。可以说，科普表演是一种极具综合特性的舞台艺术，能够反映现实生活，展现出在不同情境下的题材故事。根据主题情节，科普表演可以分为悲剧、喜剧、正剧；依据演出场合的不同，也可分为舞台剧、广播剧、电视剧。作为表演者，对于不同种类的戏剧，都要系统地加以了解和掌握。

整体把握剧本内容之后，我们就需要对角色进行定位分析。在科普表演工作中，除了编剧、导演肩负着剧本创作的责任外，其实表演者也有着对剧本再创作的职能。表演初期，表演者依靠自身的科学素养和专业技能，客观分析理解角色、以剧本为依据表演角色、减少主观想法创作出与剧本要求相契合的角色形象，就是表演者的创作手段。当外部工作、剧本分析了解得差不多时，我们就要开始着手对角色进行把控。首先要弄清楚角色行动发展的线索。表演者依据第一次艺术创作的文学内容，找到核心矛盾，了解和把握矛盾的性质、形成的主要原因；再从开端，到发展、高潮、结局，理清情节的发展过程，融入表演者自身的生活经验，细化矛盾冲突，从而为角色的行动提供依据。其次要把握角色的贯穿动作与最高任务。最高任务是“体系”的灵魂。表演者在阅读剧本时，需要找出隐藏在剧本深处的最高任务以及科普内容要表达出来的具体时间。在此基础上，通过表演传达出剧作家及角色的思想情感、主题思想。而贯穿动作则是对最高任务的执行。表演创作中的很多元素都是分散不均的，而贯穿动作的意义就是把零散的元素串联起来。贯穿动作能够使表演者始终在规定情境之中，避免思绪过乱而“串戏”的情况。再次要探寻角色的外部性格特征和内部性格特征。在许多的专业表演课程中，对人物自然形象和举动的了解是非常重要的，这些我们在生活中常见的角色可以按照职业、生物属性、年龄、社会关系等来划分。第一次表演的人一般可以从模仿做起：先观察生活中的实例，他们的言语表达、肢体行为、面部表情等，当对外部特征有一定了解后，就可以开始着手探寻内部特征。一个人除了外貌行为之外，还有性格、思想等，这些都是角色的内部特征。表演者只有在整体把握剧本后，才更容易把握角色的内心。最后要分析剧本中的人物关系。每一个写在剧本中的角色都有它独特且无可替代的作用，且角色间也有着必然联系。所以每一位表演者都应清楚自己角色的定位及任务，如此才能结合出完整的人物线。

当然，在初步分析之后，有些科普表演者一定在剧本排练过程中遇到过一段“瓶颈期”。这时往往就需要进行“二次案头工作”。表演者需要再次回归文字剧本，反复推敲：是否有遗漏的细节、整体方向把握是否正确、角色线索联系是否精准等。同时，值得注意的是，在阅读分析剧本时，单纯的理性分析远远不够，还应适当加入感性理解，二者结合，才能使角色更加真实。

2. 表演者的自身素养

表演专业有四门最基本的功课，分别是声乐、台词、形体和表演。科普表演者的自身素养主要通过台词、形体、表演等方面展示出来。

台词是指戏剧表演中角色所说的话语。台词是剧作者用以展示剧情、刻画人物、体现主题的主要手段，也是构成剧本的基本成分。首先，作为一个科普表演者，要能够说一口标准的普通话，这是传播科学知识的基础。科普表演者要避免使用方言，注意区分形近字、音近字的发音以及前后鼻音。其次，在表达清楚的基础上，表演者可以适当地变换语调表达台词。合理变换语调，能够让观众有听觉的美感。语调其实就是声音的各种变化，如语句的节奏重音、停顿起伏等。重音是为了突出强调某些词句短语，重音主要分为问答重音、并列重音、肯定重音、夸张重音、语气重音五种；可运用的方法有加重音量、提高音量、拉长音节、一字一顿、轻读轻吐、模拟声响六种。停顿一般包括并列性停顿、呼应性停顿、心理停顿、生理性停顿、逻辑性停顿五种。在表达台词时，合理运用停顿也可以使剧目中的对白更加生动、顿挫有序、起伏跌宕。因此，表演者应在排练前找到台词中需要表达重音和停顿的部分，以便在排练中合理使用重音和停顿。

形体指的是人体或人体形态体质，是一个表演者通过从外部塑造角色来体现人物特点的重要手段。在理解角色的阶段，表演者要根据自己对角色的分析与构思，创造出角色的形体自我感觉，使自己的体态、步态、手势、眼神、习惯性动作、动作的节奏与频率等具有鲜明的人物特征。通过精心设计、反复揣摩练习，使自己所创造的人物形象符合剧本设定且拥有独特的魅力。

表演，指演奏乐曲、演绎剧本、朗诵诗词等或者借助技术设备，以声音、表情、动作公开再现作品。在表演方面，作为科普表演者，首先要有想象力。想象力是创造人物形象的源泉，是在头脑中创造画面的能力，没有想象就没有创作。其次要有注意力。表演者需要把注意力放在角色本身，注意理解剧情角色，其中包括视听和思想情感，还要对周围世界加以观察，不断收集细节和素材。这两者都能帮助我们更好地演绎人物形象，把更生活化、更真实的表演搬上科普舞台。

除了上述这些基本功外，作为科普表演者，还应具有丰富的文化素养。一方面，一个表演者的文化素养可以从他所展现出来的角色中体现出来。表演者在塑造不同的角色时，如果缺乏对艺术的理解和鉴赏能力，那么他的表演也可能只是浮于表面，难以表达出剧本中深层的内涵意义。另一方面，作为科普表演者，专业的科学知识必不可少。表演者自身对要传递的实验原理理解透彻，也更有助于清晰地表达给观众。

对于科普表演的初学者而言，最难克服的一点是登上舞台的紧张情绪。克服胆怯和紧张是初学者走向成熟的必经之路。第一，调整好心态，排除内心杂念，不纠结于自己的外在；第二，集中注意力，把控关键的科普环节，让自己投入表演，融入角色；第三，不要害怕面对观众，紧张时可以尝试将观众想象成“物品”，且不必过于在意他人的看法及眼光；第四，就是临场应变能力。在任何一个舞台上都有可能发生让人始料未及的突发情况，这些都在考验着表演者的应变能力。这个能力对于初学者来说较为困难，所以经验不足的表演者可以学习他人的处理方法，多积累经验，或者做一些相关训练，例如参加富有挑战性的活动等，逐步提升自身的逻辑思维敏感性和控场能力。

三、科普表演常见问题

在进行科普表演时，通常会遇到以下四类问题。

第一类问题，也是最常见的问题，就是出现知识性错误。这类错误主要分为两种，一种是知识本身的错误，另一种则是传播过程当中的逻辑错误。出现这类问题的最大原因是自身知识积累不够。向公众传递错误的知识是很可怕的，那么如何避免这样的错误呢？首先，要确保表达的知识本身没有错误。其次，在设计表演的过程中，有时由于剧情或上下过渡的需要更改了衔接词或者更换顺序，这时候就容易出现逻辑性错误。所以，我们在设计脉络时，要注意分清知识点的表达顺序，按照正确的逻辑线来表达知识点。

第二类问题是知识深浅不适当。这类问题同样可以分为两类：一是常见的知识表达过于浅显，没有传播的价值；二是知识过于深奥，观众无法理解。产生这两种情况的最大原因是对受众群体研究不透彻。如果受众是小学一、二年级学生，要传播的科学知识应以简单为主，不能过于深奥。所以，我们需要依据受众的年龄、身份、职业等有效信息来设计科普表演，这样才能有效地达到科学普及、传播的目的。

第三类问题就是科学与艺术融合不当。如果在科普表演中只注重表演情境或氛围的设计，而没有真正架起沟通表达的桥梁，就不能引导观众对表演进行深入地思考和推理，从而无法有效地实现表演的真正目的。这种情况就是“两张皮”现象，即同一事情存在两种表现，这也是造成科学与艺术无法有效融合的原因之一。所以表演者必须深入挖掘和发挥表演情境的作用，进而充分地让表演情境为内容和科学知识服务，这样才能让科学和艺术相融合。除此之外，如果表演者不理解科普的知识点，在表演时只能长篇背诵，这样的表演不仅枯燥乏味，而且也使科普表演丧失了趣味性；如果表演者表达的人物情感不够，缺乏幽默感，也会使科普表演的戏剧性不够。所以我们要慢慢培养幽默感。日常生活中，我们可以多接触一些幽默风趣、有谈吐的人，慢慢培养幽默细胞，即使不用在表演上，在生活中也可以让自己变成一个有趣的人。

第四类问题则是片面传播，就是在表演中只讲好的一面或者不好的一面，对知识的传播不全面、不科学。这是由创作者对知识传播本身的科学性理解浅薄造成的。所以不论是编剧、导演还是表演者，都不应该过多地注入个人主观看法，以免对公众造成误会。

总而言之，科普表演的创作者不论是在创作剧本还是塑造人物方面，都应该先分析掌握科普表演的思想立意和剧本脉络；在此基础上，结合自身的文化素养和表演技能，使得剧本内容与主题立意相融合、表演者塑造的角色形象与剧本相契合。唯有如此，才能做好科普表演，从而进一步达到普及科学知识、激励公众探索科学世界的目的。

本篇作者林曦，青岛奥科智合科技文化有限公司副总经理，厦门科技馆展教部经理，延安科技馆、太仓科技馆特聘科学顾问，临平科技馆特聘培训导师，厦门海洋学院特聘科普讲师。编著《科普有范儿说》等科普图书。曾获全国科学表演大赛一等奖、全国科技馆辅导员大赛讲解赛二等奖、科学实验赛二等奖、科学表演赛二等奖、科技馆发展奖“辅导奖”提名奖等奖项。获邀担任全国科技馆辅导员大赛总决赛评委。长期从事科普技能类培训工作，培训学员上万人并获诸多国家级奖项，有效提升了科普从业者的综合素质。

讲解员怎么做科普?

□ 高 源

说到讲解员，大家应该都不陌生。讲解员总是和博物馆绑定在一起，有博物馆就有讲解员，讲解员就像是为博物馆定制的岗位。

的确，讲解员这一职业是伴随博物馆的诞生而产生的。我国最早的博物馆可以追溯到1906年清末民初时，江苏实业家、政治家、教育家张謇筹建了南通博物苑。当时，南通博物苑就设置有讲解员岗位。通过老照片，我们可以知道当时的讲解员非常正统，身穿大褂，手持长长的讲解杆，站得笔直，一副私塾教书先生的严肃样子。他们的主要职责就是为观众讲解展品并答疑解惑。也就是说，讲解员这一岗位从一百多年前诞生之初起，就将做科普的使命扛在了自己的肩上。

时光荏苒，斗转星移。百年过后，现在博物馆里的讲解员又是怎样讲解、做科普以及参与科学传播的呢？作为一名有着十余年工作经验的一线讲解员，我将整理总结自己的科普工作经验，以期能给广大同行有所帮助。

讲解员，从字面分析就是从事讲解工作的人员。讲解，又可以拆分成“讲”和“解”。“讲”就要大声、清楚地讲出来，“解”就要解决观众的具体问题。有讲有解，突出针对性、互动性和参与感，这是讲解器所做不到的。无论是讲还是解，都离不开“嘴上功夫”。讲解前辈们经常说：“讲解是一门语言艺术。”讲解员要有扎实的语言功底和精湛的表达技巧，更要能够传承这门艺术，保证职业特点“不走偏”“不变味儿”。那么讲解员如何通过一张嘴做好科普呢？我认为需要从“不同的人”“不同的内容”和“不同的形式”下手，用足感情，下足功夫。

一、不同的人

来博物馆参观的观众，各个年龄层次都有。这就要求讲解员一定要熟练掌握“因人施讲”的技巧。“因人施讲”说起来容易，做起来极难，需要讲解员常年对观众进行观察并分析，积累掌握不同年龄段观众的参观需求和心理特点。

国家博物馆第一代讲解员、终身研究员齐吉祥老师，也是我的恩师，曾说过：“你要想做好讲解工作，要牢记并用一辈子去打磨这九个字：给谁讲？讲什么？怎么讲？”在这九个字中，第一个层次就是要弄清不同的讲解对象。通过多年的思考和实践，我基本掌握了学龄前、小学生、中学生和成年人这四类观众的特点并研发了相对应的讲解科普策略。

（一）学龄前，说儿歌

自然科学类博物馆，学龄前儿童很多。这类观众的特点是注意力易分散，认知能力刚刚发展，不能理解较复杂的知识和语句。他们更喜欢有节奏、有韵律的表达，所以“儿歌讲解法”便应运而生。我将难懂的科学知识编成朗朗上口的儿歌，孩子们很喜欢，也能够很好地理解。脑科学研究表明，节奏鲜明的儿歌，有利于学龄前儿童相关记忆脑区的发展。儿歌的内容不一定要求全面严谨，只要符合学龄前儿童的特点，哪怕只介绍一两个知识点也就足够了。

例如，“绿孔雀真美丽，抖开满身金翠衣。现有数量仅五百，我们都要保护你。”这四句小儿歌，一方面将绿孔雀的物种特点、生存现状及需要关注保护的重要内容都传递给了孩子们，另一方面富有节奏感和韵律感，读起来朗朗上口。在实际工作过程中，类似这样的儿歌广受孩子们和家长的认可与欢迎，甚至受到了学前教育界专家的高度评价。

（二）小学生，讲故事

对于学龄前儿童，儿歌是最适合的方式；而对于进入小学阶段的孩子而言，儿歌就显得过于简单了，这时增加内容、设置个性鲜明的角色和矛盾冲突就显得尤为重要，于是“故事讲解法”应运而生。故事总是吸引人的。我们把难懂的科学知识、巧妙的科学思维、重要的科学方法和严谨的科学精神都融入故事之中。故事可以是原创自编的，也可以是根据科学家的发现或经典的小故事改编的。

例如，《屠呦呦发现青蒿素》《袁隆平与杂交水稻》等属于科学家的发现故事。《狐假虎威》《乌鸦喝水》等则属于经典小故事，在进行科普讲解时可在原有的故事基础上加入科普的素材进行改编，如《乌鸦喝水》可添加动物的学习行为、鸦科鸟类都很聪明等内容作为延伸。此外，还可结合相关的科研成果自编故事。

（三）中学生，聊刺激

中学生包括初中生和高中生。到了中学阶段，学生往往有着较大的课业压力，他们中很少有人主动来博物馆了。学校偶尔会组织到博物馆进行春游或秋游，但来的目的多为放松，并没有其他的特别需求。

所以，针对中学生讲解时，千万不要一本正经地照本宣科，要尝试“聊天讲解法”，语气轻松，话题随意，避免灌输说教式的讲解。

可以从中学生感兴趣的话题入手，如热门游戏中有哪些和科普相关的元素？打球过程中可能涉及哪些和人体肌肉骨骼有关的实用知识？也可以尝试一些相对“刺激”的内容，如“自然界恋爱那点事”“狮虎对战谁能赢”等。类似这样聊天的讲解方式，中学生们很喜欢，从而可以很快消除他们的“戒备叛逆”心理。一旦他们能够参与融入进来，科普的效果也就达到了。

（四）成年人，看需求

对于成年人而言，讲解员主要应关注其具体的需求。在讲解前多询问对方想了解的内容和存在的疑惑，找准其兴趣点。

成年人思维成熟，且有丰富的生活经历，一般都清楚地知道自己想要了解的内容。讲解员只要满足其需求，增强服务感，无须做太多扩展。讲解时将可以传统的灌输语言模式改为“提问答疑讲解法”，通过一问一答的互动交流进行科普。

综上所述，不管讲解的对象是哪一类群体，最重要的就是让对方“听得懂”，否则，讲解员再自我感觉良好也没有任何意义。

二、不同的内容

解决完“给谁讲”的问题，接下来要解决的是“讲什么”的问题。“讲什么”主要涉及的是具体的科普内容。

（一）讲新奇

博物馆是守护好奇、发现新知的地方，所以新的科学发现、新的研究成果、具有奇特特点的内容，都是观众非常喜欢的。人类天生具有猎奇心理。猎奇其实就是好奇，好奇又是创意和思考的源泉。因此在策划科普内容时，要尽量求新求奇。

例如，新物种的发现、改变人类对自然认知的最新技术、自然界的未解之谜以及博物馆对恐龙羽毛颜色复原和中生代哺乳动物起源问题的最新研究等都是不错的科普素材。

（二）讲热点

在当下的信息时代，生活中的热点和新闻中的焦点都可以成为科普素材的重要内容。

例如，冬奥会中的新科技、亚洲象再次迁徙的原因、我国野生虎的生存情况等，这些热点、焦点内容都是观众感兴趣的。因此，在进行科普传播时，可以及时选取相应内容作为科普素材，再以讲解的形式传播出去。

（三）讲实用

大多数时候，博物馆呈现的内容具有一定的专业性，这和观众的认知是存在一定距离的。相对于物种的演化、生物的特有结构、生态系统的复杂关系这样的专业内容而言，大多数观众更关注相关知识的实用性。讲解员在进行科普传播时，固然要引导观众了解更多的自然科学知识，但也要注意评估观众的基础水平和最近发展区等，同时要留意观众的兴趣点及关注点。只有这样，才能更好地为观众做科普。

例如，生活中有哪些常见的动植物是有毒的？校内学习的课程内容哪些能与博物馆的内容相联系？哪些不健康的生活方式，会影响身体健康？讲解这些实用的问题，可以有效地集中成年观众的注意力。

（四）讲感情

俗话说，“人都是感性动物”。的确，每一个观众都是有感情的。所以，毫无感情的说教内容是不足以吸引人的，而充满真情实感的表达，尤其是讲解员亲身经历的故事，往往最能吸引打动观众。

例如，在讲述白头硬尾鸭保护项目时，当言及白头硬尾鸭被偷猎者用钢珠打爆头时，观众往往会和我一起伤心落泪……

由此可见，讲述有感情的内容，容易引起观众的共鸣，让观众记忆犹新，同时也增加了科普传播的效果。

综上所述，讲解员在进行科普传播时，要以观众视角思考问题，选取观众想听的内容或者喜欢听的内容。

三、不同的形式

解决了“给谁讲”“讲什么”的问题，接下来要解决“怎么讲”的问题，也就是讲解形式的问题。讲解是一门语言艺术。同为语言艺术的相声讲究四门基本功“说”“学”“逗”“唱”。参照相声艺术的基本内容，科普传播的四种讲解形式可以是“说”“学”“演”“唱”。

（一）说——单口群口样式多

“说”作为讲解的一种形式，可以分为单独说和多人说，对应相声中的单口相声和群口相声。讲解单靠一张嘴，“说”的功夫是要日积月累的。

讲解员单独进行讲解，也就是“单独说”时，要从发音吐字、气息运用、重音停顿的基本功开始，然后再训练多种综合的表达技巧，还可以跨界学相声里的打快板、数来宝、讲笑话、抖包袱、说贯口。这些都可以达到很好的传播效果。

例如，2017 年是丁酉鸡年，可以拿起快板以“中国雉鸡”为主题创作一段快板进行讲解：“美丽中国雉鸡多，听我给你说一说。演化中心多特有，关注保护莫推脱。白鹇黑鹇和蓝鹇，红腹角雉孔雀雉。原鸡石鸡褐马鸡，血雉虹雉长尾雉。金鸡报晓送吉祥，闻鸡起舞志气昂。中华儿女齐努力，雄鸡腾飞化凤凰。”短短几句台词配合快板节奏，把雉鸡在中国起源演化种类繁多的特点及各类雉鸡的典型代表物种等知识，以快板的形式体现出来，其中又融入了爱国主义的正能量，能够引起观众热烈的反响。

多位讲解员一起讲解时，则要注意分工。可以将不同的讲解风格进行巧妙结合，让观众耳目一新；还可以借鉴当下一些流行节目的语言风格，也会有意想不到的传播效果。

（二）学——模仿声音和行为

讲解过程中，讲解员的学习模仿能力很重要，因为在博物馆中大多数展品、展项都是静止不动的。动植物标本、史前生物化石、人体模型及古人类雕塑等本身不能展示鲜活的生命特点和复杂的行为。这时，讲解员的学习模仿能力就显得很重要。这里的学包括两个层次："学声"和"学形"。

例如，我会在讲解中模仿长臂猿、亚洲象等各种动物在不同情况下发出的声音，还会借助一些小工具发出昆虫翅膀的摩擦声或鱼类身体发出的平时不易察觉的微弱声音。这些声音会刺激观众的听觉，让他们有难忘的体验。

我还会模仿鸭嘴兽妈妈翻过肚皮给宝宝喂奶的形态、窃蛋龙妈妈背对着巢转圈下蛋的样子以及黑猩猩与人类用肢体交流的样子……这些形态的模仿会让观众捧腹大笑，不知不觉地参与进来，从而在潜移默化中接受科普传播。

（三）演——戏剧角色重体验

与模仿相比，表演则更加专业。这里的"演"包括自己主动表演和让观众参与表演两个维度。

例如，我曾在 2009 年尝试过"戏剧讲解法"。当时正值达尔文诞辰 200 周年，同时也是科学巨著《物种起源》发表 150 周年。为了纪念这两个伟大事件，北京自然博物馆与美国自然历史博物馆联合举办了"达尔文特展"。在展览过程中，我们使用戏剧表演的方式，为观众表演了达尔文少年、青年、中年、老年不同时期的经典事件、科学实验及科学发现的过程，让人物角色从展板中"走出来"。观众看后频频称赞，不仅记住了我们想传递的内容，还加深了对达尔文的了解。

戏剧表演可以表现不同的职业和角色，如化石修复技师、山顶洞人、非洲的马赛人等，都可以起到不错的效果。

戏剧表演还可以让观众积极参与其中，尤其是年龄相对小的观众。例如，我曾引导观众模仿海马爸爸鼓着肚子游泳的样子。引导观众参与表演，能够增强其与讲解员之间的互动体验感，从而获得丰富的情感体验。

（四）唱——音乐节奏巧运用

俗话说，“说的不如唱的好听”。同样的内容，通过曲调、旋律、节奏的配合，会更容易被人记住。以“唱”的方式进行讲解，可以是唱几句，也可以是唱一小段，歌唱风格不限，但歌唱的内容与讲解的内容是要紧密联系的。

例如，在讲解草原陈列展陈时，可以唱蒙古族民歌《美丽的草原我的家》，在讲解有关山地的展陈时，可以唱儿歌《小松树》，在讲解有关湿地的展陈时，可以唱流行歌曲《还有一只丹顶鹤》，在讲解有关热带雨林的展陈时，可以唱傣族民歌《月光下的凤尾竹》……

综上所述，在解决“怎么讲”的问题时，可以尝试用“说”“学”“演”“唱”四种方式，目的是让观众产生兴趣，同时能够记住所讲的内容。

总之，讲解员在进行科普讲解时，应秉持这样的理念：给谁讲都要让观众听得懂，讲什么都要让观众喜欢听，怎么讲都要让观众记得住。

无论博物馆如何发展变化，讲解都是博物馆最基础、最重要的社会教育形式。但纵观博物馆的发展，讲解员的基础讲解工作受重视程度不足，导致大量讲解人才流失、在岗的讲解员也被各种繁杂的工作包围，如接待、活动等，从而慢慢转变成了“万金油多面手”“科普教师”或“科技辅导员”。

那么，基础讲解工作谁去做？讲解的基本功谁去练？对于讲解的研究谁去开展？如何做好讲解，是每一家博物馆都要思考的重要课题；如何用讲解的方式做好科普，则是每一位讲解员要思考的重要课题。

讲解员做科普有自身的优势，愿每一位讲解员都能热爱自己的岗位，常讲常新，争做讲解花园中的常青树。待到白发苍苍时，内心仍然充满对于讲解的挚爱和追求！

本篇作者高源，国家自然博物馆副研究馆员，主要从事展厅讲解及科学传播研究工作。获评全国十佳科普使者、北京市十佳讲解员、全国自然教育总校名师。荣获中国自然资源部“五四青年”奖章、全国科普讲解大赛一等奖，全国科普场馆科学教育项目展评一等奖等荣誉。编著《我用儿歌来科普》《中生代哺乳动物的故事》等多部科普读物。

如何开展“探究式”的讲解

□ 王子楠

讲解是什么？韩愈曾在《石鼓歌》中说道：“圣恩若许留太学，诸生讲解得切磋。”这其中的“讲解”意为讲论、解释，是描述老师向学生传道授业解惑的场景，由老师负责讲授，学生负责学习。但随着时代的发展，如今“讲解”二字更多地应用在博物馆、科技馆等场景。根据笔者在科技馆的工作经历，当面对陌生的场馆和展品时，观众希望通过讲解员的“讲解”，在短时间内了解场馆的展示内容，学习展品的科学原理，并有所收获。

但是，如果讲解员的讲解仅仅拘泥于字面意思去为观众服务的话，难免会给人留下一种“授受式”“说教式”和“枯燥乏味”的印象，观众的主观能动性也会随着讲解时间的推延而慢慢降低，知识的传递单向且效率低。

如何能够充分调动观众的主观能动性，让观众从被动“听讲解”向主动“参与讲解”转变呢？进行“探究式”的讲解未尝不是一种非常好的方式。

一、探究式是什么

《现代汉语词典》中对“探究”的解释是探索研究，探寻追究。所谓“探索”，就是“多方寻求答案，解决疑问”；“研究”则是“探求事物的真相、性质、规律等”。根据教育部 2017 年颁布的《义务教育小学科学课程标准》，科学探究是人们探索和了解自然、获取科学知识的重要方法；探究式是指在教师的指导、组织和支持下，让学生主动参与、动手动脑、积极体验，经历科学探究的过程，以获取科学知识、领悟科学思想、学习科学方法为目的的学习方式。此外，根据美国 1996 年《国家科学教育标准》中的定义，科学探究指的是科学家们用以研究自然界并基于此种研究提出种种解释的不同途径。探究也指的是学生们用以获取知识、领悟科学的思想观念、领悟科学家们研究自然所用的方法而进行的各种活动。完整的探究学习过程包括提出问题、设计研究方案、收集数据、构建问题的答案、交流探究过程和探究结果五个阶段。

二、探究式讲解是什么

从上述定义不难看出，探究式的核心是自主性的活动。当探究式与讲解结合在一起时，讲解员与观众的角色和功能定位会发生变化。讲解员不再是单纯的“讲授者”，而是变成了引导观众自主探究的“引导者”。观众不再是被动接收的“听讲者”，而是主动观察、主动思考、自主总结的“探究者”。科技馆中各类型的展品也不再是简单的展示品，而是观众进行探究活动时的实验道具。

开展探究式讲解时，讲解过程是观众基于展品展项的体验式、探究式学习，是多样化的学习，不是简单的展品展示 + 灌输式讲解，而是将展品化身为实验器材和教具。在讲解过程中，讲解员引导观众体验展品，参与辅助实验，观察演示现象，获得直接经验，从而实现认知。讲解员也可以引导观众通过观察体验（包括视觉、听觉、嗅觉、触觉等多感官）展品原型的标本、实验装置发生的现象（包括形态、成分、反应、运动状态等），获得直接经验，从而实现认知。其中“自主探究”是方法和过程，“直接经验”是学习效果和目标。

探究式讲解不是简单地描述现象、讲述历史或直接告诉观众展品展项所体现的科学原理和方法，而是积极借助各种小实验小制作，以及成熟的教学方法，如情境学习、体验式学习、多感官学习等，在展品教育活动中，引导观众通过体验展品及辅助实验、观察演示现象，获得直接经验，从而实现认知。从某种程度上而言，探究式讲解就像带领观众进行科学研究与观察、劳动生产的“科技实践”，讲解员创造了进行“探究式”的情境，使观众获得关于科技内涵的“直接经验”。这也正是讲解员开展探究式讲解的价值。

三、如何开展探究式讲解

（一）展品的深入研究

对于科技馆而言，展品是其最大、最有特色的教育资源，也是其实施展览教育的主要载体，因而深入研究展品是开展探究式讲解的基础。科技馆展品类型众多，要想让观众发挥主观能动性，进行深入探究，讲解员就必须深入研究展品，充分了解其所展示的科学原理，并深度了解与展品相关的所有信息，挖掘展品背后所蕴含的科学方法和科学精神。具体说来，对于展品的研究可以分为三个层次。

第一个层次，了解展品包含的科学概念，明确其中的核心概念，以及核心概念与其他科学概念之间的关系。在此基础上，思考在进行本件展品的探究式讲解时，是否需要分解探究，对于核心概念和其他科学概念，认识上是否有前后的顺序。以展品“离心现象”为例，它包含了有关离心现象的科学概念，即要使物体进行圆周运动，必须为其提供足够的向心力，如果向心力不足，物体就不能维持圆周运动，且会远离圆心而去。而物体向心力的大小与物体质量、旋转速度和旋转半径有关。据此再进一步思考，为了更好地探究离心现象，以及向心力与物体质量、旋转速度和半径的关系时，是否需要进行分解，若需要分解，应该如何分解。

第二个层次，总结展品呈现的现象，现象与科学概念（特别是核心概念）之间的关系，现象对观众得出科学结论的作用以及最有利于观众通过观察、体验实现对科学概念（特别是核心概念）认知的现象。仍以展品“离心现象”为例，观

图 11 展品（离心现象）

众按照说明牌转动手柄，驱动两根管子绕共同的轴心旋转。当达到一定转速后，原本沉在底部的金属球会上升到顶部，而原本浮在顶部的塑料球反而会下降到底部。该展品的演示效果表示展品中的金属球静止时金属球沉在底部，金属小球的重力大于受到的浮力，旋转中金属球的离心倾向较大，趋向于远离旋转的轴心而被甩到管子的顶部。塑料球静止时浮在顶部，塑料小球的重力小于受到的浮力，旋转起来时水的离心倾向较大，小球被挤到管子的底部。该展品展示了离心现象与物体受力的关系，但是科学概念中离心现象与半径和速度的关系并没有清晰地表示。在这样的情况下，就需要进行第三层次的探究。

第三个层次，如果展品本身的现象不足以让观众实现“体验—认知”，则可通过其他辅助小实验、小道具等帮助观众实现“体验—认知”。仍以展品“离心现象”为例，为了展示离心现象与半径和速度的关系，需要借助相应的小实验和小制作来补充展品。如离心现象与半径的关系，我们可以在长绳末端系住重物，让观众拿住绳子的一端和拿住绳子的一半位置，以相同的速度转动，感受手上的力度；而离心现象与速度的关系，我们仍然可以利用这条系有重物的绳子，拿住绳子的一端，以不同的速度转动，观众可以在体验过程中，通过感受手上的力度，清楚地知道它们之间的关系，从而实现“体验—认知”。

在经过这三个层次的探究后，展品和讲解所要传递的核心科学内涵便明确下来。而且在观众进行小实验小制作时，实际上相当于是在开展探究式学习。

（二）教学法的巧妙设计

在开展基于展品的探究式讲解时，讲解员应该在引导观众观察现象、体验认知的基础上，思考最适于采用的教学法，如探究式学习、多感官学习、体验式学习、发现式教学、情境式教学、基于问题的学习等，从而强化讲解的效果。我们既可以以某一种教学法为主，也可以将几种教学法综合运用，总之，要以最利于引导观众实现“体验—认知”为出发点。如有讲解员在关于展品“多普勒效应”的讲解中就应用了多种教学法，包括探究式学习、多感官学习、体验式学习、情境式教学等。在讲解之初，通过模拟救护车鸣笛的声音，强化听觉体验，观众耳朵首先听到了声音的高低变化；随后观察可以发出声音的旋转发生器，又通过视觉观察发生器远离—靠近—远离的位置变化，同时听到发生器声音随着距离的变化而变化，进一步强化了听觉和视觉的联系，探究到声音的变化与距离之间的关系，即距离靠近声音尖锐，距离远离声音变得相对低沉。多种教学法的巧妙应用，胜过讲解员枯燥无味的原理讲解，潜移默化中加深了公众对多普勒效应的理解。

（三）趣味性的创意设计

趣味性的创意设计的核心目的是引导观众更有兴趣、更专注地开展探究式学习。比如，悬念就是要传递的科学概念，过程就是基于问题的学习，故事、悬念、游戏等所营造的情境，就是情境教学的情境；破疑案的过程，就是做中学、探究式学习、基于问题的学习过程。

图 12 展品（球吸）

如笔者在第五届全国科技馆辅导员大赛东部预赛关于展品“球吸”的辅导中，开场就设置悬念，营造了悬疑的氛围，从而吸引观众的注意力、调动其好奇心。在此基础上，通过故事创设情境，然后，带领观众借助展品进行模拟实验，进一步了解相关的科学原理。这样基于问题的学习方式，使观众产生强烈的探索欲望。这既是情境教学，也是基于问题的学习。这其中的情境、问题等，是引导探究的手段，也是为引导探究而创设的条件。同样是展品“球吸”，笔者在第五届全国科技馆辅导员大赛决赛中则采用了不同的趣味性设计，讲解的开场通过游戏的形式展开，与观众进行“我说你猜”的游戏，即分别给出三个关键词“China”“浦东”“飞机”，由观众根据关键词，总结出要讲解的对象是国产大飞机 C919。随后通过对比，即展示一张 A4 纸很轻但飞不起来、折成纸飞机后就可以飞起来的现象，与国产大飞机 C919 重达 70 多吨却也可以翱翔蓝天形成强烈对比，来调动观众的积极性，思考飞机那么重也可以飞行的秘密。之后带领观众借助展品，观察展品现象，展开模拟实验，再借助小道具观察飞机机翼的剖面图，利用展品活动的知识自主解释飞机机翼上下存在压强差的原因。在掌握了“球吸”展品中关于伯努利原理的知识点后，通过“吹纸条”的方式，即将小纸条放在嘴下吹气，看看纸条能不能被“吸起来”，再次验证伯努利原理，从而加深观众对知识的理解与印象。

通过开展探究式的讲解，观众能够自己动脑、动手操作，依托展品进行探究式学习，真正成为讲解的主角，获得直接经验，从而建立科学思想和科学方法。这就要求讲解员能够在深入分析展品的基础上，了解展品的科学原理与展示现象，通过多种教学法的设计和趣味性的创意引导观众探究以及激发观众的探究热情，让观众在观察现象和体验探究中获得科学知识、掌握科学方法、感悟科学精神。

本篇作者王子楠，公众号“科普讲解辅导员”主理人。长期从事科普讲解与培训工作，曾受中央电视台邀请，参与录制大型益智类科普节目《加油向未来》；多名培训学员在国家级、省级比赛中斩获佳绩。

科普表达中如何有效管理听众的注意力

□ 杨 帆

对于科普表达，无论是书面形式还是口头形式，科普工作者的表达能力都起到十分重要的作用，这是不言而喻的。然而现实中，认为专业能力比表达能力重要的人却不在少数。在他们看来，后者不过是锦上添花，表达的好坏并不会影响实际传播效果。试想一下，如果科普工作者没有良好的表达能力，表达过程中不能吸引听众的注意、激发听众的兴趣，那么这样的科普表达便是无效的，还浪费了科普工作者与听众最宝贵的精力与时间。

在科普表达过程中，想要有效地传递信息，必须先了解听众，管理听众的注意力。不同的听众，所关注的内容会有所不同。所以，在开展科普工作之前，有必要先弄清楚受众群体。如果受众群体是学生，他们是哪个年龄段的；如果受众群体是成年人，他们是青年人、为人父母的中年人还是花甲老人。其次，还要弄清楚受众群体对所要讲的内容已经掌握了什么，以及他们对什么感兴趣。不同的受众群体，受教育程度、人生经历都会有所不同，唯有“投其所好”才能吸引他们的注意力。

除此以外，在进行科普表达时，科普工作者还可以通过以下三种方法提高表达技巧，从而有效管理受众群体的注意力。

一、引用数据

引用数据是许多科普工作者在表达中喜欢使用的方式之一。这是因为日常生活中数据无处不在，如视频点击量、朋友圈点赞数、成交量、总结报告、个人收入、年龄等，而且大多数人对数据都有着高度的敏感性。虽然使用数据看起来枯燥乏味，但如果运用得好，数据可以有效地辅助你传达想要表达的主题。若要提高表达的可信度，就要引用权威的统计数据来支持观点。

一方面，数据的合理运用，要符合听众对数字范围的接受程度。如果数据太大的话，会显得抽象，听众不易理解。相反，较小的数字会更精确，更贴近大多数人的熟悉范围，可信度与可记忆性就会提高。

例如，在一场给高校教师介绍预防艾滋病的科普讲座上，当时的科普工作者是这么介绍的："很多中国人因艾滋病而死亡。"作为一名现场听众，如果你听到这样一句话，会留下什么印象？"多、很多、非常多。"大概这就是全部的印象了。"多、很多、非常多"这类词会使听众产生抽象的感觉。因为没有具体的数据支撑，听众不知道具体的死亡人数，所以对艾滋病造成死亡的感受并不深刻，以致这句话没有给听众留下足够的影响力，没有引起听众的重视，也不利于知识的二次传播。

如果换成这样的介绍内容，"2019 年，中国有 20 999 人因艾滋病而死亡。换算下来，每天有 58 人因艾滋病而死亡，每小时约有 3 人因艾滋病而死亡，也就是在刚刚过去的、大家坐在这里听讲座的一个小时里，已经有 3 名同胞因为艾滋病而离开了我们"。这段内容将数据与主题进行了结合与优化。数据的特点，是数字越大越抽象，数字越小越具体。20 999 人是一个较大的数字，这里可以缩小数据范围，一年 365 天，一天 24 小时，将 20 999 这一数字进行换算，得出平均每小时就有 3 名艾滋病患者死亡，将统计数据缩短到 1 小时，突出死亡人数，使情况显得更加紧迫，让听众意识到，在他们坐在这里的时候，死亡事件时刻在发生。这让人在记住了数据的同时，也深刻感受到艾滋病所带来的伤害。

另一方面，数据易被更改、杜撰，网络上的数据更是存在张冠李戴、虚构编造的情况，所以使用的数据必须真实可靠。数据较多时，则可用横、纵向对比图，帮助听众形成直观的印象。比如，通过下图（图 13）就可以清晰地了解到 20—29 岁年龄段的年轻人对艾滋病关注度最高，这也恰恰是艾滋病高发的人群。通过图表的对比，再结合内容表达，可以更好地引起这个年龄段人群的注意。

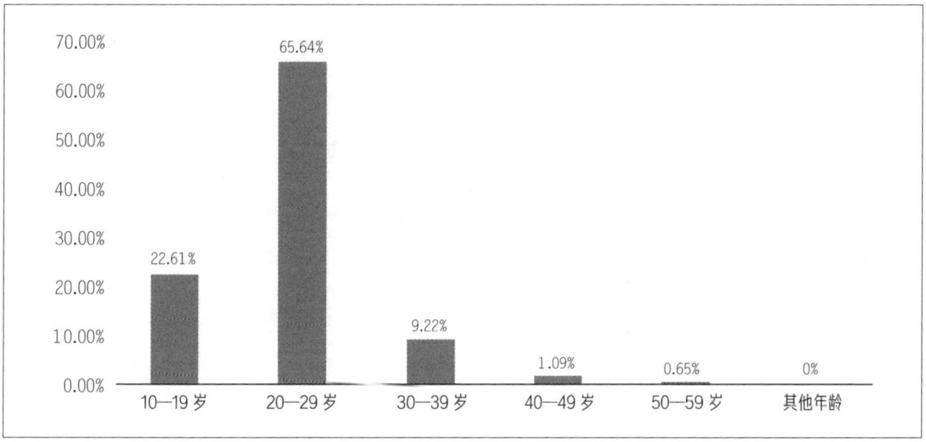

图 13 艾滋病关注度年龄分布

有人说，就算用了大量数据支撑你的主题，听众记住的也只是主题，数据会很快被遗忘。但这有什么关系呢？引用数据的目的就是为了支撑论点，只要听众能够意识到这个论点有数据支撑，真实可信，具有权威性，且能获得直观的感受，这就足够了。

需要注意的是，数据不可滥用。所使用的数据最好与一些具有较大影响力的人或事件相关，是人们所熟悉的，是可以引起共鸣的，这样的数据才能帮助听众理解主题。每一组数据呈现前，科普工作者都需要充分考虑这组数据是否会给听众带来惊叹感。一组让人惊讶的数据能够有效地吸引听众的注意力，同时让听众对你的表达印象更深刻。

二、设置问题

在进行科普表达的过程中，如果科普工作者只是单纯地灌输知识，那么听众很快便会丧失兴趣、转移注意力。而提问是一种表达中常见的互动形式，能引起听众的持续关注，正所谓“提问到哪，注意力在哪”。

人的大脑有一种机制，当它在听你说话时，只要一听到和提问有关的内容，本能会驱使它去思考，去找到答案。因此提问能让科普工作者和听众形成良好互动。科普工作者在确定了表达的主题后，可以将内容包装成一个个引人思考的问题，以问题为导向，用问题吸引听众、引领听众，推动讲解取得预期的效果。

举个例子，一名健康老师在给小学生做的有关维生素 C 重要性的科普讲座上，是这样开场的：

“同学们，大家好，今天和大家说一下维生素 C 的重要性。”

假设你是小学生，对于这样的开场，你会有何感觉？一定没有激发你听下去的欲望。

但如果用提问的方式，如“大家有没有想过一个问题，为什么大家看的电影里，海盗永远都是一口烂牙呢 ”，当你问出了这个问题之后，听众的注意力一下子就会被吸引住，并且会去努力思考问题，迫切想要知道答案。

当你的提问引起了听众的注意力时，你可以继续提问：“电影里的海盗一口烂牙，是因为当时的医疗比较落后吗？”确实，在过去医疗条件比较落后，但是同时代其他行业，比方说码头搬运工、商人，或者同样是水手的海军，为什么就没有被刻画成一口烂牙呢？

“是因为当时海盗太穷了吗，还是因为海盗的身体条件太差了呢？”海盗整天打家劫舍，经济上不应该太穷，而且海盗大多是肌肉发达、骁勇善战的人，也不应该是身体素质特别差的原因。

问题提到这里时，你还帮听众排除了问题的诸多可能性答案。这个时候，听众的好奇心就会被推到一个比较高的位置，你就可以顺理成章地引出要表达的主题——维生素 C 的重要性。通过提出问题、引发关注、引起思考，最终引出所要表达的主题。

提问的方式有封闭式、开放式、选择式等，通过设计不同的问题，与听众进行互动，从而达到引出主题的效果。在开场的时候特别适合设计一连串问题，这是因为当你登场的时候，听众对你的注意力大约有 30 秒的高度集中期。提问可以有效引起他们的注意，听众会饶有兴致地想听听你接下来都会讲什么。相反，如果一开始你没有抓住听众的注意力，那么接下来你的表达不论多精彩，他们都不会有太大的兴趣。这就是为什么我们常说“万事开头难”“好的开场成功了一半”，精彩的开场白一定离不开一连串精彩的提问。

三、故事

故事是打动听众、管理听众注意力的又一非常重要的技巧。比起干巴巴地讲述原理、道理，听众更喜欢生动有趣、具有画面感的故事。

人爱听故事是大脑基因留传下来的。大约在 100 万年前，我们的祖先开始掌握了对火的使用，这对进化有着深远的意义。火可以取暖，可以抵御野兽，可以用来烹饪。除此之外，火还有一个重要的作用——社交媒介。每当夜幕降临后，火光就会把祖先聚集在一起，唱歌、跳舞、讲故事。他们讲祖先的故事，讲自己如何与野兽搏斗，讲今天在哪里又发现了新的洞穴等。人们就是靠讲故事传递经验，才活到了今天。这一幕你一定很熟悉，你看许多人去海边、去大草原，都会生个火堆围坐下来，这是老祖宗遗留下来的习惯，是基因的强大作用。

除了基因的强大作用外，人都有着强烈的好奇心。好奇心促使我们对故事保持着浓厚的兴趣。因此，当你进行讲解、授课时，可以尝试先用一些故事、案例作为开场白或者穿插其中，借助故事本身的生动情节和新奇内容使听众保持强烈的好奇心，产生听下去的欲望。当听众的注意力充分集中之后，你可以继续摆出相关的事实、数据、原理，运用理性思维阐述观点。这样，只要言之有理，要传播的科学知识就会通过故事传递给听众。不知不觉中，便完成了对他们的科普。

故事能够调动听众的情绪。除了有趣外，故事还要包括一些基本元素，如时间、地点、人物、事件，再进阶一步还可以增设悬念、冲突、矛盾、对白、结构、代价等。许多公众号文章开篇第一句往往是，“我老家有个同学”“我广州有个老乡”之类。这些通常会让你产生读下去的欲望，这些都是构成故事的基本要素，能够让读者迅速联想将自己带入场景中。这种方式容易获得认同感，便于读者理解整篇文章。

例如，医生在做有关健康类的科普讲座时，就可以引用一些诊疗期间发生的趣事，以及因为不注意生活习惯而失去健康的故事。引用诊疗期间发生的趣事，是因为在医院里发生的病人与医生的许多无厘头对话会使人啼笑皆非，有趣的事情在表达的时候有助于大脑分泌出多巴胺，使听众容易记住你的观点，并认为你是有个有趣的人，从而产生更多共鸣。讲失去健康的故事，是因为比起获得，人其实更害怕失去，讲那些失去健康的故事，是从侧面讲解健康有多重要，这比直接告诉他们健康的重要性更有效。

获得 2020 年全国科普讲解大赛一等奖的来自部队代表队的选手韩康就运用了故事作为自己的开场白：2020 年 2 月 2 日凌晨两点，集合的哨声划破黑夜，我们出发了，三点迈着整齐的步伐离开故乡，九点落地武汉天和机场，十点第一次看见这个城市，36 个小时后火神山成为我的新阵地。老徐是我接诊的第一个患者，当见到他的时候他已经气管切开，呼吸衰竭，生命危在旦夕。面对这种情况我们拿出的终极武器就是人工肺膜。通俗来讲，人工肺膜就是人体之外的第二个肺，被誉为向死神要生命的人工肺膜到底是什么？

时间、地点、人物、事情、提问，这些元素都具备了。韩康老师以自己的亲身经历开场，令现场的评委、听众印象深刻且感动。他的故事不仅和大家关注的疫情有关，还重点科普了因疫情而为大家所知的人工肺膜，贴合当年大赛的主题，共鸣点很强，最终斩获一等奖。好的故事，首先是你的亲身经历，其次是身边的家人、朋友等发生的故事，或者历史上真实发生的事情。通过故事引出讲解的科学原理比直接陈述更能让听众接受。

正如开篇所讲，表达的技巧千万种，但都是为了帮助不同听众充分认识这个世界。成年人的注意力极限是 15 分钟，青少年是 40 分钟。使用表达技巧是为了有效管理他们的注意力，激发他们的好奇心，让他们对你接下来的精彩内容充满期待。而你即将要表达的内容，将会为他们带来价值和收获，对他们产生重要的影响，改变他们日后的行动。

本篇作者杨帆，科技情报助理研究员、广东科学中心外事主管、科普讲解培训师、全国十佳科普使者。曾获中国自然科学博物馆学会科学技术贡献奖、中国科技馆发展基金会科技馆发展奖“辅导奖”、全国科普讲解大赛一等奖、广州市优秀科普图书等荣誉。从事科普传播与研究、活动策划。著有《科普有范儿说》《全国科普讲解大赛讲解技巧》《百年·问天》《明日玩家》《我和科学有个约会》等科普图书。

下〇篇

分科之“法”

医学类科普内容
创作的价值导向和原则遵循

□ 谭先杰

医学类的科普创作，需要把握正确的价值导向，并遵循一定的创作原则，才能在创作出读者喜欢的科普作品的同时，避免掉进创作中的一些陷阱。这些价值导向和原则与知识、人文、伦理和法律相关。本文基于笔者的科普创作实践简单论述，供诸位同行批评参考。

一、与科普内容相关的问题

医学科普的内容应该是经过时间检验、经过临床验证，没有争议或者争议不大的健康理念或疾病知识。如疾病的基本概念、发生人群、发生部位、典型症状；疾病的早期征兆或警示信号；相关的检查和结果解读等。医学科普的目的是提醒公众注意身体发出的“求救”信号，早期发现和治疗疾病。如果有明确的防控措施，则告知公众如何实施，进行有效预防。一般而言，疾病的诊断和治疗不应该是医学科普的重点内容。过多地涉及某一疾病的诊断和治疗，越是具体，越会给临床医生带来困扰，因为诊治既要规范化，也要个体化，同病可以异治。

医学科普的知识需要与时俱进，切合临床实际。医学科普的创作者最好有临床工作经验和科研基础，能够研读最新的临床诊治指南，了解本领域的最新进展，否则科普内容就会陈旧过时。面对海量的、鱼龙混杂的信息，科普创作者需要批判思考，去伪存真，多方求证，避免人云亦云，以讹传讹。内容科学性有错误的科普，比没有科普的危害性更大。

二、与人文相关的问题

医学科普创作者除了要普及疾病相关的知识外，更需要重视普及科学发现的过程和思维方法。如果只重视传播科学研究结果和结论，而不注意传播科学研究的过程和方法，就不利于科技创新。了解研究成果的同时，也要知道科学家为什么能得出这样的结果，从而帮助同行进行医学的哲学思考。

医学科普在传播医生救死扶伤、医疗技术进步的同时，还应该介绍医学的局限性和不确定性，包括生死观教育，让公众理解医生、理解医疗。如果只是展示或者过度宣传医疗工作中的成功案例，把医生塑造成一个妙手回春的“神”，就会让公众认为医学无所不能，即使身患绝症，也对治疗充满希望，过多希望奇迹发生。患者和家属的希望越大，失望也就越大。

三、与伦理相关的问题

医学科普不应该只关注疾病本身，而忽略了疾病背后的人。与天文、地理、生物等学科的科普不一样，医学科普涉及的是人。每一个医学案例、故事或者科普知识点后面都有一个实际存在的人，因此科普创作者要考虑相关患者的感受，不能泄露患者隐私，更不能引起公众的普遍不安。目前有些医学科普不是科普而是“科唬”，无论是标题还是内容，纯属吓唬公众，或者把一些小概率的医学事件无限放大。吓唬人、忽悠人不应该是医学科普的目的；传播健康知识，让公众关注健康、健康生活才是目的。

四、与法律相关的问题

医学科普的特殊性是涉及患者隐私。泄露患者隐私是医学科普创作和传播过程中会涉及的法律陷阱。临床医学中涉及隐私的科室很多，其中以妇产科、男性科、性病科、精神科、传染科等科室涉及隐私的情况最为突出。保护患者隐私是医生应该遵守的道德规范，也逐渐成为法律要求。那么医学类科普创作应如何尽可能地保护患者隐私呢？

第一，选题慎重。通常涉及急救常识、救灾、避险等的案例不但重要，而且涉及隐私的情况不多，或者隐私部分容易被忽略，不易引发争议。而涉及个人经历、工作、情感等的案例，处理相对困难，则需要慎重。毕竟这些案例涉及个人的隐秘信息，患者出于求医的需要和对医生的信任才毫无保留地告知，医生有保护患者隐私的责任，这也是从医的基本要求。

第二，征求同意。如果觉得某个医学案例和健康知识点非常重要，对公众有较大的警示作用，科普创作者可以征求患者意见，在患者同意后方可发布。

第三，移花接木。除了隐去或虚化患者姓名、病案号、住址、相貌等之外，还可以虚实结合，将年龄、职业、籍贯、就诊时间等具体信息嫁接处理。

第四，延迟发布。可在时间上做些变动，或者沉淀一段时间，延期发表。病房或门诊上午发生的事，中午就发出来，无论如何嫁接，病人和亲属可能也难以接受。

第五，隐私优先。医生的职业很特殊，需要有自我约束意识。医生的首要任务是对具体病人负责。如果遇到某一知识点，科普创作者需要在医学科普和保护患者隐私之间做出选择，则应侧重后者。

五、其他需要注意的原则

第一，不害自己。医学科普或者健康科普工作者，无论是医生、护士还是疾控人员，都是有一定知识层次的人，需要注意自己的职业形象，不能因为一篇科普文章而给自己带来麻烦。需要做到以下几点：

一是态度端正。态度决定一切，医学科普的目的是传播真正有用的、重要的医学知识，而不是为了博眼球、吸引粉丝，也不是为了显摆专业知识或贬低同行和公众。

二是语气恰当。科普创作者需要用同情、悲悯至多是善意而幽默的语气创作科普，不能用嘲笑、调侃、指责、批评的语气。患者是需要医生提供帮助和服务的对象，无论其行为如何不合公序良俗，医生都不应该也无须进行道德评价。

三是处理图片。一些在医生看来稀松平常的手术照片或图片等，可能会让公众感到极度不适，引起反感甚至投诉，所以需要适当处理，可以在解剖图谱上勾画示意，或以漫画形式表现。

四是慎重跨界。尽量创作自己专业领域的科普，跨界科普需要非常谨慎。目前专业划分越来越细，隔行如隔山，轻易跨界的科普，可能流于表浅，甚至出现谬误。

五是注意用词。作品的语言或者文字可以俏皮，可以接地气，但是一定不要出现脏字或禁用的字词，包括网络科普文章。

第二，不损同行。科普作品中不要随意评价和贬低同行的诊断和治疗，以免给患者带来二次伤害，给同行带来不必要的麻烦。如果不认同某一科普作品的观点，最好私下交流，不宜公开争论，否则会降低公众对双方的信任度。还要注意在作品中不要将同事的功劳或者成功的经验据为已有，应以第三方的视角客观记录。

第三，不毁平台。多数的医学科普工作者都是医疗机构的体制内人员，平台的高度决定个体的视角，因此我们要珍惜平台，只说该说的话。科普创作的内容应该是科学权威的知识，不为任何利益集团背书，例如写广告性质的软文。

第四，摆正心态。医学类科普创作的困难在于，患病的人，觉得太浅，不够看；健康的人，觉得太深，不想看；同行中人，觉得太烂，不忍看。不要期望你的作品能取悦所有人，把它献给需要的、有缘的人即可。

总之，挂一漏万，医学类科普创作者需要注意上述问题，在为广大公众科普健康知识的同时，不给自己招烦，不给同行添堵，不给平台抹黑，不让患者受伤，不让科普变味。只有坚持正确的价值导向并遵守一定的原则，才能在医学科普道路上走得更稳、走得更远。

本篇作者谭先杰，北京协和医院妇科肿瘤中心主任医师，教授，博士生导师。荣获“北京协和医院最佳住院医师”“京城好医生”“荣耀医者”“国之名医”和“人民好医生”等称号，入选北京“科技新星”。先后获得北京市科学技术一等奖和国家科技进步二等奖。主持完成多项国家级科研项目，发表论文50余篇，参与编译《临床妇科肿瘤学》《子宫颈学》等图书十余部。其中科普图书《子宫情事》和《10天，让你避开宫颈癌》先后入选2016年和2019年全国优秀科普作品，《10天，让你避开宫颈癌》荣获中国科普作家协会金奖。近期出版了纪实性医学人文图书《协和妇产科医生手记》。

如何做好医学科普

□ 赵晓刚

众所周知，科学普及简称科普，又称大众科学或者普及科学，是指利用各种媒体以浅显的、通俗易懂的方式，让公众接受自然科学和社会科学知识，推广科学技术的应用，倡导科学方法，传播科学思想，弘扬科学精神的活动。

顾名思义，医学科普是普及医学与健康知识的科普活动，是将医学领域的知识、方法、精神向公众进行普及和传播，提高公众健康素养，从而维护和促进自身健康。公众在回答最感兴趣的科技信息时，排在首位的一直是“医学与健康”。人人都希望身体健康，医学科普与每个人密切相关，健康科普知识一直都是公众关注的重点，这就是医学科普的独特性。医学本身的发展是在螺旋式上升的，导致在某一个阶段存在具体医学观点的盲区及争议，因此医学科普本身也需要与时俱进、辩证统一。这就是医学科普的复杂性。医学科普不单单是普及疾病的诊断治疗，更应该是传播健康的知识及理念，必须以医学理论为基础，方能言之有据，使读者认同、共鸣，才会去践行。

医学科普具备科普本身的科学性、通俗性、思想性、实用性、趣味性。科学性为前提，通俗性为基础，思想性为灵魂，实用性为目的，趣味性为手段。每一部优秀的科普作品无不是这五种特性的交互融合，互根互用，那么在具体的实战当中，我们应该如何运筹帷幄呢？接下来我们逐一分析。

一、做好医学科普，一定要了解医学科普的对象及目的，达到真正的科普实用性

虽然医学科普面对的是普通大众，但是每一件医学科普作品必须有明确的目标群体。也就是说这个科普作品创作出来后是给谁看、给谁读的，必须在创作之前就确定。不同的目标群体，他们的身体状况、文化水平、生活习惯与经历、健康意识与传统观念等诸多方面都有明显的差异。我们在医学科普创作中必须注意到这些差异，如果对不同人群讲述同样的内容、使用同样的语言，效果肯定是不理想的。只有当医学科普作品的对象确定以后，作品中应当包含什么内容、使用怎样的表现手法等，创作者才能有依据。此外，还要注意避免出现民族、性别、宗教、文化、年龄、种族等方面的偏见信息。

医学科普的目的是科普实用性的体现，提高公众的健康素养水平，从而起到维护健康、预防疾病、改善预后等作用。此外，医学科普可以让公众了解医学的不确定性和局限性，让患者在就医过程中调整自己的预期，更好地配合医生，改善医患关系，促进社会和谐。同时，对于每一件医学科普作品而言，都是以准确体现健康教育核心信息和有效沟通受众并产生预期效果为创作目的。带着目的进行创作，目的明确，才能产生真正的实用性。

例如，结合自己的医学专业，就专业范围内的相关疾病进行科普创作，针对的群体是该疾病的易感人群及患者。那么这一类读者群体的特点、思维习惯等细节都需要纳入科普创作的最初设计中，调整自己的语言特点、图文特点，换位思考，从对方的角度出发去创作符合对方群体内在心声的作品，答疑解惑，醍醐灌顶。我们在创作科普作品的时候，一定要不断地问自己：科普受众的内心所想是否得以真实体现？只有切实从科普受众群体最关心的角度出发布局，才可以带给读者实用有效、口口相传的优秀科普作品。

二、做好医学科普，一定要了解医学科普的艺术化创作，达到真正的通俗性、趣味性

我们的医学科普，往往是教导式的作品，晦涩难懂的医学名词，千篇一律的讲课式布局，的确很难引起受众的兴趣。没有了兴趣，往往无法坚持阅读或者观看下去，从而也就失去了进一步提高科学素养的可能。医学科普的难点在于医学的内容枯燥无味，细菌、病毒、癌细胞、开刀、药物等都不是令人愉快的话题，若非不得已，人们一般宁愿敬而远之。如果提到一些血腥的内容或者死亡的话题，大多数人都不愿意成为科普的受众。把这些因素都考虑到，让受众可以轻而易举地主动进入科普内容的消化吸收中来，这就是通俗性与趣味性交相辉映的完美结果。而这一切有赖于医学科普的艺术化创作。

鲁迅先生曾经在《月界旅行》的前言中讲道：讲科学的书，一般人不愿意读，如果写成科学小说，去庄而谐，使读者触目会心，不劳思索，就能在不知不觉间得到科学知识，效果一定是很大的。由此可见，小说更易于吸引读者的注意力及兴趣，从而展开阅读及观看。医学是一门严谨的科学，严谨的医学科普如何变得生动活泼是一个需要仔细思考的问题。叙事医学拓展到临床实践中来，从关注疾病到关注患者，有了人、事、物，说起来就成了故事、小说。科学幻想可以写成小说，医学里真正发生的故事、情感、治疗，都可以写成小说，甚至一些医学的科学思路也可以充分发挥想象力写成小说。

以小说为例，揭开了科普艺术化的一角。事实上，科普艺术化创作的方式是多种多样的，例如诗歌、曲艺、歌曲、电影、舞台剧、演讲等。以诗歌为例，我创作的英文科普诗歌 *I Long to Be King* 发表在美国 *CHEST* 杂志上，科普了肿瘤性的肺部磨玻璃结节从弱小走向强大的艰难历程，描绘了初期弱小“呆萌”的癌细胞，一步步踏往卫冕之路的过程与苦难。以电影为例，我创作的肺部磨玻璃结节动画片《我本善良》在中央电视台播放介绍，在各网络平台火爆播放。以演讲为例，我的科普演讲《肺部磨玻璃结节的前世今生》在上海教育电视台首秀 18 分

钟，点击量居高不下。我的改编歌曲《人间世、医世间》向大众宣讲医生的不易，你我皆凡人，生在医世间，创下了人民网当日点击量286万人次的新高。这些科普作品的创作无一不是因为科普艺术化的体现，方才吸引到受众的兴趣关注，带来了些许认可；而受众也在潜移默化中吸收了知识，获得了拓展性思维的无限遐想。

事实上，科普艺术化表现的形式可以全面开花、多姿多彩。然而对于从事医学科普的医生而言，科普艺术化之路的初期，更多地还是要在科普作品本身的艺术涵养、文字规范、逻辑条理、行文布局等具体细节的推敲中得到升华。科普艺术化道路不是一蹴而就的，在专科专业知识之外，需要掌握一定的新闻传播学、历史人文学、人文视角学、医学史等方面的知识，在不断创作的过程中打磨自己，不断积累相关的知识与能力，最终个人能力将在潜移默化中得到提升，科普工作的能力达到提升质变，知识运用和提炼主题的能力得以加强，个性化创作与自身发展规划能力也逐渐提高。

科普艺术化有成后，创作的科普作品自带艺术气息，给受众以美的享受。在轻松、愉快、饶有兴致的状态下完成阅读，使得科普对象群体在美好艺术体验的过程中完成了科普知识的灌输与消化，毫无违和感、晦涩感。因此如何引起广大读者的初始兴趣，保证之后的科普圆满，达到提高健康素养的根本目的，科普艺术化成为关键的一环。

三、做好医学科普，一定要坚持医学科普的学术化创作，达到真正的科学性、思想性

医学是一种以自然科学为基础的应用科学，医学的内涵还包括人文、伦理、社会、哲学等各个方面，不能简单理解为医学＝科学。科学性是医学科普的前提，思想性是医学科普的灵魂，如果想要同时达到真正的科学性、思想性，那么医学科普的学术化道路一定是必不可少的。

学术是一个较难界定的概念，学是指学问、治学，术是指艺术，学术是指具有理论性和科学性的实践经验总结，即带有理论分析的或理论归纳的实践经验总结。学术也是人类探索客观事物过程中产生的以及通过交流衍生出来的思想、观点、理论和方法。学术从本质上讲是动态的、发展的、不断深化的认知过程，是人们在认知过程中观察分析、思考归纳、相互交流而达成共识的医学观点，为多数人认同，并在进一步深入研究中得到修正和发展。事物的变化是永恒的，因此学术无止境。学术的基本属性包含了思想性，即学术思想、学术观点，是学术的核心和灵魂，因此学术化本身就涵盖了科学性与思想性。

科普的学术化创作，指的就是用学术的定义、内涵、过程来要求自己，创作出的科普作品是具备理论性和科学性的实践经验总结，其中的观点必定是学术性的百花齐放，拥有着独一无二的思想灵魂。普通的医学科普从教科书的陈词中予以加工，凝练出相应的科普作品，表达给普通百姓观看，可以达到提高读者健康素养的效果。但是在信息爆炸的当下，海量信息的预先填充导致受众的健康素养阈值提高，普通的医学科普往往难以满足这些受众的认可。在他们看来，这些千篇一律、白话基础的科普作品已经是陈词滥调、毫无新意。而科普的学术化创作必定会为受众群体健康素养的进一步提高打下坚实的基础。

医学本身对疾病、健康的认知过程是漫长的、曲折的、螺旋式上升的，并非一路平坦。甚至在某一特定历史阶段，医学的认知本身就是错误的，例如1949年诺贝尔医学奖的获得者莫尼兹，他发明的额叶切除术对某些精神病有明显治疗价值。事实上这个手术方法在当时被夸大滥用，导致了患者严重的后遗症，失去了喜怒哀乐的能力，变成了行尸走肉，之后许多国家禁止这类手术的开展。这个教训让我们记住，当前人类的美好生活，大多数都是建立在很多过往科技发展的“黑历史”基础之上的。医学科普同样也要避免某一阶段的绝对化与教条化，必须走学术化的道路。学术无止境，科普无止境。

医学科普在面向大众进行科学普及传播的同时，以科普学术化的要求来进行作品资料的归纳、查新、辩证、升华，提出自己的观点，客观分析，理性总结。

这样的科普作品拥有独特的思想灵魂，让受众身临其境地去面对健康知识的历史变更、争议由来、策略选择，使得受众消除了与医生之间的医疗诊治信息差，二者处于同频状态，更好地自由沟通、消化吸收。针对某种疾病的防、查、诊、治、筛等各个方面，从古到今，从错误到正确，从争议到共识，从模糊到清晰，理性客观加主观能动，方能创作出优秀的科普作品，切实提高受众辩证统一的健康素养。

例如，我在创作《肺部磨玻璃结节开刀与随访的策略选择》科普作品时，运用学术化的思维设计布局，查阅了近十年的参考文献，总结归纳了磨玻璃结节的生长规律、开刀与随访的各自优缺点、可以开刀与必须开刀的区别、最佳手术时机的界定、医患共同决策的思想等一系列观点。在这部科普作品中，有理论总结，有实践真知，有辩证分析，有客观主观，也获得了广大磨玻璃结节患者群体的口碑好评。

由此可见，医学科普的学术化创作之路是百家争鸣、辩证统一的哲学思维体现，是一丝不苟、博古论今的华彩亮点。医生群体在创作科普作品的同时，应该以学术化的思维来严格要求自己，传递给受众的观点及知识必定经得起时间推敲，经得起实践检验，辩证统一且动态永恒。授人以鱼不如授人以渔，如果使得受众也具备了学术化思维的能力，那么全中国人民的健康素养会达到空前的高度，对健康、疾病、生死都将会有更高维度的反思。

四、做好医学科普，一定要从兴趣出发，锻炼能力，持之以恒，坚持不懈

从事科普的兴趣提供了内在的动力。没有兴趣，就没有激情、没有干劲，也就不会真正热爱科普这项工作。偶尔的、心血来潮的、完成任务式的，这样的心态注定不会创作出优质的科普作品。每一次的创作都是兴趣盎然，激情满满，踌躇满志，这样的心态是科普创作的最佳状态。

有了兴趣，这是第一步，还要不断锻炼自己的科普能力。不妨从自身评价出发，是拥有完美文字？还是美术天赋？还是惊人歌喉？还是交流组织能力？各种能力的提升，不断融合，结合自身专业知识的不断精进，势必会打造出独具特色的科普达人。过硬的专业背景结合自身的亮点特色，永远是有发展潜力的科普潜力股，最终核心的科普价值势必存在于那些医学知识渊博、自身魅力独特的医生个体。

科普始于兴趣，终于坚持。只有持之以恒，坚持不懈，才能够真正成为科普大师。做一件好事容易，难的是做一辈子好事，同样，创作一件科普作品容易，难的是能够一辈子创作科普作品。面对医学科普，有最初的兴趣、激情、能力，但被岁月磨平了脾气，挫去了锐气，能够坚持本心，有始有终的医生并不多见。令人欣慰的是，国家政策的大力扶持，社会群体的推崇认可，各级医院的纷沓而至，将使得科普在未来十年大放光彩。如何在未来乘风破浪，开辟医生自己独特的科普之路，任重而道远。贵在坚持，胜在用心。

本篇作者赵晓刚，胸外科副主任医师、副教授、硕士生导师，上海市科技启明星，中国科普作家协会医学科普创作专委会委员，中国抗癌协会肿瘤科普防治专业委员会委员，上海市科普专科委员会委员，上海市科委、科协科普品牌“达医晓护”全媒体杂志主编。发表原创科普文章上百篇，科普图书三册，完成上海市科委课题四项，参与国家自然科学基金项目两项。荣获 2020 年度上海市科学技术进步奖一等奖及科普二等奖，2022 年度上海市科普杰出人物。

以史为鉴，向科学要答案
——七个“一”回答“十万个为什么”

□ 刘 欢

科普有方法吗？

有，向科学要答案！

如果说好的科普是让人民满意的科普，值此中国共产党建党百年之际，弘扬伟大建党精神，砥砺奋进开新局——“学史明理、学史增信、学史崇德、学史力行”。在健康教育和科学传播工作中，秉承为人民服务的“一个初心”，坚持实事求是的“一条原则”，开宗明义主旨的“一项任务”，从群众中来到群众中去的“一心投入”，遵循科学规律的“一种态度”，扎根土壤的“一次播种”，共建共享的“一生挚诚”。无论是面对千万次的问，或是解答十万个为什么，从悟透七个“一”中汲取智慧，在践行七个“一”中释放能量。

一、“一个初心”：为人民服务

科普必须秉承为人民服务的“初心”，时刻牢记科普是为了谁，是为了全民科学素质提升，是为了社会经济高质量发展，是为了国家民族繁荣昌盛。

“科技创新、科学普及是实现创新发展的两翼，要把科学普及放在与科技创新同等重要的位置。”习近平总书记这一重要指示精神是新发展阶段科普和科学素质建设高质量发展的根本遵循。2021 年 6 月 3 日，国务院正式印发《全民科学素质行动规划纲要（2021—2035 年）》（以下简称《科学素质纲要》）。如何提高公民科学素质是一个方法或者途径式的问题，回答这个问题首先要找到问题的关键，而这个问题的关键就是以人为本。

《科学素质纲要》的提升行动涵盖了五项内容：青少年科学素质提升行动，旨在激发青少年好奇心和想象力，提高科学兴趣、创新意识和创新能力，为加快建设科技强国夯实人才基础；农民科学素质提升行动，旨在提高农民文明生活、科学生产、科学经营能力，加快推进乡村全面振兴；产业工人科学素质提升行动，旨在提高产业工人职业技能和创新能力，更好服务制造强国、质量强国和现代化经济体系建设；老年人科学素质提升行动，旨在提高老年人适应社会发展能力，增强获得感、幸福感、安全感，实现老有所乐、老有所学、老有所为；领导干部和公务员科学素质提升行动，旨在提高科学决策能力，树立科学执政理念，增强推进国家治理体系和治理能力现代化的本领，更好服务党和国家事业发展。

作为公民，愿意接受哪些素质提高，这是首先要弄清楚的问题。这就得具体问题具体分析了。比如，青少年学生和家长，他们最直接的诉求就是学习目标的实现；对于他们而言，科学素质提高是有助于实现这个诉求的，如科学故事提高学习兴趣、科学方法促进学习效率、科学精神激发学习热情等。从实现途径而言，一种是青少年主动提高科学素质，或者在家长帮助下有意识地来促进科学素质提升，同样也会遭遇个人投入时间精力的被动态问题。另一种则是科普主体以需求导向的主动态模式，以促进学习为总体目标，将提高科学素质工作融入青少年教育事业中，育人为本、问题导向、启发引导、普惠成长。

对于成年人而言，比如产业工人或农民，无论是在工作生活中还是在实施经济建设和乡村振兴事业中，他们希望实现自我价值和发掘自身潜力，提高科学素质要与个人所在领域息息相关，如工人了解科学知识有利于熟悉产品性能、掌握科学技术有利于提高市场竞争力；农民学习科学方法以提高作物产量、应用科技产品优化资源配置和拓展销售渠道。在这种情况下，公民具备科学素质最直接诉求是掌握技术和具备能力，这是其他人无法替代而必须自己拥有的，这时科普主体不能简单地头疼医头、脚疼医脚，应从科技发展领域出发，合理设计提高科学素质的普及策略。一种方式是普及对象已经明确了具体问题需求，根据需求制订方案，找出关键问题和技术领域，传递科学理念和科学方法；另一种方式是普及对象没有提出具体需求，可以根据其所在领域，紧扣与生活工作密切相关的主题，传播科学思想和科学精神。

二、“一条原则”：实事求是

科普必须遵循实事求是的根本原则，一旦违背了这个科学原则，就是动摇了科普的根基，甚至会沦为伪科学、反科学、非科学的境地，这一条原则是科普的科学原点，更是科普的健康源泉。

世界卫生组织曾在2019年发布了人类健康面临的十大威胁，明确将“疫苗犹豫”列入“黑名单”。疫苗犹豫，是指在已有疫苗可用的情况下，不愿或拒绝接种疫苗。这也正是麻疹疫情“原本能够完全避免”的真实含义。然而，为何会出现“疫苗犹豫”现象，隐藏在背后的问题究竟是什么？疫苗，通过将病原微生物的生物信号，制成疾病预防的生物制品，诱导机体产生免疫保护能力。比如，人类最早制成预防天花的牛痘疫苗，以及狂犬病疫苗、结核病疫苗、乙肝疫苗、麻疹疫苗等。疫苗功效有两个主要指标，即“有效性”和“安全性”。

疫苗制备所遵循的有效性原则，其中涉及两个方面的因素。一方面，是疫苗技术和产品的不断完善；另一方面，是机体对疫苗的有效免疫应答。随着科技进步，疫苗研发生产的水平和质量不断提高，以期达到更好的免疫功效和预防目的。人类在不断认识自我的过程中，逐渐揭开了人体免疫的神秘面纱，发现了许多自我保护和防御的新机制。然而，机体的免疫系统非常复杂和精密，并非独立存在，而是人类生命功能系统之一，在临床试验或疫苗接种期间，机体会产生一些不完全符合预期的情况，而这在预防医学中是可以接受的结果。比如，保护力不足、个体差异、预先免疫效应等，这些结果的出现，导致了人们对于疫苗有效性产生忧虑，以及产生是否接种疫苗的选择性心理。

疫苗的安全性问题，也是人们产生“疫苗犹豫”的主要因素，体现在对疫苗自身安全性的担忧。一方面，是对疫苗技术和产品的不信任；另一方面，是对可能产生的潜在风险不确定性的恐惧和受到不实信息的误导。最为典型的案例之一就是“麻腮风（MMR）疫苗事件”。1998 年的一篇研究论文宣称，MMR 疫苗引发了儿童自闭症，尽管该文在 2010 年被撤回，但是，由该论文及其背后利益集团所造成的“反疫苗”的毒果已经酿成。人们不但被信息舆论误导而对公共卫生系统不信任，而且随着利益交易被曝光后对科学严重质疑，导致对疫苗安全性问题的恐惧更甚于对其有效性的恐惧，毕竟“有害”更甚于“无效”。

如何应对这一危机，面对健康威胁我们应该如何去做？首先，我们要找到问题的关键，“疫苗犹豫”的主要原因不在疫苗本身，而在人们对接种疫苗的怀疑态度。“解铃还须系铃人”，重拾大家对疫苗的信心，是战胜疾病威胁的利器。

信任危机的解决，还要从健康教育和科学普及上下功夫。单纯的行政执法或公共管理，可以解决燃眉之急，却不能攻克思想的顽疾。所谓“谣言止于智者”，仅仅是坊间谣言，就已经可以使得人们迷惑不解；更何况谣言中夹杂着利益的欺骗，那将更会使你更加怀疑人生。科学的良知和政府的公信必须要联合起来，让科学知识深入人心，将科学道理传播大众，为科学精神树立旗帜。政府和社区用行动来证明接种疫苗的功效，这将需要时间和实践来验证，然而，“疫苗犹豫”的思想问题不解决，仍将面临来自公众负面压力和消极情绪，导致花费更多的时间并消耗更多的资源。应通过健康教育和科学普及，让人们自己作出科学合理的判断，消除疫苗恐惧和不信任，在实施公共卫生行动时，让科学信息公开透明，将实施计划参与共享，为健康卫生扫除毒草。

三、“一项任务”：开宗明义

科普方法中的核心原则之一就是开宗明义，也是普及科普思维的集中体现。一个立意围绕一个主题，普及一个要旨，让普及对象听得懂、弄得明、想得通，这就完成了一项科普任务。

艾滋病是一种可怕的疾病，也是一种可以防治的疾病。在艾滋病防控工作中，比较常见的一种方式，就是体现出艾滋病的危害和后果，如“世纪瘟疫”“重大传染病”“死亡率极高”等词句，或者展示患者发病症状、疾病人口统计数据、疾病流行和公共卫生的近况和影响。

这从宣传策略上是一种“高危”思维，让宣传的受众感到危险和害怕。艾滋病给人留下的影响大多是“后果不堪设想”“无法面对”“牵连家人”等；普通人如果被问到是否知晓艾滋病可治，也许会感到惊讶，很多人还缺乏对艾滋病毒治疗效果的正确认识和存在信息误区。

大多数人了解到的情况是，艾滋病为何不能被治愈、抗病毒治疗药物清单和治疗方案，以及防控艾滋病传播的方法。一般人会选择性地重点关注防控，既然无法治愈艾滋病，最好的方式就是预防。这样的想法是正确的，但也是不全面的。从普通人的心理角度考虑，其实是主动回避了艾滋病的治疗情况。从另一个角度考虑，对于宣传者而言存在一种担忧，那就是艾滋病治疗效果的改善，可能会使公众低估艾滋病的严重程度，放松了预防艾滋病的警惕性，降低疾病预防宣传的作用。

面对这种境况，要从艾滋病流行的客观实际出发来看待这个问题。艾滋病目前在全球每年仍有新增感染人数，理想化目标就是通过预防控制来遏制疾病蔓延，因此强调疾病危害的确是一种明智的策略。然而，即便如此，由于无保护性行为、注射吸毒等危险行为，新的艾滋病毒感染者仍然存在。

随之而来，这一策略会产生一些不利影响。比如发生过危险行为的人，出于所获取信息中艾滋病毒的严重后果，以及在不了解疾病治疗效果的情况下，会选择抱有侥幸心理而放弃检测。对于宣传教育普通受众，也因艾滋病预防和治疗信息的不对称，疾病预防成为了心理预设“警戒线”；对于艾滋病治疗信息的缺失，社会对疾病发生的承受力就相对脆弱，容易引发公共卫生危机和社会不安。此外，社会歧视和排斥现象也随着“高危”思维，牢牢地固化存在于人群之中，尽管社会舆论不停地呼吁关爱艾滋病患者，然而，在大众基于艾滋病危险性的认识中，并没有受到艾滋病“可治”的有效影响，在选择“可防”的心理驱动下自然埋下了歧视的种子。

科学的“可防”策略，应是全面的宣传教育体系，“可治”正是这一策略的升级。艾滋病医疗救治情况复杂，一般情况下，艾滋病毒破坏了人体免疫细胞，导致机体抵抗疾病能力降低，会引起严重的并发症疾病。比如，通过性传播途径或血液传播途径的艾滋病毒感染者，也同时是其他传染性疾病的感染者。医疗机构通常按照分类治疗原则，对于不同症状患者采取不同专业医疗救治，艾滋病患者如果发生并发症，在寻求医疗救治时就会面临这样的情况。艾滋病患者应当被治疗救助，医疗机构应当救助艾滋病患者，这不仅是双方的义务和权利，更应是双方彼此的理念和行动。

四、“一心投入”：从群众中来到群众中去

“世界上怕就怕‘认真’二字”，科普需要用心投入，更需要用情付出。自己应当问自己是不是把科普当成一件认真的事情在做，在科普中有没有全身心投入准备，能不能倾注于情引起大家同感共鸣。

科普就像谈恋爱，很难一眼看穿，一开始的吸引力，一定源于心动的感觉。如果希望科普能很好地被大众接受，要下功夫做一些有趣的引喻来融入科学知识。比如在《剑与盾之歌：人类对抗病毒的精彩瞬间》《剑与盾之歌：瘟疫与免疫的生命竞技场》科普作品中引喻古希腊神话，第一是因为它能够反映人性，会引发对人生和世界的思考；第二是对大自然的尊重，古希腊神话中的大自然是一种神

秘力量，在冥冥之中万物运行自有法则。

如“智慧女神”雅典娜之盾。传说中美杜莎是蛇发女妖，看到她眼睛的人都会被石化，英雄珀尔修斯得到了雅典娜之盾，使得美杜莎在盾牌中看到了自己的镜像，被自己的魔法石化，珀尔修斯趁机杀死了女妖美杜莎，于是，美杜莎的头被镶嵌进了雅典娜之盾。这个神话故事就非常具有代表性，体现了古希腊英雄不仅是力量，也是智慧的化身，这就很像我们对于病毒疫苗的科学实践。以灭活疫苗为例，它本身就是一个病毒，我们把病毒的活性灭掉，病毒元件刺激免疫活性虽然还在，却不能再去复制和感染。于是我们把它做成疫苗，在身体里产生中和抗体，使我们的身体具有免疫力。这个过程，就体现了“以毒攻毒”的理念。

对处于学习知识阶段的青少年，如何做好科普就在于如何让知识“活”起来，促科教融合，为教学服务。在传授知识的时候提出“矛盾”点，引发科普对象的思考。

例如讲狂犬疫苗科学原理，首先是“知”，开门见山告诉大家，狂犬疫苗是法国科学家路易斯·巴斯德通过传代和干燥使狂犬病毒毒性减弱，在全世界首次成功研制出弱毒疫苗。接着提问：“为什么病毒干燥后，毒性会降低呢？”其实答案很简单：水是生命之源，病毒也是生命。把学生理解范围内的问题抛出来，就会引发他们学习知识的兴趣和主动思考的能力，这就是“趣和思”。

五、“一种态度”：遵循科学规律

向科学要答案并不是考试立刻交卷，科学是基于客观事实的自然规律，认识自然规律也必须遵循科学规律，如视科学技术如砍瓜切菜般容易，“第一生产力”岂非浪得虚名。

弗莱明在实验室中发现一个葡萄球菌的培养基被霉菌污染，霉菌周围一圈的葡萄球菌都被杀死。他仔细研究这些在球菌中“特立独行”的霉菌，竟然惊奇地发现，原来此处有过球菌生长的痕迹，却被霉菌占领了原有的培养基的位置，葡萄球菌遭遇了“克星”。弗莱明研究证实霉菌之所以能够抑制球菌生长，是分泌了一种渗入培养基中的物质，给球菌划出一条“警戒线”。这种由青霉菌分泌的物质就是大名鼎鼎的青霉素，它对白喉菌、炭疽菌、链球菌和肺炎球菌等也产生强效杀菌功能，试验效果令人振奋。

尽管青霉素被发现具有抗菌功效，但是提取青霉素并不是一件容易的事，从实验室仅仅能够获取少量青霉素，几乎无法在实际医疗中投入使用。十年之后，弗洛里通过从飞行员外出执行任务时带回的土壤以及农贸市场的西瓜上分离出高产青霉菌株，再将菌株暴露在 X 射线辐照下获得超级青霉菌株，加上建设升级最新巨型微生物发酵罐，使得制药工业大批量生产青霉素具备了必要条件。

青霉素非常不稳定，在常温下会很快失去活性，所以，常规加热蒸馏方法难以获取。如果利用“冷冻干燥技术”，把溶液降温冻结成固态，抽出空气使气压降低，就能使冻结溶液中水升华。钱恩使用这种方法获得少许青霉素粉末，可在常温下长时间保存，杀菌效力比青霉素溶液高几十倍，为大规模量产青霉素打通了制药关键一环。

起始的发现来自刹那之间的捕捉，在追逐线索的道路上，团队合作是成功必不可缺的。1943 年，一吨青霉素价值 675 吨黄金，青霉素的问世挽救了千千万万战争中士兵的生命。战后，青霉素的推广应用与抗感染治疗，使人平均寿命延长了十五年。青霉素的诞生拯救了全球不可计数的生命，被誉为是大自然馈赠给人类的健康礼物。科学家常常说自己是幸运的，而幸运不正是垂青有准备的头脑吗?发现金苹果需要一双“慧眼”。

六、“一次播种”：扎根土壤

巴斯德在普法战争中说，科学虽没有国界，但科学家有自己的祖国；钱学森回到中国发出感慨，所有这一切都在做准备，为了回到祖国后能为人民做点事，因为他是中国人。

在一次大别山的科学普及活动中，一名学生在课后向我提出问题：“老师，您讲得太好了！您还会再来吗？”“会！”这是一个坚定的回答。课程结束后，我们去了学生家里，这是一个普通的山区家庭，那天也是为生活拼命努力的平凡一天，是千千万万中国普通家庭的一天。回想起这名同学的问题，猛然感悟，在那个孩子的平凡一天里，那是极不平凡的一堂课。一个学生渴望获取更多知识，我们都会感到非常高兴，而谁又能掌握全部知识，这使我陷入沉思。

在一次国际会议上，有位外国专家在报告中说期望看到中文版本。会后，我请朋友在国外找了英文原版书，又陆续阅读了许多图书佳作，其中不乏国际前沿科学成果专著，也有融入科学发现的纪实文学，或是科学知识的教育读本。要走一条中国原创科普作品的路。于彼时，我立下了这样的信念。这不是一件容易的事，却是一件值得奋斗的事。

于是，那一次极不平凡的课堂后，我在书中镌刻了这样一段话：

> 科学传播不仅仅是传播科学知识、科学发现和科学成果，其灵魂是传播实事求是的科学精神。科学精神是人类科技创新不朽的旋律，革命先烈曾秉承此信念建设了新中国；在中华民族伟大复兴使命的召唤下，需要老一辈的科学家、年轻的科技工作者以及全国人民，用实事求是的精神共同去实现强国、富国和大国崛起的“中国梦·科技梦”。

同样，在那一次触动的会议后，我在行动中践行了这样的梦想：

我有一个梦想，在青少年成长的路上，他们对未来充满迷茫和希望，在浩瀚的知识海洋中，能够燃烧生命去追求一生挚爱！

我有一个梦想，在人生遭遇困难和挫折的时候，我们能够在生活中坚强和勇敢，直面未知的恐惧和苦难的彷徨，以科学思想辟除虚妄，重燃希望！

我有一个梦想，在科学普及与科技创新两翼齐飞的旗帜下，源源不绝的创新土壤结出累累硕果，每一位默默耕耘的追梦人，都是最美的科技工作者！

七、“一生挚诚”：共建共享

科普是科学的普及，科学是全人类的财富，或许水在一点一滴时是如此微弱，汇聚成江河湖海却能滋养万物。世界民族之林生生不息，科学技术发展贯穿始终，科学普及事业必将蕴育出更加辉煌和灿烂的全球文明新时代！

科学不是一个行为或者说一个改变，而是一种行为模式或者一种认知积累，科学技术能够被称为是第一生产力，就绝不会轻易能够获得，甚至可以说是最难啃的“第一硬骨头”。犹如一幅名画，我们在读书或者学习的时候，老师常常会告诉我们这些世界著名画作的过人之处，可能还会带出专业晦涩的术语来评价，如果不是对艺术有着超乎寻常的激情，或是家庭环境的熏陶培养，彼时的我们可能还是无法体会到作品之伟大。偶然有一天，当我们有机会再接触一些初级或起步阶段的画作时，脑海中忽然闪现了曾经同类作品中的杰出名画，似乎都能与那些专业评语联系起来，或是尽管无法表达却在内心深处有着强烈认同感。

科普，是用通俗易懂的方式向公众普及科学技术知识、倡导科学方法、传播科学思想、弘扬科学精神。传播公众对健康卫生的认识，提高公众对疾病预防控制的意识，增强公众对科学知识和科技成果的关注。通过宣传融入百姓生活的喜闻乐见，通过承载科学知识理念的载体和活动，通过打造信息交流和互动参与平台，创造热爱科学、贴近人民、共建共享的自然和社会“大生态”。

科学家在探索发现科技创新的知识，还要在科技舞台上奉献科学普及的故事，让创新和科普两翼齐飞。一个强大的国家需要强大的科技做支撑，而科学技术的蓬勃发展则离不开科技载体的进步。要讲好中国科学故事，必须要有中华文化自信。科学文化是万年大计，科学创新要不忘初心，科学教育永远在路上。

没有全民科学素质的普遍提高，就难以建立起宏大的高素质创新大军，难以实现科技成果快速转化。当新时代科学技术的春天来临，科学普及似乎冰雪未融，却也已经蕴藏着大自然奥秘的源泉，愈将奔流向广阔的田野、崇峻的森林、蜿蜒的群山、雄伟的都市，将那些激情澎湃的精彩瞬间，汇聚成科技事业的磅礴力量，滋润着沃土中最深厚的根基。

本篇作者刘欢，中国科学技术大学副教授，中国科普作家协会理事、中华预防医学会生物安全委员会委员，国务院应对新型冠状病毒肺炎疫情联防联控机制科研攻关组专家，“典赞·科普中国”科普特别人物、“北京最美科技工作者”、“楚天科普人物”、“生命英雄”健康传播大使、“国际科普作品大赛科普贡献者”。主要从事病毒学史、世界医学史以及科学人文与健康教育研究，著有《剑与盾之歌：人类对抗病毒的精彩瞬间》《剑与盾之歌：瘟疫与免疫的生命竞技场》《流感病毒：躲也躲不过的敌人》《“小病毒大世界”健康科学绘本》《健康“智慧馆”：一千零一夜》等图书作品，三次荣获全国优秀科普作品、两次入选全国优秀科普视频作品、两次荣获中国科学院优秀科普图书等荣誉。

医学科普初探

□ 孙轶飞

一、谁来进行医学科普？

当我们谈起医学科普的时候，必须先回答一个重要的问题：医学科普与其他门类的科普有什么区别，其特殊性何在？不难想象，医学科普的特殊性在于它直接关乎大众健康，如果其中存在错误知识，有可能会对受众造成直接伤害。这一点和其他门类的科普形成了鲜明对比。

如果我们学到了错误的天文、地理知识，固然不是好事，但至少不会对身体造成危害，而医学知识的错误则十分直接。例如，饮酒对健康的威胁远远大于所谓的“好处”，但如果在科普中宣传“适量饮酒有利健康”这样的信息，则有可能产生误导，使大众更关注饮酒所谓“有益”的方面，而忽视了它所造成的真正危害。

正是因为医学知识的特殊性，所以在医学科普的过程中，科普工作者需要具备充分的、正确的医学知识。更重要的是，只靠读课本、专著和论文培养不出合格的医学人才，实践经验相对来说才更重要。

例如，在内科学教材中清清楚楚地写着心绞痛的典型症状是胸痛，但是在临床上，有些患者在发生心绞痛时可能表现为腹痛，而且很可能被其他腹部症状掩盖，想要正确、及时地进行诊断，需要医生具备全面的诊断思路。而这样的能力必须经过长期的临床实践才能培养出来。

理论结合实践的能力对于医学科普工作者至关重要，因为这项能力决定了医学科普的底线，也就是告诉大众在什么情况下不能自己解决问题，而需要及时到医院就诊，寻求医生的帮助。或者说，医学科普工作者必须清楚科普和诊断的界限。

例如，痔病引起便血是十分常见的，但并非所有的便血都是痔病导致的。溃疡性结肠炎、结直肠癌同样会导致便血，而且在很多情况下并不那么容易鉴别。简单地说，便血这个简单的症状存在多种可能，在科普过程中必须让大家明白在什么情况下可以自行处理、什么情况下需要及时就医。

医学科普工作者要能够掌握这个底线，这也正是对于其资质的要求，而这同时也说明应该由合格的医务工作者来进行医学科普。正是这些合格的医务工作者，才能承担起医学科普的重任。而这又引出了另一个问题，医学科普有必要吗？

二、医学科普有必要吗？

这个问题之所以需要讨论，是因为相对于我国庞大的人口基数而言，医务工作者数量远远不够，这使得他们的工作量相当饱和。在无比紧张的工作之余还要进行科普工作，很多医务工作者是存在抵触情绪的。那么，我们为什么还要让已经疲惫不堪的他们承担起科普的任务呢？

第一，普及医学知识可以使大众生活得更健康，自然也就减少了医疗行业的压力。第二，医学科普可以让大家及时就诊，避免延误病情，减少了危重患者的同时自然也减少了医生的工作量。这两个原因都是基于患者的视角，而从医生的视角看，科普能力同样十分重要，而且是必须的，这就是第三个原因，科普是医务工作者的必备能力之一。

医学科普是医学知识的普及、传播，而在医务工作者的日常工作中，和患者沟通、向患者交代病情是每天都要进行的工作，这个过程就是让患者有效地了解自己的病情，以及可选择的治疗方案。如果医务工作者仅仅是把一堆专业术语罗列堆砌出来，以这样的方式和患者沟通，是注定要失败的。可见，在医患沟通的过程中，医务工作者的目的就是向患者普及、传播其所需要的医学知识。这也是一种科普过程。

既然医患沟通能力是医务工作者应掌握的基本能力，那么科普能力本就应该成为医务工作者的一项基本素质。换句话说，医务工作者确实十分辛苦，而他们辛苦的工作中本来就含有大量的科普成分。当我们明白这一点之后也就知道，医务工作者所需要的是将自己日常工作的内容换一种形式呈现出来。如果对本专业知识不能得心应手地进行科普，或许也可以反思一下，自己在医患沟通方面是否达到了预期效果。

基于这样的思考，我们可以得出一个明确的结论，医务工作者不但应该而且必须具备科普能力，因为科普能力和医患沟通能力密切相关。明确了这一点之后，我们将进一步思考：如何进行有效的医学科普？或者说，医学科普的基本方法是什么？

三、医学科普的基本方法

进行医学科普的目的是让受众能够充分有效地接受信息。在完成一个科普作品之前，科普工作者首先要考虑这个作品的受众是谁，然后基于受众的受教育程度、对医学知识的了解程度完成创作。如果辛辛苦苦进行了创作，但是受众完全无法理解，或者进行了错误的解读，那么这个科普作品就是失败的，甚至起到相反的效果。

因此在进行医学科普作品创作之前，要先明确是在哪个平台传播、应该采取哪种方式进行传播。书籍、公众号、视频等媒介都是科普的阵地，而这些不同平台和传播方式所对应的受众是有很大差距的。我们首先要对受众进行用户画像，才能够决定专业术语的数量和深度，以及所涉及的知识难度。当然，最保险的做法就是把所有的受众都默认为不具备医学知识的人，对所有的作品都进行通俗易懂的解读。

想要做得通俗易懂有两个具体的方法。第一，对专业术语进行必要解读。对专业术语的解读正是基于之前所谈到的用户画像。一个术语对某些受众来说难以理解，但对于其他的受众就有可能是耳熟能详。假设一名医生对“如何防止静脉曲张”这一话题进行科普，当然要选择易出现该问题的人群作为受众，久站久坐的人都容易出现下肢静脉曲张，比如司机、医生。

如果医生来到公交公司，面对司机讲解相关知识，那么在涉及静脉瓣这个概念的时候，就必须进行相应拓展，去解释静脉瓣的功能，以及它和下肢静脉曲张之间的关系。教师也是很容易出现下肢静脉曲张的群体，但如果面向生物学教师讲解同样的知识，那可能并不需要解释静脉瓣的概念和功能，因为这是生物学教师很熟悉的概念。

通过这个例子我们可以清楚地看到，对用户进行画像，也就是了解受众的知识基础，对于医学科普而言至关重要。如果不向司机群体解释静脉瓣，科普的效果就会大打折扣；如果向生物老师讲解同样的内容，则会浪费双方的时间，降低效率。

至于医学科普的另一个方法，则是用已知的概念解释未知的概念。比如骨科医生在解释肩关节前脱位的时候，如果大量使用关节、关节囊这样的术语，显然并不利于患者理解。因为想要让患者从解剖学的角度理解这一疾病发生的原理，就需要对肩关节的结构和生理功能进行完整详细的解释。这不但需要花费大量的时间，而且科普的效果未必能够尽如人意。

但是，如果使用患者在日常生活中接触到的概念去进行解释，就能起到事半功倍的效果。我们可以这样解释，将捣蒜杵和捣蒜臼用一个塑料袋套住，这就是肩关节的简单模型，这两样东西都在塑料袋里没有出来，但是捣蒜杵从捣蒜臼里掉了出来，这就是肩关节前脱位。

事实上，医学生在大学期间也曾接受过类似的科普。那些编写医学教材的专家们同样希望知识能够有效传播，为了让学生直观生动地理解那些他们并不熟悉的疾病，这些专家们也已经使用了“用已知概念解释未知概念的方法”。因此医学生才会学到诸如“果酱样便、蛋花汤样便、巧克力囊肿”这样的词汇，可以说，所有的医务人员都曾经是被科普的对象，而在掌握了相应的知识之后，他们转变了身份，并把自己掌握的知识传递下去，这些正是科普的价值和魅力所在。

四、医学科普的界限

在医学科普的过程中，还有一个需要注意的细节，那就是具体案例的使用。对于每一位医护人员来说，在工作的过程中，总会遇到那些让自己印象深刻的、典型的、危重的病例。在进行科普时，这些案例也能帮助大家理解记忆。

医学专业教学和医学科普都是知识的传播，但是在具体案例使用的时候，仍然需要注意两者之间的差异。在医学领域内部的课程和会议中，医务工作者会大量使用具体病例。这些病例的使用受到医学伦理层面的限制，在使用前需要得到患者的授权同意，这也是对患者隐私权的基本保障。

在面向公众传播时，更是需要注意相关的医学伦理问题，特别是涉及患者隐私时。我们可以设想这样一个案例，如果一个公众人物接受治疗，而他的主管医生将病情公之于众，并且作为典型案例来进行医学科普，这一定会受到医疗行业内部以及社会公众的广泛批评。毕竟在没有征得当事人同意的情况下公布病情是违反医学伦理的行为。

人人平等，公众人物享有的权益对于每一个人来说都应享有，每一个人的基本权利都应该得到尊重，因此医生在使用案例进行医学科普时，必须要得到患者的授权同意，且要注意保护患者的隐私。

除了隐私权之外，医学科普还应该注意一道重要的界限，那就是避免猎奇。

身为一名曾多年从事肛肠外科专业的医生，笔者曾经撰写文章介绍过直肠异物这一问题。但是此后对这个问题进行了深刻反思，并认为直肠异物的情况并不需要科普。因为直肠异物并不适合患者自己处理，而应该及时就医，由专业医生进行治疗。在这种情况下，大众其实并不需要了解该问题的治疗方法，因此对于直肠异物了解仅仅停留在猎奇层面，这样的内容并不需要进行科普。同时，引起直肠异物的原因往往由并不健康的生活习惯导致，在科普的过程中，医生也不应该指导患者进行类似高风险的活动。基于这样的原因，与此相关的内容并不应该纳入医学科普的范畴。

事实上，在医学的很多专业范围内都有类似的情况。对于妇产科、泌尿外科、肛肠外科等专业来说，很多情况都容易陷入猎奇的境地，脱离了医学科普的原本目的，这更需要引起我们足够的重视。那么医学科普应该写点什么呢?

医学科普应尽可能选择具备普适性的内容。以肛肠外科专业为例，对于 45 岁以上的人来说，每 5 年进行 1 次电子结肠镜检查、每年进行 1 次便常规和潜血检查，可以有效地筛查结直肠癌。如果发现了结直肠息肉，可以在镜下进行及时处理。这种筛查可以有效地降低结直肠癌的发病率。这样的知识具有普适性，也能够使大众在认识结直肠癌危害的同时掌握有效的预防方法。

医学科普对于减少疾病所带来的危害、降低发病率有着十分重要的意义。这样的知识在全社会层面进行普及，不但对科普作品的受众有实际的好处，同时对减轻整个社会的经济负担、医疗资源负担等方面，都能够起到良好的作用。而这正是医学科普应该精耕细作的范畴。

本篇作者孙轶飞，科普作家。著有《照进角落的光》《用两百万年斗蚊子》《用显微镜看大象》《不止一个达尔文》等科普作品。科普作品获中国科普作家协会优秀作品奖银奖、深圳读书月十大童书、桂冠童书、河北省优秀科普作品三等奖、中国教育报 2022 年度教师推荐的 10 大童书等荣誉。

社交媒体时代，如何做好食品健康科普

□ 云无心

食品健康是备受公众关注的领域，也是科普需求最大的领域。跟其他领域的科普相比，食品健康科普的“门槛”并不高。前沿的科研工作者能做，一线的从业人员能做，非专业爱好者通过自学也可以做。所以，在社交媒体上，食品领域的科普内容汗牛充栋，各种图文、视频、音频随处可见。

对于公众而言，这种现象好比一把“双刃剑”。一方面，对于任何食品健康的问题，都可以轻易地获得大量的“科普知识”；另一方面，针对同一问题的“科普内容”不尽相同甚至互相矛盾，又让公众莫衷一是。

一、目的决定方式

当前，在社交媒体上从事科普的创作者，主要分为以下三种类型。不同类型的科普创作者对于“如何做好科普”有着很大的影响。

（一）业余爱好

第一种类型的科普创作者出于业余爱好。他们的出发点是分享所知道的知识。这样的科普内容可能是随性的、散漫的，写作方式上也没有“运营”的意识，基本上以内容的专业度来获得关注。

（二）第二职业

第二种类型的科普创作者是将科普创作作为第二职业。这一类型的“科普爱好者”在自媒体平台分享科学内容，其中一部分知识面广、表达能力强、投入精力多的人，会逐渐获得一些商业媒体、机构的关注，从而通过约稿、讲座以及平台流量分成等方式获得收益。这种收益又促进了科普创作者投入更多的精力——当投入和收益都比较高时，科普创作也就成为了作者的第二职业。

（三）主业以及“营销变现”

第三种类型的科普创作者是将科普创作作为主业。当第二职业大获成功，其中一部分杰出的科普创作者便会放弃原来的工作，把科普作为“主业”。到这个阶段，“科普”就会出现更多“营销变现”的特征。

第三种类型的核心是知名度和流量，而不是专业性。所以，很多并不具有足够知识背景的人，也可以通过“运营”来建立知名度和流量，从而实现“商业变现”，这就是通常所说的“科普营销号”。科普营销号所做的科普内容和方式，目标是通过“传播信息”来“吸引流量”，而往往并不在乎传播的信息是否“科学”。本文下面讨论的“科普”，是真正意义上“向公众分享可靠信息”的科学传播，而不是为了“吸引流量”的账号运营。

二、社交媒体时代的阅读特征

社交媒体时代，公众的信息来源极为丰富。报纸、杂志、电视、广播等传统媒体在信息传播中所占的比重越来越小，而自媒体平台等途径逐渐占据了主流。

跟传统媒体的“官方”“正式”不同，自媒体的信息随意性极强。“人人都是媒体”，各种平台、APP、小程序等，随时在推送鱼龙混杂的信息。因此，“碎片化阅读”也就成了这个时代主流的阅读方式。

碎片化阅读的过程大概如下所述：

第一，阅读者在繁杂的信息中（自媒体平台、新媒体门户等）看到一个标题，标题的文字决定了他是否会点开——这就产生了一个指标“点开率”。第二，点开之后，前几行文字决定了他是否继续读下去，或者说读到哪里——这是另一个指标“阅读时长”或者“完成率”。第三，读完之后，内容的语言和逻辑决定了他是否正确理解作者想要表达的内容。第四，理解之后，他对内容是否认可——能够被接受和认可，这条内容才实现了科普价值。第五，读者通过“评赞”来进行互动，并通过“转发”来进一步传播——社交媒体时代的阅读，才算完成。

对于真正的“科普”而言，至少要完成到第三和第四步，才算是成功的；而对于“营销自媒体”，只需要完成第一到第二步就达到目标了。在这样的背景下，真正的科普不仅仅是要“传播正确信息”，更重要的是“跟错误信息竞争流量”。而在“竞争流量方面”，准确的科学信息跟“科普营销号”相比有天然的劣势。这也是认真做科普的人很多，但错误的信息却随处可见，甚至占据优势的根本原因。

三、社交媒体时代做好科普的三大要素

因为信息传播渠道多样、传播速度快，同一个话题、问题会在短时间内出现大量的讨论与解读。绝大多数人都存在把“最先接收到的信息”当作“正确信息”的倾向。即便这些先入为主的信息是错的，很多人也会因为“最早接收到”而相信它，并且去捍卫它。这就给正确信息的传播带来了很大的障碍。

为了适应这种时代特征，科普创作者应该注意以下三个方面。

（一）把握时机

社会大众中除了占比不大的“科学爱好者”群体，一般人平时并不会对科普信息感兴趣。而在热点新闻事件出现的时候，公众对于相关的背景知识就会产生浓厚的兴趣。在这个时候，科普能够触及和影响的人群就会成百上千倍地增加。

对于科普，“蹭热点”是非常高效的传播策略。

一般来说，当新闻事件出现的时候，不仅是公众，大众媒体也都处于“背景知识真空”的状态。最先出现的知识性内容，就很容易被广泛传播。基于笔者的观察，热点事件出现之后的半天到一天之内，“有一定专业知识”的内容会在短时间内传播开来。到了第三天，如果不是非常深度、全面的内容，而只是比之前的内容“写得更好”，就很难被广泛传播。

所以，抓住时机，在第一时间提供“有专业度”的内容，是社交媒体时代科普的一大要素。当然，在“抢时效”“蹭热点”的时候，应该保持谨慎：科普内容的深度和广度可以妥协，但专业性和可靠性不能妥协。也就是说，科普创作者可以不说那么多，但要保证说的内容“没有错”——如果不确定，要明确表达自己的“不确定”，给自己留下“余地”。否则，言之凿凿之后，如果事实有错误，就会给公众留下“轻率”“不靠谱”的形象，损害自己的公信力。公信力的缺失，对于长远的科普是致命的。

（二）内容至上

从根本上说，科普的作用是“传播科学信息”。所以，不管是业余科普爱好者、全职科普人还是科普营销号，都应该追求内容的准确性。合格的科普内容，应该让读者读了之后获得新的信息，同时还必须是准确的。

下图（图 14）是科学信息的“证据金字塔”，越往塔顶，其可靠性越高。

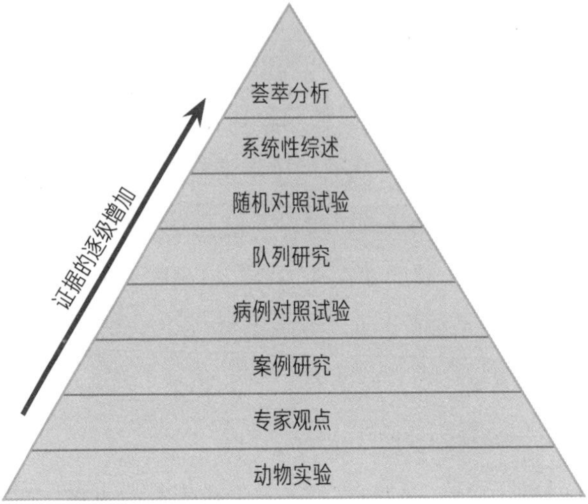

图 14　证据金字塔

这其实是从“科学证据”的角度来说的。在医学健康研究中，“随机对照实验”是评估有效性与安全性的“金标准”。不过在这个金字塔上，它还不是最高的。在它的上面，还有“系统性综述”和“荟萃分析”。所谓“系统性综述”通常是把当前所有相关的研究汇总到一起，进行梳理总结后得到的结论。“系统性综述”是定性的总结，而“荟萃分析”则是定量的总结，是把过去所有的人群研究数据汇总到一起进行的分析。“荟萃分析”集成了此前该领域的所有研究数据，结果就比单一的随机对照试验研究更为可靠。

在这个金字塔中，“专家观点”处于较低的位置，仅仅比“动物实验”更高一些。这里需要强调的是，专家的“个人观点”和专家介绍“行业共识”在表现形式上都是“专家观点”，而其可靠性是完全不同的。比如有喜欢喝酒的专家宣称“适量喝好酒有利健康”，就只是“个人观点”，可靠性不高；而有专家讲解“每天不超过 400 毫克咖啡因，总体上有利健康”，就是介绍基于“系统性综述”和“荟萃分析”的科学共识。

对于面向公众的科普，还有两类比“荟萃分析”的结论更为可靠的信息：国家标准和权威机构的指南。这是因为，“系统性综述”和“荟萃分析”都是针对科学证据的总结，而国家标准和权威机构的指南则是在科学证据的基础上，考虑了更多的现实因素而制定出来的“可操作规范”。它们不仅跟“系统性综述”和“荟萃分析”的结论一致，而且考虑了经济、监管、容错性等因素，对于公众利益有更大程度的保障。

在对公众科普的时候，可以认为这些政府以及国际机构指定的法规、指南与综述具有足够的可靠性，可以直接科普给公众，比如国家卫健委、国家疾控中心、农业农村部、世界卫生组织、联合国粮农组织等。

此外，一些世界著名的科学机构以及社会机构，比如美国国立卫生研究院、梅奥诊所、美国儿科学会、美国心脏学会、著名大学的官方网站上，也会有一些对特定问题的综述。虽然这些综述只是“二手资料”，但综述者通常是专业学者，并且以机构的名义发布，也就具有很高的专业性和可靠性。

在科普内容上，科普作者应该经常提醒自己以下三点。

第一，把“个人偏好”与“科学共识”分开。可以向读者介绍自己的观点，也可以给出自己观点的理由，但一定要明确说明只是“个人选择”，科学上还有其他的观点，并介绍支持那些观点的理由。

第二，慎用专家个人观点。前面提到了专家“个人观点”与专家介绍“行业共识”的区别。在科普过程中，对于前者，不应把专家的个人观点作为证据；而对于后者，直接介绍行业共识即可，没有必要拿专家来“站台”。所以，在科普中引用具体专家，应该限于其具体研究，而没必要用其“态度”来支撑结论。

第三，有些科普是介绍“最新研究”。科普者应该明白，“最新研究”只是该领域的“又一项科学证据”，它不代表“正确”，更不意味着“推翻了以前的研究”——如果宣称“改写了以前的结论”，那么需要极强的证据。在大众媒体上，很多关于“最新研究”的报道，往往只是源于其他媒体的新闻通稿，经常扭曲、演绎原始文献的陈述与结论。负责任的科普作者，一定要找到原始文献，认真读懂，才能去进行科普。否则，只是根据其他媒体的报道，就很容易陷入“选择性呈现”的误区而以讹传讹。

（三）尽量互动

在传统媒体中，信息的传播是单向的。也就是说，作者把内容提供给媒体发布，读者接收信息之后，很难有机会进行反馈，更难与作者互动沟通。而在社交媒体传播中，信息接收者可以很方便地进行反馈，与作者以及其他读者进行沟通交流。

对于科普创作者来说，充分利用这种互动功能，能够更好地了解读者的需求以及对于内容的理解，并且可以扩展科普内容，同时增加读者的信任。

选择有价值的评论进行互动，是很重要的。科普创作者在和读者进行互动时，应注重以下几点。

一是跟同行积极互动。在社交媒体的科普传播中，经常会遇到同行，甚至是对该科普话题了解更加深入直接的读者，能对科普内容进行补充或者修正。这对于科普是很有好处的事情，作者应该尽量积极参与，互相交流。

二是跟读者互动时要保持淡定的心态。对科普内容的评论，尤其是辟谣和一些有争议的话题，会出现大量谩骂攻击的评论。作为科普创作者，一定不要把精力花在跟这样的评论斗气上。可以置之不理，可以通过平台的举报投诉机制解决，也可以直接删除。对于普通读者提出的理性探讨或质疑，即便是问题本身很“小白”，也尽量友好地解答。这不仅仅是回答一个读者的问题，而且是对于理性探讨的鼓励。

三是坦诚地对待错误。因为收集信息的疏漏，科普内容中出现错误或者疏漏是难免的。对于出现的疏漏和错误，“坦诚承认并且及时纠正”是解决问题最简单的办法。对于指出错误的读者，即便对方出言不逊，也要诚心接受并且客气地表示感谢。面对科普出错，最大的错误是狡辩或者转移话题，这会让读者对科普创作者的信誉产生怀疑。

四、你说得对，为什么读者理解的信息却相反？

很多时候，明明是正确的科普信息，而公众的理解却出现严重的偏差，甚至完全相反。科普创作者应该提醒自己：如果公众并没有正确理解传播的正确信息，那么传播就是失败的。

这种情况，在一线科研人员（尤其是没有科普经验的科研人员）面向公众的时候很容易出现。从根本上说，是“专业语言”与“公众语言”不一致、“科学逻辑”与“大众逻辑”不一致造成的。下面举几个例子来说明这种情况。

（一）为了简单明确而牺牲科学严谨

公众喜欢“简单明确”的结论，所以很多科普创作者会把科学结论“简单化”，认为这样做“接地气”。比如，在胶原蛋白的科普中，很多科普创作者会说“蛋白质消化成氨基酸才能被吸收，所以吃胶原蛋白不能补充胶原蛋白”。这个说法看起来简单明了，理由充分。但是，“蛋白质消化成氨基酸才能被吸收”这个结论并不严谨，实际上，蛋白质消化成氨基酸、二肽、三肽甚至更长的多肽都有可能被吸收进入血液。本来，吸收进入血液跟能被人体利用合成胶原蛋白不是一回事，“胶原蛋白肽能被吸收进入血液”并不能说明“吃胶原蛋白能够补充胶原蛋白”。但是，胶原蛋白的营销者拿着“胶原蛋白以多肽形式被吸收”的科学文献来指出“蛋白质消化成氨基酸才能被吸收”的科普不符合科学事实，对于胶原蛋白营销的目标人群就有了巨大的冲击力——在他们看来，原来辟谣胶原蛋白的“科普”是假的，推销胶原蛋白的“科普”才是“科学”的。

（二）被公众“抬杠解读”的“科学严谨”

与前一种情况相反，有些科普创作者会直接把“科学表达”传达给大众。但是，科学表达方式中有一些“默认逻辑”跟大众逻辑是不一致的，也就会导致“严谨的科学表达被公众理解出相反的结论”。比如在转基因科普中，“迄今为止没有发现过转基因食品导致的食品安全事故”是一个标准的表达，“没有发现过”是一个对过去事实的描述。但是，在大众逻辑里，这句话会被解读出两个意思来：一层是人们食用转基因食品的时间还不够长，现在没发现，以后可能发现；另一层是可能发生过，只是“没有被发现”而已。于是，这样一个“看起来很科学严谨”的表达，对于“对转基因安全性充满疑虑”的读者就几乎没有帮助。

类似的例子，还有“无证据表明……”“长期过量摄入 ×× 会导致……”等，都是能说服本来相信你的读者，但对于心存疑虑的读者不仅没有说服力，反而可能加重疑虑。

（三）暗示另一条错误信息的“正确信息”

有一些关于食品健康的谣言是针对某种食品。在辟谣时，有些科普创作者会用一种“为当事人辩护”的心态去科普，但在客观上却可能“默认”了其他的谣言。这样的情况，对于“为目标食品辩护”而言是成功的，但协助了其他谣言的传播，从传播科学的角度来说是不对的。

比如有专家这样来科普转基因，宣称“逾 80% 的中国人吃过转基因食品”。

专家说的“转基因食品”其实是指“转基因大豆饲养的动物、转基因大豆加工的豆制品、转基因大豆油炒的菜”。这样说本身也不算错，但存在两个问题：一是转基因大豆进口后一般不直接加工成豆制品，而是分离成油和豆粕，而豆粕基本上做了饲料，所以“转基因大豆加工的豆制品”实际上很少。二是“转基因大豆饲养的动物”跟公众所说的“转基因食品”并不是一回事，这里有偷换概念之嫌。更重要的是，国家对于转基因食品的监管策略是“明确标注，尊重选择权”，很多公众希望通过监管和选择权来“规避吃到转基因食品”，而专家说“你们大多数人已经吃过了”，对于公众来说就是“我不想吃，而你们已经偷偷让我吃过了”——形成这样的“认知”，会让公众有一种“被欺骗”的感觉。这对于公众正确看待转基因食品并没有预想的帮助。

其他的典型例子，还有用“圣女果不是转基因的，可以放心吃”去辟谣“圣女果是转基因的，不能吃”；用“转基因大豆油来自转基因作物，但不含有转基因成分，可以放心吃”等，对于传播科学而言都是“填上一个坑，同时挖了另一个坑”。

本篇作者云无心，清华大学生物化学硕士，美国普渡大学食品工程博士，食品行业资深研发人员，曾在美国从事食品研发十余年。2016 年回国发展，从事食品健康科普自媒体、健康食品设计开发以及为食品企业提供技术服务。2006 年开始从事食品健康科普写作，先后在《瞭望东方周刊》《读者（原创版）》《时尚育儿》等十多家大众媒体上开设过科普专栏。出版了个人科普系列文集《吃的真相（1—4）》《万物皆有理》《识食物者为俊杰》《食物的逆袭》《吃的常识》《击破！舌尖上的谣言》等，其中《吃的真相》《吃的真相 2》入选国家文津图书奖推荐图书，《识食物者为俊杰》入选 2020 北京市优秀科普读物推荐书目。微博粉丝超过 440 万，荣获微博 2021 十大影响力科普大 V。担任《舌尖上的中国 2》《风味原产地》科学顾问，《风味人间》系列纪录片首席科学顾问。

对营养健康科学传播的理解和体会

□ 范志红

自2003年以来，随着社会经济的发展，我国居民对食品安全和营养健康的关注度日益上升。从2003—2013年，食品安全话题占据了各大媒体有关食品健康版面的主流位置。与此同时，各大媒体中的大量谣言信息给居民带来了巨大的恐慌，也给农产品生产者和食品企业造成了巨大损失。2008年之后，我国食品安全治理卓有成效，再加上科普人士、相关学会、管理部门的密切协作，2014年之后，我国严重的食品安全事件逐渐减少。而随着肥胖和慢性疾病发病率的增加，营养健康话题逐渐成为大众关注的焦点。

作为一个从1992年开始科普活动，经历了纸媒、电视媒体、网络媒体时代的资深科学传播人，在这里就营养健康领域的科学传播问题，分享笔者个人有限的经验和粗浅的思考。

一、营养健康科普的特殊难度

对任何领域的科普来说，保持科学性都是一个最根本的要求。但是对营养健康领域而言，把握好传播内容的科学性却非常艰难。主要原因包括以下几个方面。

第一，营养健康内容有不同版本，研究结果变化较快。例如，各国的膳食指南曾经对胆固醇摄入量提出了 300 毫克的限制，但几年前各国又都纷纷取消了健康人群的胆固醇摄入限制，除非是患病人群才需要遵守医嘱进行限制。又如，曾经的研究认为肾结石患者不宜从膳食中摄入较多的钙，而现在的研究结果又认为膳食来源的钙有利于预防肾结石。原来认为绿叶蔬菜中的硝酸盐是食品安全风险成分，而现在则认为它有利于扩张血管、降低血压、改善运动能力，属于有益健康的成分。

第二，有关食物及食物成分与健康的关系，很多研究结果不一致。例如，吃鸡蛋是否会增加心脑血管疾病风险和全因死亡率，20 年来的研究结果差异甚大，最适数量也莫衷一是。又如，吃 omega-3 脂肪酸是否有利于预防心脑血管疾病，结果也不一致。在部分问题上，学术界还存有一定的争议。例如，碳水化合物摄入量与健康的关系，轻断食和断食与预防疾病、预防衰老的关系等。

第三，对营养健康相关研究结果的解读可以有很大的弹性。它不像工科研究结果那样客观，也不像食品安全科普那样只要掌握风险分析和剂量关系的基本理念就可以明确。营养健康领域的研究结果可以做多角度的解读。例如，一些研究发现代糖并不能降低肥胖风险，甚至可能会让部分受试者增加食欲。这个信息可以解读为不能因为代糖饮料热量低就放开喝，但也可能被误解为“代糖饮料会催肥”或“反正代糖也没有益处，不如直接喝含糖饮料”。

第四，研究结果必须与国情、人群、体质的差异相结合进行分析，找出其适用性。例如，欧美多项研究发现，多摄入牛奶并不能降低骨质疏松风险。这被部分人解读为中国人无须像西方人那样每日摄入乳制品。但那些研究的结果都是在钙摄入量较高的人群当中得出的，并不能证明在低钙摄入量条件下摄入乳制品也没有益处，需要告知读者这个结论的重要前提和适用范围。

第五，很多读者关心的问题，还没有个体化的循证医学证据。大众关心的往往是非常细节的个体化问题，比如煮杂粮饭之前浸泡多长时间，才能既好吃又不至于血糖指数太高，每天一个鸡蛋是蒸着吃还是煮着吃比较好，水果蒸熟了和生吃的防病效果有多大差异等。而这些问题中绝大多数无法找到可靠的人体实验来给出答案。

第六，研究结果的某些解读，还可能与商业利益相关。例如，对推广生酮饮食相关产品的人来说，由于可以从中获取巨大的经济利益，因此对所有说碳水化合物不利于健康的研究结果都会大肆渲染，过度解读。“多吃碳水化合物会早死”之类的标题不绝于目。又如，对销售鱼油的人来说，凡是有关 omega-3 脂肪酸有利于健康的研究都会被暗示为吃鱼油产品的好处。

二、全面而公正的文献研读和解读

正因上述原因，要传播营养健康方面的信息，对原创型科普者的要求非常高。

对科普者而言，一个比较简单粗暴的方式，是直接把新的研究结果报告给读者。但如果只有这样的科普信息，反而会容易引起大众的思维混乱。如果全面、综合地告知读者，难度又非常大。这就需要科普者从以下几个方面着手思考。

第一，需要对很多研究主题的结果进行持续的跟踪。和做研究时仅仅跟踪一个很窄的方向相比，做科普需要涉猎的文献范围要广得多，经常需要就某个主题进行文献搜索，需要花费大量的时间精力。

第二，要对研究的质量、方法和结果细节进行审查，以便分析各研究之间存在结果差异的原因，并对读者解释这些差异的原因。要告诉大众，营养学研究领域并没有那么多“颠覆性”的研究结果。很多看似相反的说法，只是因为研究是在不同受试者中实施，用不同方法做分析，或对研究结果进行不同角度的解读。

例如，一项多国流行病学研究结果被某些推崇生酮饮食的自媒体解读为“多吃主食死得快”，但其中所说的“多吃”，是指碳水化合物供能比超过 65% 的情况。然而目前在我国城市居民当中，碳水化合物供能比通常在 50%—55%，正处于该研究中认为全因死亡率最低的范围。所以，该项研究的结果完全不能推出“日常主食要减量”的行动指导，更不支持长期食用低碳水化合物饮食的说法。

第三，科普某个具体研究结果时，需要全面考虑各种类型的读者。例如，讨论吃红肉是否健康时，不仅要考虑预防慢性疾病的因素，还需要兼顾可能有部分读者存在缺铁性贫血的情况，这部分读者可能以往肉类蛋白质摄入不足，而存在微量营养素缺乏。在一篇科普文章中，要尽量把方方面面的考虑都写进去，特别是在文章结尾的地方加一些“温馨叮咛”，以免对部分读者造成误导。

从以上分析可知，仅仅讨论文献、引用文献，并不能保证健康相关科普内容的科学性。特别是在市场经济时代，一些产品推广往往会打着科普知识的旗号，炒作某些科学概念，过度解读某些研究结果，对受众进行误导。科普者需要站在科学、公正的立场上，考虑可能出现的误解，提前做出解释，尽可能保证自己所传播的内容真正有益大众健康。

三、拓展知识基础，将研究、科普和生活结合起来

社会大众在饮食生活中所遇到的各种问题，往往非常细节，非常繁杂，并不能直接从文献中找到答案。要综合相关文献信息和基础知识，梳理出对读者真正有指导意义的内容，往往需要综合多学科的知识。这对科普者的知识基础和分析能力的要求非常高。

除了阅读最新研究文献之外，科普者在科学传播当中要注意发挥自己专业范围较宽的优势，并努力将教学、研究和科普结合起来。笔者的研究方向是有关食品烹调加工配合中健康相关成分的变化及血糖反应，那么在给社会大众进行科普时，就可以融汇自己所教授的食品化学、食品营养学和应用营养学课程的内容，以及其他相关专业基础课程，作为分析解决饮食健康相关问题的基础。例如，讨论吃剩米饭是否会增加抗性淀粉摄入的问题，涉及很多具体情况：什么品种的米，什么温度条件下储藏，是冷藏还是冷冻，储藏之后如何再次加热等。由于我教授食品化学课程，了解淀粉糊化和老化回生的相关影响因素，也做过淀粉不同消化

速度组分的相关研究，对回答这类问题就能驾轻就熟。要想把这类问题回答好，科普者如果只有医学背景，而不了解食品相关的知识，就很难通过具体情况分析而给出正确答案，甚至可能给出错误的指导。

四、尊重受众，建立平等而温暖的交流气氛

在科学传播中，有部分受众对科学知识本身感兴趣，属于科学爱好者，具有较好的逻辑思维能力。但就健康传播而言，这类人所占的比例并不大。大部分人并不具备非常好的科学基础和逻辑能力，甚至连常识都有所缺乏。有些传播者就会觉得部分读者很愚昧。

尽管有部分受众喜欢看博主怼人的热闹，但我认为这种交流态度是不可取的。我们只是碰巧学了这个专业，比别人多了解一些相关知识而已。换一个学科，我们也同样是“小白”，也会犯很多“无知”的错误。我一向提倡作为科普传播者，要放平心态，尊重受众，换位思考，设身处地为受众着想，为他们解决饮食生活中遇到的各种困惑和问题。

至今为止，笔者已经免费回答过至少 15 万个网友提出的问题。有些问题已经回答过多次，但我仍从不同角度反复回答，从不轻视他们。这在一定程度上能够让读者感受到科普者的诚意，以及科普者对他们的尊重。同时，科普者也能够从受众的反馈中了解到很多实操方法的效果。

通过这样的长期努力，我收获了很多忠诚的粉丝。有一部分人是因为我传播的内容对他们有帮助而关注我，也有很多人是因为信任我而愿意采信我发布的内容。甚至还有一些人，是因为喜欢我这个人本身而长期追随我的自媒体。他们说，在我的自媒体内容中感觉到了平和的心态和温暖的关心。在我所发内容及其评论中，能得到促进健康生活的正能量。

通过这样的长期努力，我的微博粉丝中聚集了很多积极热情的资深粉丝。他们乐于分享自己的健康进步体会，分享自家的营养饮食经验，也帮助我回答一些

常见问题。我会给他们点赞，向他们表达我的感激，感激他们帮助营造一种温暖、美好和健康的自媒体氛围。这种氛围是一种巨大的凝聚力，不仅增强了粉丝的黏性，还能产生志同道合的归属感。

五、传播的目标是改变受众的行为

大部分学科都可以通过物化研究成果来泽被大众。用手机的人不需要知道手机的制造原理，做 CT（电子计算机断层扫描）检查的人也不需要知道 CT 的成像机制。但是营养科学不一样，无论知道多少健康知识，了解多少营养素数据，如果不能把这些知识应用于饮食生活当中，就无法让科学研究的结果发挥促进健康的作用，也难以起到增进人类福祉的社会效益。

介绍先进的科学理论，讨论最新的研究结果，对医生和营养师是有所帮助的。但对健康传播者而言，传播的根本目标是改变受众的健康行为和生活方式。这就是健康相关科学传播的最重要特征。

在仰之弥高的营养科学研究和根深蒂固的大众饮食习惯之间，有一个巨大的鸿沟。科普传播就是架在这个鸿沟上的桥梁。在 30 多年前，我认识到这一点之后，产生了做科普的初心——要通过科普营养知识来促进大众的健康。

例如，减油应当怎么减，难道每天用白水来煮菜？减盐应当怎样减，是不是做菜就不要有咸味了？饿了应当吃什么零食？单身生活，怎么做到食物多样化还要避免剩饭剩菜？上班族怎样煮杂粮饭？下班后去健身，晚饭应当怎么吃？在健康饮食的实操层面上，普通大众有太多的困惑和艰难。根据行为改变的相关科学理论，科普者应着力于了解受众健康饮食中的制约因素，减少他们在行为改变时遇到的各种障碍。

在健康自媒体如春花烂漫的时代，要想做到“她在丛中笑”，就要持续关注受众的需求，并不断地供给他们健康饮食中各种难题的可行解决方案。这些解决方案看似简单，其实需要综合多学科的知识，需要有深厚的生活经验作为基础，还需要有足够的体贴和爱心。

从杂粮应当怎样泡怎样煮，吃不完的菜应当如何安全保存，进餐顺序应当如何改变，提升食物多样化的方法，到少油又美味的蔬菜“水油焖”烹调……很多由我原创的相关做法，已经被纸媒、电视、广播和自媒体反复传播，逐渐成为常识。尽管最终受众可能并不知道很多做法是由我推出的，但这些细致入微的解决方案，切实改变了千万受众的饮食行为。

目前食品界和健康界涌现出了很多年轻的科普者，从文献阅读能力，到文字能力，到形式包装能力，都已经非常优秀。但其中不少人的科普内容中科学知识多，生活操作性弱，改变受众行为的能力还需要加强。

六、营造健康的科普生态系统

科学传播是一个生态系统，每一个人都要找到自己的生态位，在这个系统中做出自己的贡献。有人擅长视频，有人擅长漫画，有人擅长文字。有人更了解医学，有人更了解食品，有人更了解烹调。有人是专家风格，有人是亲切风格，有人是可爱风格。有人专职做科普，有人兼职做科普。有人做纯公益，有人做知识付费，有人做知识变现。

在遵守法律法规和科学公正的前提下，一个好的科普生态系统，应当是包容的、多样的、和谐的。正所谓“万物并育而不相害，道并行而不相悖”。

科普者要有科学态度，也要有博大胸襟。不能苛求，不能垄断，不能搞一言堂和个人崇拜。人说一万句话，总会有一些不那么到位的地方。知识面再广，也会有一些知识盲点。即便有点小错，只要指出来之后愿意改正就可以，没必要一棍子打死，更不能动不动就贬低别人。

这么多年来，我总是支持和转发同行所发出的优质内容，或在别人内容的基础上再做补充说明。别人如果对我发的内容提出批评，只要是科学合理的，我就马上修正。如果我认为自己是对的，那就拿出证据来讨论。如果我认为讨论没有意义，或者无法展开不带情绪的平等讨论，通常就保持沉默。一个健康的科普生态系统，需要我们每个科普人共同努力维系。

七、推动更多的人做科学传播

一方面，要培养更多的青年人才加入科学传播工作中。

研究生在进入实验室之后，我都会鼓励他们写科普文章。同时也鼓励上营养学课程的本科生参与科普文章撰写活动。如果在正式刊物或自媒体平台发表至少3篇科普文章，就可以获得我自费设立的“范志红营养奖学金”。虽然学生们一开始写科普文章并不顺利，但经过一段时间的磨炼，终能培养出一批对营养科普感兴趣的学生。他们中的一些人将来愿意加入食品营养信息传播的科学传播工作中。

另一方面，也要呼吁更多的专家加入科学传播的队伍中。

多年来，我介绍了许多同事和同行接受媒体的采访，或参与电视节目制作。我从十几年前就一直表明态度，专业的问题一定要由专业的人来解答、来科普。不是随便问个医生就可以搞定所有的食品健康问题。例如有关鸡蛋品质的问题，就应由研究蛋品的老师来解答；有关水果的问题，就应由研究果蔬保藏的老师来解答；有关畜禽药物的问题，就应由动物医学方面的老师来解答。

随着全社会对科学传播事业的日益重视，近年来参加食品与健康方面科普活动的专家越来越多，青年人才也越来越多，已经到了“山花烂漫时”。对营养健康相关科普内容的研究，对科普作品形式的探索，也越来越丰富了。科普的春天真的到来了。

本篇作者范志红，中国农业大学营养与健康系研究员，注册营养师，“范志红_原创营养信息”和“范志红注册营养师”自媒体作者，中国食品科技学会理事，中国营养学会食物与烹饪营养分会副主委，中华预防医学会健康传播分会理事，北京营养师协会理事。著有《吃出健康好身材》《范志红详解孕产饮食营养全书》等科普图书 25 本；科普文章被报刊转载超过 6 000 篇，在电视健康栏目出镜超过 1 000 期。2015 年获评首届“典赞·科普中国”十大科学传播人，获得科普相关政府、学会和媒体奖励 20 多项。

用“酒神精神”做天文科普
——对天文科普讲座的思考

□ 高　爽

一、天文科普应怎么做

你看过这样的宣传片吗？航拍、长镜头，美轮美奂，讲述一所大学、一个研究所或者一位科学家的故事，用珍贵的素材列举他或它的成就，如何一步一个脚印地发展到如今，并且更加辉煌向上。这种宣传片的讲述姿态，宛如在日光之下，灿烂纵横。如果天文科普也采用这样的方式，是否也会有同样的效果呢？

天文学是自然科学中的一门学科，但它最为独特。典型的自然科学，比如物理学、化学、生命科学、地质学等学科，都是用实验的研究方法收集、归纳自然现象。物理实验室里有打点计时器、小车运动、磁铁，化学实验室里有燃烧、爆炸和变色，生物实验室里有老师解剖蟾蜍，地质学实验室里有地质学家研究带回的野外矿石……唯独天文学不能做实验。天文学只能观察天文现象，而且是被动观察，等待现象的自然出现。天文学的特殊性不会影响天文学研究，其研究范式自有成熟的脉络可循。但是由于缺少实验操作，又远离应用场景，天文学的特殊性给科普工作带来了诸多困难。

我在从事天文科普的实践过程中发现，天文科普最大的困难不是表达方式和展示方式这类技术问题，而是回答受众的需求的问题。表达方式和展示方式固然重要，可互动的展示方式、图文并茂的传播媒介、轻松幽默的讲述风格都会给天文科普工作加分。但是，受众普遍关心一个问题："我为什么要关注天文学？"大众为什么需要关注恒星演化的规律，为什么需要知道银河系的基本结构，又为什么需要了解宇宙起源的过程？

"满足科学新知"不一定是最好的答案。科学新知有很多，对大众来说，知识的新颖程度也不是最重要的考虑因素。100 年前提出的知识和今天的知识可能对科普受众来说同样陌生，也可能都是科普需要涉及的内容方向。

这样的问题，是天文科普绕不过去的问题，也是探索科普工作市场化的基础。我们直面这些问题，就是站在受众的立场上思考天文科普，即以人为天文科普的核心，而不再以天文学知识本身为核心。

二、科学也是英雄之旅

科普工作不同于科研工作。科普工作具有服务性质，服务的对象是科普演讲的听众、博物馆的观众或科普书的读者。服务的目标是给受众带来丰富的科学体验，体验的内容是科学过程中人的精神和情感。优秀的科普电视节目"发现频道（Discovery Channel）"的制片人曾经说过，他们从来不做科普节目，他们做的全部都是娱乐节目。此言不虚，智力的娱乐也是娱乐，科学精神和探索精神的体验也是娱乐。所以，科普作者在科普讲座中，要贯穿的核心思想不是科学知识本身的推导过程，而是具体的人或者人类社会探索的历程。根据讲座主题的不同，历程可长可短。比如，在讲述探索地外文明的故事时，可以基本涵盖 20 世纪以来的现代天文学观测和航天探测的过程。再比如，在讲述勒维耶预言水星轨道之内还存在另一颗行星的故事时，可以介绍天文学近代发展历程中的一段公案。

讲故事讲的是个体或人类的历程，从文学和神话学的角度看，有张力的、引人入胜的、简洁的历程一定符合英雄之旅的发展规律。一位有缺陷的英雄登台亮相，本来平静的生活因突发危机而被打破，英雄被迫面对挑战，在反复与对手对抗的过程中，逐渐认识到自己的缺陷，通过努力，克服了缺陷，最终战胜了最大的敌人即自己，赢得胜利，回到平静生活。这样一种英雄之旅的叙事，完全符合中西方经受过时间和文化考验的讲故事逻辑。但是，因为天文学的特殊性，只在叙事逻辑上满足英雄之旅稍嫌不够，在叙事的姿态上还需要“酒神精神”。

三、“酒神精神”与天文科普

尼采用太阳神（或称日神）与酒神的二元对立元素分析古希腊戏剧，写成了《悲剧的诞生》一书。太阳神阿波罗永远光荣、伟大、正确，一尘不染，永不说谎，言出必行，箭无虚发，一身光亮，没有任何黑暗的角落。太阳神所到之处，音乐慷慨激昂，阴霾退去，一切丑陋都不能存在，万物遵循秩序和逻辑，完美无缺，蒸蒸日上。而酒神是宙斯的另一个儿子，阿波罗的兄弟，被天后赫拉迫害。酒神沉迷宴饮和醉酒，显得颓靡和阴郁，充满了感性的情绪，表达着人性的欲望。

太阳神和酒神这组二元对立的概念，像极了人性的两面。从古希腊开始，太阳神精神和酒神精神一直相得益彰，不曾疏远。但在牛顿之后，人类掌握了知识，开始用机械的方法理解宇宙规律，牛顿力学的巨大成功给人类带来了前所未有的智力自信。直到后来的工业革命，人类一次又一次用科学与理性的精神，也就是太阳神精神，探索大自然，取得了卓越的成就。现代社会也因此得以形成，人类进入了完全崇尚理性、逻辑与秩序的时代，也就是酒神退场的时代。

酒神退场的科学，是科学主义盛行的世界。科学主义世界观后果严重。人们习惯“用概念指导人生”，使现代人的生存具有一种“抽象性质”，浮在人生的表面，无家可归。同时又使人产生可怕的世俗化倾向，就像马克思预言的那样，一切和创造价值无关的活动都被视为不务正业。现代人的这种生存状态必然反映到科学文化上，精神上越是贫乏，知识上就越是贪婪，思考不下去，就只好用知识来填充自身。用流行的语言说，我们开始追求“干货”。

受到这一系列思想的影响，我们当前的科普，尤其是天文科普，也是太阳神精神的体现。大量的科普讲座本质上是人类理性成就的功勋簿，是逻辑秩序的颁奖台。功勋簿和颁奖台是暂时的荣耀，却不能代表真理的普及。尼采在《悲剧的诞生》一书中说，科学“在某种意义上”说几乎是“真理的敌人”，因为科学是乐观主义的，它相信逻辑。在天文科普中如果过分强调科学理性的光明正确，给大众的感受是：反正你是对的，无论有什么困难，你最后都是对的。“太阳神精神”吞噬了一切，让人不能直视，只能心不甘情不愿地承认。所以，我尝试着在科普讲座中引入了“酒神精神”。

比如，在讲述祝融星的故事时，我叙述的核心是“天文学家的集体失败”。我会探索失败的原因，天文学家内心的欲望和追名逐利带来的困惑。他们是人，他们的血肉才是我们亲近他们的原因。再比如，在讲述牛顿的故事时，我必会讨论牛顿的身世和性格的孤僻；在讲述阿波罗登月计划的成就时，我也会强调值守在月亮轨道上的“第三人”。他虽然没有机会像阿姆斯特朗那样站在月亮上，但他的工作保障了阿姆斯特朗的平安归来，这样的角色内心不孤独吗？独自一人在月亮轨道上等待队友，他的感受是什么？

我曾经为小学生受众分享过以“太阳系尺度”为主题的科普讲座，讲座中故事的主要线索，是系主任安排我在学校花园小路上制作的一套太阳系行星等比例模型。经过计算，我发现这个任务无法完成，因为宇宙空间过于空旷，如果按照真实的比例，即便把最小的行星做得非常小，整个太阳系也没办法装进学校的花园范围之内。这是我个人的“英雄之旅”，是一次失败了的挑战，但从获得知识的角度看，传播又是成功的。

如果要概括我所有的科普讲座的共同之处，那就是它们的内容中都有失败的英雄，有任务的私心，有挫败感的体验，有孤独和战争，有敌对和不安。总之，就是没有普天同庆的“太阳神精神”，至少不全是“太阳神精神”。

只有“太阳神精神”的科普内容，会给受众传达一种意识形态上的错觉：科学等同于真理，科学家就是掌握客观真理的人，科学的就是正确的，错误的就是不科学的，科学的困难全部都是暂时的，科学家必然能够战胜全部困难，推动科学走向灿烂的胜利，最终科学将无所不能，覆盖一切。大到宇宙的诞生、演化和宿命的问题，小到微观世界的生命过程、微生物繁衍甚至是原子中的世界，利用今天的或者未来的科学理论，全部可以解决。科学负责一切，科学接管一切，科学无所不能。这样的思想会给科学伦理和科学传播两个层面带来危害。

科学伦理层面，科学研究的问题如果失去了人文关怀和底线，就会出现克隆人、人体胚胎基因修改实验等灾难。科学传播层面，公众会对科学家、科研项目和国家的科学投入抱有非理性的幻想。“天眼”FAST（500 米口径球面射电望远镜）落成之后，公众期待望远镜能在短时间内产生巨大的科学成果。“悟空”卫星上天之后，媒体和公众共同渲染暗物质粒子探测的成果。类似这样的有缺陷的科普内容，不完全是媒体人的职业技术问题，更是公众追求的错误导向。这样的错误导向不仅危害公众，也危害科学界。

一旦考虑到“酒神精神”，事情的姿态就会正常很多。FAST 有可能什么也得不到，当然我们的科学家在努力避免这种情况。“悟空号”卫星有可能找不到暗物质粒子的决定性证据，当然我们不希望看到这一点。我们在失败过程中的总结归纳本身也是有价值的回报。在科普过程中，科普人需要头脑冷静，内心火热。我们当然在传播科学知识、有效的科学方法和激动人心的科学精神，但真正的客观公正意味着，失败也是科学传播内容的重要组成部分，甚至有些科学探索也许永远也无法成功，但人类的渴望本身就值得传播和令人感动。

当然，“酒神精神”并不意味着完全颓废，喝醉了就不思进取。“酒神精神”与“太阳神精神”的合作才是正路。科学家内心需要找到积极探索和接纳现状之间的平衡，科普也需要在“酒神精神”与“太阳神精神”之间取得平衡，最终让它们相互接纳，握手言和。在科普中用一点“酒神精神”并不会那么可怕，不会损失科学的严肃性，也不会让公众陷入虚无。我们从尼采的《悲剧的诞生》中得到的启发是，就算人生是场梦，我们也要有滋有味地做这个梦，不要失掉了梦的情致和乐趣。套用这个精神，就算科学有起伏，我们也要在体验探索的过程中看到好奇心的可贵。

同时，天文科普的讲述者要区别于新闻记者。流星雨、日月食、空间站过境、超级月亮……这些话题的报道是新闻记者们要做的工作，不是天文科普必须追赶的时髦。如果说新闻就是要立即传达事实，那么科普恰恰不需要纠结在事实的问题上。天文科普中的科学新知部分，要观照的是“当前科学认知”，也就是难以窥见终极真相的科学问题此时此刻正在被主流学术界以什么样的姿态来讨论。至于终极答案，可能根本不存在，可能也不该存在。

科学不万能，科普更不万能。无论科普人如何努力讲好科学的故事，可能依然有部分公众不会参与科学传播。用讲故事的姿态做天文科普讲座，在讲座的汩汩清泉中掺杂一点“酒神精神”，就是我能想到的也一直在实践的方法。听到一个好故事，你会觉得与它有了关系，你会笑，会敬畏，会充满感情地行动，会愤怒，会想去改变什么。听到一个好的科学故事，你会兴奋，你会和 3 000 年以来科学世界里的仰望者们站在一起，你会让内心打开一扇窗，呼吸一个新世界的新鲜空气，会满足，会喜欢科学。

本篇作者高爽，科普作家，得到、少年得到课程主理人。主要作品包括得到《天文学通识》、少年得到《宇宙系列课》3 部、星座课。翻译出版《天文之书》《追捕祝融星》和《给仰望者的天文朝圣之旅》等数十种图书。

给科普一个答案

□ 黎　耕

公众究竟需要什么样的科普？这是每当遇到科普活动时，都会令我感到十分困惑的问题。这个问题或许很难找到答案，又或许也不需要有答案，因为每位受众的知识水平、学术品位各不相同，每位科普人的学术背景、性格特征亦各不相同，这便注定了科普必然是高度个性化与多元化的。

一、让思考慢下来

我们当下生活的时代，是一个万物互联的时代。在这样一个时代，获取知识的壁垒早已被打破。在中世纪的欧洲，传播知识曾经是一件异常艰难的事。在那个没有印刷术的时代，所有的书籍都需要靠抄写才能完成，因此书在当时算得上是奢侈品，以至于图书馆的书都被拴上铁链子，以防有人偷窃。随着印刷术的发明，获取知识的门槛越来越低，这才使得文艺复兴与科学革命的发生成为可能。

如今，我们生活在一个信息爆炸的时代，即便是孩童也懂得拿起手机，熟练地运用搜索引擎找到自己想要的答案。甚至就连不识字的孩子，都可以和手机里的智能语音机器人熟练对话。孩子们因此不再需要为了真理而上下求索，也不再需要长途奔波去图书馆里翻书，只需动动手指，一本大百科全书便会立刻浮现在眼前。设想一下，如果哈利·波特的故事发生在互联网时代，像赫敏那样的学霸与学渣之间恐怕就不会有那么大的差距——因为霍格沃兹的学生们再也不用把所有的咒语都记在脑子里，只要点开手机里的智能语音机器人，就可以知道咒语怎么念了。

不过，这种信息获取上的便捷，对于孩子们的成长真的好吗？在追寻答案的过程中，他们缺失的是思考问题的过程与时间，长此以往更会减少求知过程中的乐趣、激情与行动力。对于科学探索而言，最重要的就是观察和思考的过程，过快地知晓答案，显然会使得这一过程被极大地压缩甚至消失不见。

在丹尼尔·卡尼曼的《思考，快与慢》中，他将思考的过程分为两类：高度依赖常识的快思考，以及调动注意力来分析和解决问题的慢思考。我们的大脑倾向于通过常识和直觉去解决问题，不过这个系统也常常会犯错误。如果对科学史了解多一些，就会明白许多改变世界的科学定理，都是反直觉的。无论是自由落体运动的加速度与质量无关，还是光线在强引力场周围会发生弯曲，显然都不是通过快思考能解决的问题。因此，对科普而言，让思考慢下来，似乎是传播科学方法的重要原则之一。

二、走出象牙塔

毫无疑问，无论从需求端还是供给端来看，今天的科普与三十年前都大相径庭。未来的科普应该传播什么呢？在许多不同场合，我都曾听到领导们与专家们表达过相同的观点：科普应更注重传播科学精神、科学方法，而不仅仅是科学知识。

然而，科学精神、科学方法可不像科学知识那样易于传播。单靠文字或多媒体这样的载体，科学精神很难得到全面完整的传达。更何况，科学精神是什么？这个定义在很多科普人眼里，恐怕都没有确定的答案。要传播这种看不见摸不着的东西，必然会让许多科普人感到陌生和困惑。

我们知道，古埃及的几何学是为了解决尼罗河水涨潮落潮之后土地的分配问题而诞生；古人研究日月星辰的运行规律，也是为了更好地掌握节气，从而指导农业生产；即便是广义相对论这样的科学理论，也需要水星近日点进动等现象的观测来支撑。科学本就不完全是象牙塔中的理论，而是与现实社会存在着极为密切的映射。因此，线下的科学实践，哪怕是生活经验的提升，对于孩子更好地提升科学素养，传播科学精神与科学方法都是十分重要的。

三、科学的种子

我们常常会看到这样的电影场景：二战时期，一个小男孩站在冬天水汽氤氲的窗后，默默地注视着一名全副武装的士兵，而正在和家人告别的士兵几乎没有注意到他。男孩差不多与士兵手中的枪一样高，他紧盯着枪，端详着上面的每一个零件。此时此刻，他心中已经默默有了一个理想，长大以后自己也要扛起枪、制造枪，为保卫自己的国家而奋斗。这样的情节设置顺理成章，因为每个人的人生经历都告诉我们，尽管大家的成长轨迹各不相同，但是许多改变人生的重大决策，往往就源于一瞬间的思想波澜。

这难道不正是科普的重要目标吗？播撒一颗科学的种子，让它在更多人心中生根发芽。扫盲和辟谣固然不可少，但科普不仅需要传播真相，更需要传播情感与爱。让一个人真正地爱上科学，为科学而奋斗，这才是科普的终极追求。

也许当孩子们在参加科普活动的时候听到某一句话、见到某一个人，或者读到某一本书，就可能成为改变他们命运的转折点。那么，该如何让科学的种子播撒在更多人的心里呢？与顶级科学家面对面，现场聆听大师的演讲，或者走进科学实验室，在科学家的指导下一起工作……这些毫无疑问都可以让人领悟到许多科学知识以外的内容，从而变为极其宝贵的人生财富。对孩子来说，也许就在这不经意的瞬间，一粒小小的种子就被埋藏在心间。中国人常说的“身教大于言传”，大概就是这样的道理。不过，这种传播所需的条件过于苛刻，面对中国的人口数量与相对稀缺的科普资源，恐怕没有多少人能享受到这样的红利。

要实现持续不断的科普效果，拥有一个足够打动人的线下科普场所是必不可少的。可能会有人说，中国近十几年来的科技场馆建设如同雨后春笋，许多县级市都建起了属于自己的科技馆，这难道不是标志着中国科普事业迈上了新的台阶吗？此话不假。不过其中很多的科技馆设计不仅千篇一律，而且往往存在一个共同的缺陷。

四、真实的世界

记得小时候坐公交车，车辆的前部有个大大的发动机舱。我最喜欢的位置就在机舱旁边，可以清晰地看到路况以及司机驾驶汽车的每一个动作。为此我也理所当然地“享受”着柴油的味道、发动机的噪声以及机盖下那一阵阵喷涌而出的热浪。对于一个痴迷机器的小男孩而言，很难通过画册将这样的感受传递出来。而这些才是挚爱的全部！

1969 年秋天，在美国旧金山艺术宫——一座为 1915 年太平洋万国博览会而修建的建筑中，弗兰克·奥本海默教授创立的探索馆（The Exploratorium）正式向公众开放。与其他博物馆或科学中心不同，探索馆不但展示各种有趣的科学实验，也同时展示这些展品的制作过程。在蓝图阶段，设计者本想建立一个围挡，把凌乱的实验车间与精美的展厅隔离开来。不过奥本海默教授最终力排众议，打破了展厅设计的常规。他认为每一件展品设计、实验、加工的过程，包括那些机器的轰鸣声与崭新的油漆味，都将是科普的一部分。正是在这样的理念指导下，探索馆并未向公众避讳自己的设计和制造过程，在之后的日子里也完成了著名的《探索馆食谱》（*Exploratorium Cookbook*）——这是一本详细讲述科学中心展品制造的说明书，是科技馆展品设计的圣经。

近年来，中国对科技馆的投入越来越大，科技馆愈来愈成为中国城市的标配，也有越来越多的科技馆在面积与造价上跻身世界前列。它所带来的好处当然是显而易见的。不过我们也必须认识到，我们的许多科技馆千篇一律。像探索馆那样具有强大展品设计制造能力，富含那种原始“科技味道”的展馆，在中国仍然是极其匮乏的。所以，如果你参观过国内几个标志性的大馆之后，其他小馆便已没有太大吸引力。站在五彩斑斓的展厅里，我往往会觉得缺少了小时候听到机器轰鸣时带给自己的厚重感与真实感，而面对的仅仅是一个冰冷而玄幻的展厅。

五、养在深闺

前些年曾看到一则新闻，说国内某重点高校费尽千辛万苦，从三百年前砸到牛顿头的苹果树上剪得一根枝丫，并扦插到中国，希望可以借此激励莘莘学子勇攀科学高峰。尽管这样的做法稍显简单粗暴，不过不得不承认，它在传播科学精神方面是起到一定作用的。至少这是一棵真正的苹果树，而不是牛顿苹果树的蜡像或者缩微模型。

不过有的时候，科学精神的载体未必在那么遥远的地方，甚至可以说是得来全不费工夫。记得在南大天文系读书时曾听老师讲过，在天文系小楼的楼顶，存放着一架古董望远镜。因为年久失修，老望远镜早就不再使用了。然而这台望远镜的来头却不小。

这台 11 英寸（约 0.28 米）折射镜最早是由美国著名的克拉克父子公司为里斯本天文台制造的，它配有摄影改正版，方便开展当时刚刚兴起的天体摄影工作。亨利·德雷珀得知这个消息后，通过交换获得了这台望远镜。1880 年，它被装在哈德逊黑斯廷斯天文台上。德雷珀首次用它拍摄了猎户座大星云的照片，这堪称天体摄影方面的开创性工作之一。德雷珀去世后，他的遗孀将望远镜捐赠给哈佛大学天文台，许多女天文计算员曾用它的观测成果完成了哈佛光谱分类。

1927 年，远在大洋彼岸的中山大学创立了天文系，却没有良好的观测设备。1947 年 12 月，中山大学天文台台长张云赴美国哈佛大学访问期间，发现了一颗位于鹿豹座南端的新变星。哈佛大学天文台台长哈罗·沙普利得知中大设备欠缺后，特地将这架望远镜送给了中山大学天文台。随后，在 1952 年全国院系调整时，中大天文系并入了南大。

而这样一台在科学史上可谓是功勋卓著的老设备，却始终没有得到展示的机会，正所谓养在深闺人未识啊。

六、科学圣地

在美国西海岸的洛杉矶郊外，坐落着一座高大巍峨的天文台，它就是鼎鼎有名的威尔逊山天文台。1904 年，威尔逊山天文台在乔治·海尔的领导下建立。甫一建立，海尔便着手建造大型的天文望远镜。在银行家约翰·胡克与卡耐基研究所的资助下，一台口径达 100 英寸（约 2.54 米）的巨大反射望远镜于 1917 年 11 月 1 日完工。直到 1948 年前，这台望远镜都保持着世界最大光学望远镜的纪录。迈克耳孙曾用它精确测量了参宿四等恒星的大小和距离；亨利·罗素用它完成了恒星的分类；埃德温·哈勃用它测量并发现许多“星云”实际上是河外星系，并在米尔顿·赫马森的帮助下认识到宇宙在膨胀。

这台 20 世纪最重要的科学仪器之一，如今在科普阵线上继续发挥着自己的余热。在加州大学洛杉矶分校与南加州大学的管理下，公众可以方便地通过线上平台预约参观，甚至可以亲自操作使用这台巨大的天文设备来完成一次观测，天文台也为当地的中小学开设了许多有趣的天文课程。不难想象，对于一个孩子而言，能参观并操作这样一架科学史上的功勋设备，会在他们的内心引起怎样的波澜。

威尔逊山天文台算得上是现代科学发展的“圣地”。实际上，世界上还有许许多多类似的“科学圣地”。2010 年 5 月，在波兰弗龙堡大教堂，一名四百多年前去世的无名男子被隆重地重新安葬，他就是日心说的提出者尼古拉·哥白尼。哥白尼于 1543 年 5 月 24 日在弗龙堡辞世，由于他无妻无子，他的遗骨葬在何处，成了一个悬案。相传他被安葬在圣母升天圣安德肋圣殿总主教座堂的某处，坟墓上没有任何标记。

2005 年，一些学者在教堂地板下发现一名 70 岁男子的遗骸。经过遗骨面部复原以及 DNA 比对，确认这正是哥白尼的遗骸。波兰人为哥白尼举行了隆重的葬礼，并为他制作了雕刻着日心说模型的全新墓碑，甚至还在教堂中建立了哥白尼博物馆。

当我们说到“圣地”这个词，往往将它与宗教联系在一起。有意思的是，在哥白尼的安葬仪式上，神父耶杰尔斯基说：“这次葬礼具有重要的意义，它标志着科学与宗教的和解。”哥白尼的墓，毫无疑问将会成为一处重要的“科学圣地”，并在科普中发挥重要作用。这些“科学圣地”不仅已经成为人类历史上不可分割的重要组成部分，在未来也会成为播撒科学种子的地方。

在英国牛津、美国费城、瑞士日内瓦、荷兰莱顿等地，都建有专业的科学史博物馆，其中收藏并展示了大量科学史上珍贵的文物和手稿。惠更斯亲手制作的透镜、爱因斯坦书写相对论所用的钢笔、世界上第一把外科手术刀……这些耳熟能详的人物和事件，在博物馆中变得如此真实。相信它所带来的心灵上的兴奋与震撼，并不亚于在迪士尼乐园或环球影城中坐过山车的体验。

在科学文物的收藏与展示方面，我国的起步尽管比西方要晚得多，近年来也看到了曙光。上海交大的钱学森图书馆以及清华大学正在筹建的科学博物馆就是很好的例子。不过，相比于我们的科学发展状况而言，在这方面需要走的路仍然漫长。以天文为例，国内的青岛观象台、佘山天文台均已有百年历史，紫金山天文台也已年逾耄耋，加上退休二十余年的北京天文台沙河观测站，这些天文圣地虽已成为科普教育基地，但资金匮乏、人员不足、年久失修却是普遍的状态。要想成为播撒科学种子的地方，它们还有很长的路要走。

七、开放的科普

作为一名科研人，科普并不在我的考核清单上，然而这却使得我可以更加“任性”地去做一些自己想做的事情。近些年来，我参与过科技馆的设计，也主持过科普信息化产品的开发，做过科普助学的报告，策划过电视节目，也撰写过科普文章。

对我而言，科普虽没有带来太多直接的收益，但却是一种重要的精神支柱，它是连接象牙塔与这个世界的纽带。正是科普工作，提醒我不断反省自己的研究究竟有哪些社会价值。从我踏入科技史专业的大门开始，科普似乎已天然地成为了个人使命价值的一部分。这种使命价值让我越来越深刻地感觉到，科技史应该为科学精神的传播做出更大的贡献。

不容否认，当今的我们生活在一个文化多元与全球互联的时代。历史学家通常将 1500 年看作世界全球化的开端。五百多年来，科学史上发生了许多事情，今日科学早已不是单纯依靠科学家自身兴趣来完成的工作，而是更加依赖大装置，也更加职业化和国际化。

在新时代，科普工作亦应有新的气象，但发展应该建立在稳扎稳打的基础上。商业领域有个经典案例，超市诞生后，商品被从柜台后放到柜台前，让消费者可以近距离地触摸它们。当消费者有了更多选择，并可以近距离接触这些商品的时候，人们往往会被激发出更大的购买欲望。这样的经验同样适用于科普领域，我们需要生产更多样的科普产品，同时需要一个能让公众理解科学的场所。开放与多元，是未来发展的大趋势。而打造越来越多的“科学圣地”，将为科学精神的生根与发展提供土壤。

开放的货架曾经塑造了商品经济，开放的科普又能塑造怎样的科学未来呢？我们拭目以待。

本篇作者黎耕，理学博士，中国科学院国家天文台副研究员、中国科学院大学天文学院副教授。毕业于南京大学天文系与中国科学院自然科学史研究所，现任中国科学院青年创新促进会秘书长、中国科学技术史学会理事等职。主要从事考古天文学的研究与教学工作。曾作为核心成员参与陶寺观象台的研究，负责建设中国古代天象记录数据库。业余参与或主持过中国科技馆新馆、山西省科技馆、榆林科技馆、克拉玛依青少年活动中心、河南省科技馆天文台等科普场馆的设计与建设工作。曾任科普信息化建设工程“科学大观园”项目首席科学家、央视《国家宝藏》的国宝守护人等。

用科普带你走进深邃的夜空

□ 叶梓颐

我的职业是一名星空摄影师，我现在的主要工作是拍摄星空摄影作品和视频。从南极到北极，我走过 40 多个国家，追逐最极致的天文现象和最美的星空。但对我来说，拍出绚丽的照片并不是最终目的，而是一种讲述故事的方式。多媒体一直是我讲述星空知识的载体。我想跟大家讲述星空故事和知识，所以才选择拍摄星空照片。毕竟照片对于普通人来说是最直观的一种方式，视频也是如此。在很多人看来，星空很美但是却很陌生。所以我用自己拍摄的星空画面去讲述故事，带领大众了解那些有趣的天文和星空知识。这才有了《城市观星指南》和《中国观星指南》两档看星星找星星的节目。

对我来说，做科学传播或者科普，起因都是分享欲。这是深植于人类基因里的一种动机。我从小就对自然科学非常感兴趣，高中时受老师影响开始看星星，也开始比较系统地学习星空知识。但那个时候喜欢星空更像是自己一个人的事，只限于自己看书听讲座，或者和天文爱好者们讨论相关知识。直到大学时代开始接触摄影，在京郊的观测中第一次拍摄到星空的照片。虽然那时候技术欠佳，但还是有很多人看了我拍的照片觉得不可思议，我的照片甚至激发了他们想要去看星空的欲望。所以当时我就想，为何不多拍一些星空照片，让更多人也喜欢自然和星空呢？于是从那时开始，除了工作，我大部分时间都是在拍摄星空。

其实我是半路出家做科普的，我大学的专业是广告学，大学毕业后进入4A广告公司工作。在国内自媒体开始兴盛的年代，我正好有客户想做微信公众号，于是我也被卷入这滚滚浪潮中。很多人对广告有个误解，就是把好的创意和好的广告画等号。其实创意只是吸引人们看下去的糖衣外壳，广告最重要的还是要做信息传达。这和科普其实有点像，美丽的画面、新奇的内容都是为了满足观看者或猎奇或好奇的心理，从而让他们更好地获取信息。在众多门类中，知识类博主算是吃力不讨好的一类。在我成为职业星空摄影师的8年中，一直有业内朋友劝我换一个赛道，认为我的领域太小众，不会有太多人关注。我自己之前在创作的过程中也经常陷入吃了很多苦但依旧出不了圈的迷思中。但是反思后我发觉，其实是努力没有用到刀刃上。之后经历多次复盘和反思，我的南极追日全食系列的视频，在b站基本上期期都能上热门，更有两集分别达到200万次和100万次播放。

和其他领域相比，星空科普领域实在是太小众了。而且对于大多数生活在城市里的人来说，这是看不见又摸不着的东西。这样陌生而又需要高学习成本的东西，怎么让大众爱上呢？

我总结了以下几点：

首先是找到种子用户，并让他们影响身边的人。

一个领域的内容不可能让所有人都感兴趣。我也见过看到极致景象依然对星空提不起兴趣的人。那么我们的第一步就是要从筛选和培养种子用户开始。有了这些种子用户，或者说铁粉，就有了一个账号最基本的“启动资金”。通过促成他们的点赞转发，找寻他们身边更多的潜在目标用户，内容就会像滚雪球一般有越来越多的观看量。这是像在沙滩淘金一样的筛选过程，好在现在各个平台都有了细分垂直领域，粉丝画像也可以帮助分析并改进内容。

怎么才能找到自己的目标受众呢？

我们可以根据自己的领域，先找到类似的稍微大众一点的领域。各个平台的一级内容类目有知识、旅游、生活、美食等。我从中选择知识和旅游，再结合这个领域发生的热点话题进行创作，并申请热点关联。我自己的内容就是先从身边的天文爱好者开始做起，之后选择知识、摄影和旅游三大板块，通过热点事件影响并筛选更多用户。比如 2015 年我最先开始尝试做自媒体时，策划了北极日全食内容，其中既有知识内容，还有旅行和摄影信息，这让我积累到了第一波粉丝。

其次要吸引眼球。

虽然星空很难触及，但是它给人带来了震撼和美的视觉体验。这就不得不感叹，这个世界的神奇之处不仅是美，最重要的是人类有感知美的能力。通过视觉化做出精品内容的小众博主还有很多，比如“曳尾菌”“美丽化学”等。用美丽震撼的画面让对小众领域不熟悉的潜在目标用户心生好感和好奇，是达到最终传播目的的第一步。美丽的风景、有创意的开场是一个吸引人的“钩子”，而“钩子”则能够发挥用视觉和精美的影像或故事吸引眼球的作用。这犹如一道菜的卖相，但具体味道还需要由扎实的内容、有趣的节奏和巧妙的编排共同构成。光是美丽的风景并没有记忆点，必须有人格化的故事和精神内核来满足除基本猎奇外的需求，才能让人记住和产生共鸣。

再次就是要有利他内容，让受众有获得知识流过大脑的快感。

自媒体时代大大降低了学习知识的门槛，但是我们必须正视一个问题：“视频不能替代书本学习的严肃内容，只能是个引起兴趣的种子。”很多时候，知识视频起到的还只是满足用户娱乐和好奇心的作用，或者是消解用户“刷短视频浪费时间”带来的虚度光阴的愧疚感，而觉得自己学到了东西。这就导致了过分干货的内容没什么观众，因为本质上大众打开短视频软件并不是为了学习严肃知识，而是为了获取谈资、娱乐和消磨时间。这说明利他内容并不是干货越多越好，而是应该从目标受众的心理出发，解决他们的痛点。不能闭门造车，生产自认为观众喜欢的东西。

还要通过讲故事获得共鸣，互动产生价值感。

粉丝黏性，一直是自媒体平台和博主们的一个重要考量因素。从品牌角度说，一个产品最先满足的是消费者对于功能性的需求，就是这个东西有用，但是这一点只是基础，在金字塔顶端的是对品牌价值观的认同和归属感。对于自媒体博主也是同样的道理。

同样重要的是，不被流量左右，保持表达欲。

我相信很多跟我一样的博主都会陷入不停刷新回复、点赞的旋涡中。如果流量好，就会陷入一种亢奋状态。如果突然间流量不好，就会陷入一种“怀才不遇”或者自我怀疑的状态中。我认为流量是有非常大的不确定性的，同样的内容在一天的不同时间节点发布，可能会有量级上的不同。可以根据数据复盘，但是千万不要因此气馁和怀疑。我在面临更新困境的时候依然不懈地打磨脚本，每一期 5 分钟的视频，脚本的迭代能厚达 20 页。不断地修改推敲，可能最终结果无法预料，但对讲故事能力的提升和积累是非常宝贵的。

之前有朋友问我：你在微博上已经有百万的粉丝，为什么还要拓展 B 站、抖音等平台？我的回答是：我必须在内容市场上不断修炼、不断学习，才能更好地优化内容。在一个已经有粉丝基础的平台上，即便是很“划水”的内容依然会有不错的反响。但事实真的是这样吗？当我们把内容放到一个新的、靠信息流推荐的平台上的时候，内容问题就显现出来了。只有不断地更新、优化内容以及产出的流程和讲述的方式，一直不断地学习和改进，才能保证内容质量不断推陈出新，加大“破圈”的可能性。如果一味按照自己喜好随意发布内容，稀释了内容的可信性和专业性，那就得不偿失了。

其实比起科学普及，我更认同科学传播这一说法。普及是一种自上而下的教授，而在当下的媒体环境中，大众有了更多的自主选择权。如何利用好传播学、平台规律传播科学知识、科学精神和对知识的向往，这是很多科普人面临的问题和挑战。随着经验的积累，每个人所谓的信息茧房会越来越厚，对自己既有的认知也很难发生改变。因此没有人喜欢被说教，但几乎所有人都喜欢听故事。所以很多受欢迎的知识分享类博主分享的画面不一定多么精美，但是其讲故事的能力一流。对于能够自己产出精美画面的博主来说，在作品中加入故事以及利他性的内容是一个很重要的内容方向。利他是指内容能够给用户带来什么样的用处和帮助，是解答一直以来的疑问，增加见识还是带来美的享受，抑或是实用性？其实基于这一点，就已经能产出不少的内容了。

个人觉得，想要扩大科普的影响力，就不能只是小圈子的自娱自乐。我们以饺子馆来做比喻。生意不好，就是顾客不喜欢吃饺子吗？即便是专门卖饺子的小店，只要味道好，也有不少忠实食客。其实，大众并不喜欢过于艰涩的内容，所以做科普时不宜放太多干货。

每次视频发布后我几乎都会详细复盘自己的内容，然后不断做新的尝试，避免直接抛出概念。无论是短视频平台还是社交媒体平台，我们必须了解大众到底想要什么，才能根据需求更好地把科普的内容包裹其中。对于一位科普博主来说，直接抛概念、讲名词是一件很简单的事情，但如果要把知识用做比喻或者以画面呈现的方式表达出来，就要下很多功夫。比如，流星雨是地球穿过彗星或者小行星留下尘埃带形成的，和流星体就像“一辆渣土车路过洒在路上的渣子”，当你路过时他们就有一部分溅到挡风玻璃上，形成我们看到的流星。后者的比喻更形象，能让人一下就被情景吸引。再比如，可以通过自己的故事将观众带入情境中，让大家有追剧一般的快感。作为科普者，我们做的事情是尽可能地破除错误的概念以及勾起大众对于知识的向往，这比让大众记住某个公式或者某个结论更为重要。

作为一个科普博主，我也曾多次产生中途放弃的念头，但是当我一个人在暴风雪中饿得浑身发抖的时候，困得在路边摔倒的时候，在伸手不见五指的悬崖边坚持拍摄的时候，我都会想起那年我第一次看星星的时候，我是多么想让大家理解我的感受。正是这份执念和分享欲让我坚持走到现在，而且我坚信，只要还有想要讲的星空故事，我就会坚持下去。我依然还记得年少时的梦想：和更多人一起仰望星空。

现在我距离这个梦想越来越近了。

本篇作者叶梓颐，广告学专业，星空摄影师、科普作者，上海天文馆科学顾问。前4A公司创意顾问。持续18年追星逐日，巡游世界，分享星空知识和旅行见闻。获多项天文摄影比赛冠军，“英特尔 × 江苏卫视商业类真人秀创意大比拼”节目全国总冠军。全网粉丝500万，代表作有《城市观星指南》《中国观星指南》《南极日全食》《独行冰岛42天》。

计算机科学普及的思考

□ 王元卓

2020 年 4 月 29 日，科技部、财政部、教育部、中科院、工程院、自然科学基金委共同发布了《新形势下加强基础研究若干重点举措》的通知，其中明确指出“将科学普及作为基础研究项目考核的必要条件”。一时间引发了科学界的广泛关注，科学普及再次成为热门话题。无独有偶，习近平总书记在党的十九大报告中也明确强调“弘扬科学精神，普及科学知识”的重要性。可以说，当前科学普及工作被提升到了前所未有的高度。

公民科学素质是现代创新型国家的重要衡量指标。根据中国科协的调查数据，2018 年我国具备科学素养的公民比例为 8.5%，还远远落后于欧美发达国家。作为对比，美国 2000 年具备科学素养的公民比例已达 17%。如果我国希望进入创新型国家行列，公众具有较高科学素养的比例至少要达到 10%。提升我国公民科学素养的根本途径是科学技术的传播和普及。从国家角度看，科研能力提升的是特定研究群体的创新能力，而科普则决定着国家的全民创新基础。对科研群体来说，科普与科研同等重要，既是权利，更是责任。

在新形势下，弘扬科学精神，传播科学方法以提升科学素养更是一个长期过程。这对研究人员的科普能力提出了新的要求。作为科研人员，应该如何做科普?

本文尝试从科学普及工作所涉及的两类人群——受众的分类和科学家的责任谈起，对比分析计算机科学普及的现状，并结合自身的经历谈谈对计算机科学普及的思考。

一、科学普及的受众

科学普及首先要确定的是目标受众。不同的人群，有不同的认知基础和不同的需求。科学普及更倾向于内容输出，它不同于专业的学术交流，因此科学普及的受众知识背景往往存在大幅度差异。那么从认知基础角度，本文将科学普及的受众分为专业受众、外专业受众和一般受众三类人群。

专业受众，主要指大同行的专业人士，他们虽然对这个领域没有深入的研究，但其所从事的领域与之相通，有时科普者只需要简单介绍，这类受众就能快速理解并产生共鸣，比如，给芯片专业人员普及人工智能知识。

外专业受众，虽然其所从事的工作领域与科普者所传播的内容不同，但他们会带着自身需求来了解科普者的创作，也愿意花费心思去理解一些复杂的知识。这类人群更倾向于了解相对专业、有逻辑的科普内容。比如，对于大数据科普，企业管理者会思考如何利用大数据提升企业管理水平，政府领导者会思考如何发展大数据产业，而生物信息专业人员会思考如何让生物信息大数据发挥作用。

一般受众，包括普通民众、中小学生等，是数量众多、范围最广的，他们的相关基础知识相对较少，同时对科普的内容可能没有直接需求。如何与他们形成共鸣，需要更好的科普形式、传播渠道和内容组织，而这类人群人数最多，一旦科普内容被这类受众广泛接纳，也将会产生滚雪球式的影响力和传播速度。

虽然自英国发布《公众理解科学》报告以来，以“公众理解科学运动”为代表的科普运动在全球众多国家如火如荼地开展，但是与此同时，我们还应该强调科学（家）理解公众的认知基础，重视受众认知基础不同所带来的创作思路差异。例如，研究人员做科普工作时，往往会倾向于遵循做研究时的学术写作方式，潜意识倾向使用大量术语，而忽略一般受众的认知基础，这样科普作品的内在传播能力可能会受到大幅度限制。

二、科学普及与科学家

科学普及在确定好目标受众之后，还要确定的是科普主体，即科学家本身。“科技创新、科学普及是实现创新发展的两翼，要把科学普及放在与科技创新同等重要的位置。”这是习近平总书记在出席2016年的“科技三会”上做出的重要指示。科学传播的理论研究与实践工作，不仅要让公众尽快尽可能地理解“创新”的成果，不断提高科技素质，也要使科技创新真正进入社会，成为大众的财富，成为全社会的力量。

在此基础上，谁来承担科学普及和科学传播的责任也是一个需要认真思考的问题。为了把科学普及这“一翼”打造得更强大，进而实现科技创新与科学普及的“两翼齐飞”，需要更多的科研人员勇担科普责任，以实际行动参与科普；也需要越来越多的科研人员以饱满的热情，自愿积极投身科普事业。对于科研人员来说，如何在科技创新中促进科学普及与科学传播是当前的时代命题，也是更长时间跨度的基础性工程。

当前，科研人员中还存在着从事科普的“四不”窘态：不愿做科普、不屑做科普、不擅长做科普、不敢做科普。改变这种状况需多方努力。要让科普真正成为科研人员自觉自发的行为，不能仅仅局限于科普责任，而需要从根本上调动科普积极性，让科研人员认识到科普对自身的重要价值，要在更深层次上激励科研人员投身科普，要为有意愿从事或者已经从事科普的科学家提供完善的机制、友善的环境、宽广的平台，充分利用网络新媒体平台，培养并鼓励科普明星科学家形成榜样效应，可以期待更多的科学家从幕后走到台前，积极地参与科普工作。

三、对比物理分析计算机科普的现状

近年来，已经有越来越多的科学家致力于科学普及，开展了越来越多的科普讲座，也有很多科普书籍上市。但其中广受关注、令公众学起来津津有味的科普创作大多集中在物理、化学、数学等基础科学，以及宇宙空间、古生物、动植物等领域。相比较而言，计算机科学普及中广为传播的作品少之又少。个中原因是什么呢？下面以物理科普做比较，尝试做一下分析。

（一）知识性科普比技术性科普更易符号化

越是简单、生动、有趣的内容，越容易被人们所接受。知识性的科普内容通常包括概念、体系、历史、故事等内容，这些内容只需记住或者了解。传播学认为这就是“符号化”知识的过程，观众不用深入理解或推理、操作的内容，只需要记忆“符号”本身。即使记不住全部细节，只要了解大概，就已经达到了科学普及的目的。物理学的研究已经非常深入，很多最新的实验和操作都不可能出现在公众的生活里，因此，物理等基础科学的科普者更倾向于通过历史故事、名人逸事或者科学幻想来把物理学所取得的关于自然界的奇妙知识展示给公众。这个过程中，哪怕只记住了薛定谔的猫、量子力学等几个词，科普效果就达到了。

而技术性的内容，通常难以“符号化”，需要更加严谨地寻找创作方式。其中除了了解概念，还需要搞懂原理、理解设计思路，甚至要能重复部分操作，如果其中某部分没有理解或者遗忘，很可能会影响对其他部分内容的认知。因此，技术性的内容往往逻辑性更强，更注重理解。对观众来讲，技术性的内容总是比知识性的内容要更难理解，也更枯燥。

在计算机领域，虽然科普创作也可以依赖历史故事，比如图灵的经历、人工智能的几次发展等，但计算机毕竟是一个近代发展起来的工程学科，故事和历史都很短，而且新的概念和体系层出不穷，再加上计算机原理很难做到可视化，所以很多计算机方面的科普要么介绍新的概念和未来的发展趋势，要么介绍设计原理或实现技术方法，这些对大众而言都是较难理解、枯燥且缺乏吸引力的技术性内容。

（二）受众的认知基础影响科普的效果

越是贴近人们生活的、与现实社会紧密相连的，从场景出发开始的趣味科普讲解，越容易使观众产生代入感，从而被观众接受。中小学生具备一定的物理知识认知基础，这就在一定程度上有利于物理科普工作的开展。比如，在科普引力波时，只需要类比水波，再从水波的基础上介绍引力可以像水波一样在空间传播，便有利于受众理解引力波的传播过程。

而虽然很多人每天都在使用计算机，但人们更多地把它当作工具。在中小学阶段的教育中，对计算机有关的基础原理和科学知识的涉及也很少。这种现象使得计算机科普往往代入感相对较弱，在大众感知中，很多知识比如程序、网络、数据等都是抽象而且无法具象的。

因此，面对没有专业基础知识的大众进行计算机科普创作，往往会面临更多困难，计算机科普人员也很难把这些复杂的知识通过有趣的方式讲得符合大众认知。

从开展科普教育的时间角度来讲，如果能在初等教育中尽早开启计算机科学的课程，而不仅仅是计算机的使用，相信计算机的科普会变得事半功倍。

（三）学科的特点影响科普的效果

一方面，物理的基础学科的概念体系更加清晰，在不断发展的过程中，各学科分支和新的知识点都有较好的承接性和延续性。而以计算机为基础的信息科学却在飞速发展，新概念层出不穷，对新概念的解读也在不断发展。以摩尔定律为代表的很多固有定律在不断被打破，使得领域内热点频现。热点必然会带来一定的关注度，也会影响科普创作思维，如 AI（人工智能）芯片的科普往往要从人工神经网络、机器学习、深度学习等更多热词的知识讲起。

另一方面，物理领域的一些深入浅出的科普，往往来自科学家的亲力亲为。他们高屋建瓴的视野和精妙的文笔使得内容更具有感染力和吸引力，这也使得相关学科走向科普反哺科研的正向循环。因为只有通过生动科普，相关研究意义和价值才能被更多人深入理解，也才能获得更多的科研投入，而计算机领域科研经费充足，产业发展迅速，一线科研人员更愿意花时间与同行进行交流和分享。

（四）不同的科普目的影响科普的效果

物理科普可以只讲现象，不讲具体公式，其结果就可以通过生活实践而吸引观众，但在计算机科学中往往并非如此。

最简便的方法就是比喻和举生活中的例子，比如通过牛顿球的反复对撞介绍能量守恒定律。而计算机科普如果只用比喻讲现象，可能就类似把互联网比喻成信息高速公路，虽然形象直观，但又好像是在重复大多数人已有的认知。

人们虽然接触物理知识更早，但往往更加熟悉计算机应用，纯粹的应用很难给观众带来新鲜感，所以计算机科普一定要比物理科普做得更加深入。这样既能够帮助人们探究计算机科学的根本，又能够激发人们对计算机技术的兴趣以及对计算机科学发展的思考、畅想和渴望。

四、关于推动科学普及的思考

推动计算机科学普及的发展，需要从新媒体、产品和生态三个方面着手思考。

（一）科学普及需要与新媒体相融合

在新媒体环境下，大量自媒体平台纷纷涌现，新的信息分发方式不仅带来了媒体界的深刻变革，也为科学传播者带来了众多机会。这就决定了现代科普既要重视巩固报刊、电视、广播等传统媒体阵地，又要注重与新媒体相结合，满足不同受众的需求。因此，计算机科学普及也要充分利用好新媒体，打造最权威的计算机科普品牌，成就一批“明星科普专家”，从而帮助公众理解科学、热爱科学、参与科学。

（二）科学普及需要有温度的产品

科学普及要想影响更广泛的受众，并形成持续的影响，需要有满足大众需求的产品。而大众的科普需求是需要创造的，同时也是可以创造的。这需要培育“让科学流行起来”的大众文化，让科普更加接地气，同时也要有有趣、有料、有生活的有温度的产品。科学传播应该注意到把事实和信息包含在社会和文化情境中，有效的科学传播应该是包容性的、整体性的，需要整合不同的社会科学视角，让更广泛的受众容易接受。

对科学观点进行有效传播的关键是对新的或不熟悉的观点提供充足的情境，然后对关键内容的本质进行解释。比如笔者从 2019 年初开始致力于通过手绘的

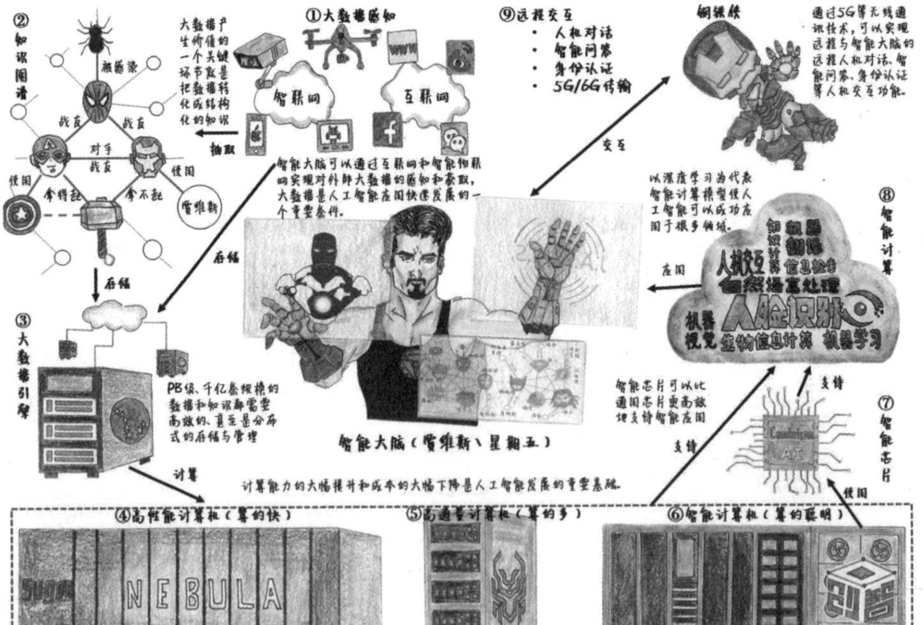

图 15 科幻电影中的科学手绘图节选——钢铁侠的智能大脑

方式，以科幻电影为载体讲解其中的科学知识，获得了较好的科普效果。“科幻电影中的科学”系列科普文章和视频吸引了数千万人次的阅读和数千人次的讨论。

如图 15 所示，通过大众熟知的漫威系列科幻电影中的钢铁侠使用智能管家（贾维斯、星期五等）的场景来介绍智能大脑可能的组成和实现技术，如大数据感知、知识图谱、大数据引擎、高性能计算机、高通量计算机、智能计算机、智能芯片、智能计算和远程交互等原理，也更加直观和形象地介绍了计算机科学知识。

科学传播不同于科学研究，科学传播是一门艺术，更是把科学与社会和公众连接起来的桥梁与纽带。科研成果只有传播出去，被广大公众所理解和运用，才能更好地发挥其作用。

（三）科学普及需要良性的生态

科学普及要想获得可持续发展，需要在全社会建立良性生态。

一方面，需要鼓励大量有能力、有热情，愿意投入时间和精力的科学普及者，制作内容、讲解科学知识。科学普及不但需要更多专业的科研人员参与进来，尤其是有影响力和号召力的明星科学家发挥引领作用和示范效应，拉近科学与公众和社会的距离，更需要全社会的共同参与，需要更多专业领域的从业者、大学生、研究生等投身其中，承担基础性的科学普及工作。

另一方面，需要激发大众了解科学知识的欲望，希望有更多人对科学问题感兴趣，并进行一定的思考，让科学在大众的生活中占据一席之地。科学普及生态的建立，需要更多科学普及者，将自己对科学知识的理解和对科普的热情结合起来，将科学深入浅出、寓教于乐地传播给公众，形成规模效应。大众科普呼唤明星科学家，我们应当让更多的科研人员成为科学普及的明星，让科学知识在大众中流行。

五、总结

科学普及已经在实际生活中体现出越来越大的价值，本文从国家战略、学科领域、计算机科普三个层面分别阐述了对计算机科学普及工作的思考。我国实现建设创新型国家的战略目标，科学普及是必由之路。科学普及决定了国家的全民创新基础。根据计算机科学与技术的特点和科普现状，以及受众认知基础、学科特点和多样的科普目的，建立适合计算机科学普及的创作体系和发展模式，有助于计算机科普工作事半功倍。与新媒体的充分融合、出产有温度的科普产品、建立良好的科普生态，能够将计算机科学普及工作从偶然为之变为可持续发展的良性生态，让计算机科学真正流行起来。

本篇作者王元卓，中国科学院计算技术研究所研究员，博士生导师，中科大数据研究院院长，大数据分析系统国家工程研究中心副主任。中国计算机学会常务理事，中国科普作家协会副理事长。主持了 20 余项国家级科研项目，发表论文 260 余篇，其中 3 篇论文获国际学术会议最佳论文奖，单篇论文最高下载 80 000 余次，单篇论文最高引用 1 400 余次。已出版学术专著 5 部，科普专著 6 部。多次荣获国家和省部级科技进步奖项。2019 年入选中国“十大科学传播人物”，2020 年入选“最美科技工作者”，手绘科普图书《科幻电影中的科学》荣获 2021 年全国优秀科普作品、2022 年中国十大科普图书等 20 余个奖项。

科普的不确定性原理

□ 周 哲

下面这些问题你能答对几道?

- 问题 1：在晴朗的夜空，我们看到的星星，大多数是恒星、行星、卫星，还是流星呢?

  正确答案：恒星。
- 问题 2：宇航员在太空中穿着笨重的宇航服会觉得重吗?

  正确答案：不会，因为宇航员处于失重状态，所以不会感觉重。
- 问题 3：手机芯片是金属材料、半导体材料还是绝缘材料呢?

  正确答案：半导体材料。

如果你全部答对，那么恭喜你！你很可能是属于具备公民科学素质的梯队。什么是公民科学素质呢?

所谓公民科学素质，是指“公民具备基本的科学素质，一般包括了解必要的科学技术知识，掌握基本的科学方法，树立科学思想，崇尚科学精神，并具有一定的应用它们处理实际问题、参与公共事务的能力”。

上述题目是从中国公民科学素质调查题库中随机选取的问题，类似的问题有几千个。我国曾多次对 18 ~ 69 岁的公民进行抽样调查，一共选取 12 道题，得分超过 70 分就算是具备公民科学素质。然而根据中国科普研究院发布的报告，2020 年我国公民具备科学素质的比例仅有 10.56%，而 2010 年这个数据还只有 3.27%（图 16）。这也意味着，如果以上的问题你全部答对了，那么你已经击败了全国 90% 的人。中国科普研究所所长王挺说："科学素质是国民素质的重要组成部分，是社会文明进步的基础。"它更是国家国力侧面的表征，是科学环境、科学氛围的描述，是新鲜血脉比例的衡量。美国的公民科学素质的比例大概是 30%。相比较美国这样的发达国家，我们还有很大的进步空间。那么如何才能让我们成为科学中心，如何才能吸引全世界的科学人才呢？我想首先要有一个良好的科学氛围，重视科普的重要作用，由此公民的科学素质才能逐步提高。

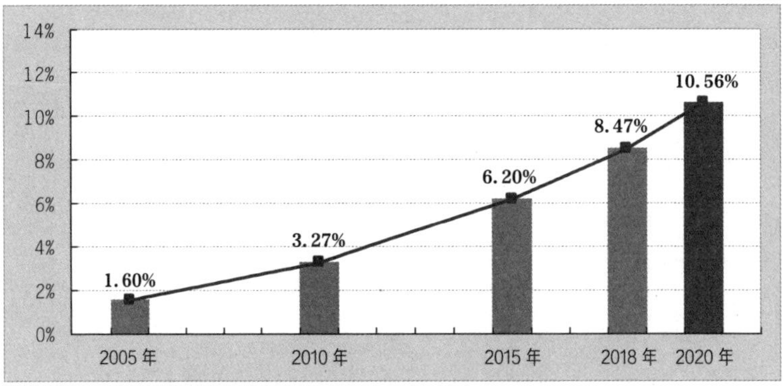

图 16 我国公民科学素质发展状况

一、科普传播

当我们讨论"什么是好的科普？"这一问题的时候，首先应该明确一点，"科普"是两个词的缩写，即"科学 + 普及"。所以科普内容至少应包含两个必要元素，一个是科学内容，另一个是负责普及、传播的内容，而后者常常被我们忽视。

本质上讲，科普是一次传播行为。传播学上有一个著名的“5W”传播模式，也可以理解为传播过程的五个基本要素，即传者（Who）、讯息（say What）、渠道（in Which channel）、受众（to Whom）、效果（with What effect）。以科普短视频为例，传者就是作者本人；讯息即我们要传递的科学内容；渠道意味着要通过哪些平台分发；受众指内容针对了哪些人群；效果则是对本次传播的总结和反馈。

第一，传者。如果你想成为一名科普从业者，或者是科普短视频的制作者，那么首先要对自己“传者”的身份有一个明确的认知——“我为什么要做科普？”“我擅长科普的领域是什么？”“我做科普的目的或者说想要获得什么？”这些问题需要在心中明确。科学的范围是很广泛的，而每个人的认知又是有限的。所以跨领域的科普往往会导致传递内容的不精准、不及时等问题，更严重的甚至会误人子弟，违背了科普的初衷。

第二，讯息。作为科学内容的传播者，保证内容的科学性、严谨性必然是最重要的。在保证二者的同时，优化文案结构、视频风格等操作属于锦上添花。好的内容是一次好的传播的敲门砖。

第三，渠道。在自媒体盛行的时代，我们已经逐渐离传统纸媒越来越远，取而代之的是博客、听书、短视频等网络媒体平台。大部分平台有一个共性——“大数据分发”，即可以根据用户的“浏览兴趣”进行内容推送。总的来说，这类算法对于科普工作是不利的，大致的结果就是，喜欢看科普内容的人会收到更多的科普内容，不喜欢看科普内容的人可能永远都收不到相关信息。但显然，后者才更应该是被科普的“受众”。

第四，受众。不同的受众意味着能够接受信息的程度、难度是不同的。比如，如果给研究生讲中学物理，他们大概率懒得听。反之，如果给中学生讲研究生物理，他们大概率听不懂。因此作为传者，首先要明确自己内容的受众，是针对青少年还是儿童，或是针对每天只有晚上空闲、渴望获取知识的上班族，还是定期需要查阅资料、时间相对自由的学生党，等等。总之，明确的受众群体会影响到讯息的内容和结构。受众范围广并不一定适合所有人，更加专精的细分领域也许会获得更好的效果。

第五，效果。效果分析应该是每一个传播人的必修课，因为它为下一次传播提供了良好的数据支持。比如说根据受众的反馈，我是应该调整文案风格还是视频风格，应该如何改进才会让下一次传播获得更好的效果，等等。

二、短视频科普

（一）关于拍摄设备

对于科普类短视频的制作，设备的选择不需要过于纠结，无论是专业摄像机、单反，还是手机，都可以成为拍摄的主力设备。毕竟在科普活动中，内容更为重要，而且随着手机画质越来越清晰，单纯用手机拍摄也已经可以满足绝大多数视频平台的视频发布需求。在画质选择上，如果可以，4k 60 帧是目前主流平台的投放首选，当然 1080p 也无妨。相对画面而言，音质的好坏会更加影响科普短视频的竞争力。所以如果你是用手机进行视频拍摄，那么在收音时一定要选择安静、避免回声的环境，或者使用更加专业的收音设备。毕竟大部分人对于听觉的忍受能力远低于视觉，好的音质可以让视频事半功倍。

（二）关于提词器设备

每当看到自媒体博主在镜头面前侃侃而谈，人们都会不由感叹其知识储备和谈吐能力。其实，大部分短视频博主都会在镜头面前加装提词器设备。使用提词器有诸多好处：

第一，精简文案给视频带来更多有效信息，去除冗余。视频剪辑工作是否烦琐复杂，取决于原素材的复杂程度。提词器中展示的文案，可以有效地督促创作者精简自己的表述，从而降低原素材文字内容的冗杂。这样在录制视频的时候，就可以加快视频节奏，不拖沓。其实节约自己的时间，也是节约观众的时间。

第二，使用提词器可以大大提升剪辑效率，减轻剪辑压力。提词器使用熟练之后，甚至可以达到“一镜到底”的效果，从而无须过多剪辑工作。

第三，使用提词器可以加快视频字幕的制作速度。提词器上的逐字稿件就是字幕稿件，不用字句校对，也不用再为自己的“口水话”而苦恼了。如果再配合一些具有“自动打轴”功能的字幕软件，配字幕将会变得无比轻松。

当然，使用提词器也是有技巧的。为了让视频看起来更加自然，不像“读稿”，这就需要多在稿件上下功夫。比如，逐字稿的风格要尽量符合自己的说话风格，采用口语化表述，甚至可以人为添加一些语气词等，这些都可以让视频录制的过程更加轻松自在。

在镜头面前收放自如的表现，则需要时间的积累，大部分人面对镜头会不由自主紧张起来，时间可以帮助纠正这个缺点，侃侃而谈不是梦。

（三）关于选题来源

做一个垂直品类的账号最难的是可持续的优质选题。可能我们会感觉“科普的选题有很多”，但适合拍摄视频的选题并不多，更何况每个人的认知是有限的，时间一长就会陷入“选题荒”的困境。所以作为一个“科普人”，要做到持续学习。为了解决“选题荒”的问题，我总结了几点经验供参考：

一是“蹭”热点。热点的科学事件时有发生，有很多事件具备很好的科普意义，是很好的科普素材，就可以结合热点内容做一期解读分析。而且热点内容自带流量，所以这类视频一般都会获得不错的播放量。但蹭热点有风险，热点内容具有时效性，只在某个时间点具备传播意义，因此长期来看并非好事。所以蹭热点需要有节制。

二是做专辑。通常当我们想到一个选题的时候，这个选题可能会涉及很多其他选题，比如说“太阳的形成”这一选题，实际上与之相关的有“月亮的形成”“土星的形成”“火星的形成”等，因此可以将上述选题全部罗列出来，做成专辑，这样很快就会有十几个甚至更多的选题内容涌现。专辑内容往往不具备时效性，适合沉淀阅读，有助于账号长期发展。

三是多互动。每期视频的评论区常常会吸引很多科普爱好者留言讨论，这其中不乏很多专业人士的专业探讨，有很多选题是可以在互动中产生的，而且更加新颖。可以为了解决用户问题而单独做一期视频，这样不仅解决了一期选题，也增加了账号的互动度，有助于提高粉丝黏性，一举多得。

四是创作指南。在科协的指导下，科普中国每年都会印发一份《年度科普中国创作指南》（表 1），这其中包含了本年度将要发生的重大科学事件，并给出了相关选题导向。这也是一份不可多得的选题参考资料。

表 1　年度重点关注事件及科普关注点（包括但不限于）

序号	事件	科普关注点
1	中国共产党第二十次全国代表大会	1. 重要战略、政策的科技背景 2. 科技创新相关议题
2	国民经济和社会发展第十四个五年规划和 2035 年远景目标纲要	1. 国家战略科技力量 2. 原创性引领性科技 3. 基础研究 4. 重大科技创新平台
3	2022 年北京冬季奥运会等大型体育赛事	1. 冬季奥运会的科技支撑 2. 体育运动中的科技
4	基础科学促进可持续发展国际年	1. 基础科学对研究、教育和可持续发展的重要作用 2. 中国基础科学研究现状
5	中国空间站开展科学实验	1. 国家级太空实验室的建设 2. 空间站开展的科学实验 3. 空间科学
6	实验舱、神舟飞船、货运飞船发射等载人航天任务	1. 中国空间站的建设 2. “问天”及“梦天”实验舱 3. 航天员的空间站生活 4. 神舟飞船的发射与返回 5. 天舟货运飞船

（续表）

序号	事件	科普关注点
7	“天问一号”探测器科学成果	1.“天问一号”的探测成果 2. 行星科学
8	詹姆斯·韦布空间望远镜科学成果	1. 红外波段观测宇宙的新进展 2. 大型天文望远镜 3. 天体物理

（四）关于短视频平台逻辑

当我们完成一篇稿件，并将其拍摄成为视频之后，下一步就是要在各大平台分发发布。但分发视频的过程很可能会遇到没有流量、效果不好的问题。所以我们有必要来谈一下短视频平台的分发逻辑。

目前大多数短视频平台都采用了基于大数据分发的智能推荐算法，就是我们通常所说的“越喜欢刷到的内容就会越容易刷到，不喜欢的内容刷不到”。简单阐述这种算法的实现原理就是“贴标签”。平台会给用户贴上不同的标签，根据用户主动搜索浏览或者停留时间的长短，某个用户可能就会被贴上“生活”“娱乐”“科学”等不同的标签。每个发布的视频也会有不同的标签，根据创作者的垂直品类、标题简介、用户评论等内容，视频也可能会被贴上“生活”“娱乐”“科学”等不同的标签。所谓“推荐算法”就是指选择相同的标签，针对性地推送至目标用户。当然，具体如何去实现用户侧和视频侧的标签化，一定是平台的核心优势所在，我们不得而知。但科普类短视频应该会有一个类似“科普”的标签，然后分发给感兴趣的具有相同标签的用户。拥有“科普”标签的用户可能有1 000万人，而我们视频的流量还是少得可怜。这就是“推荐算法”的第二个逻辑——“预启动”机制。并不是所有“标签”都要分发，而是择优分发。那么如何“择优”呢？就是通过各种参数来约束。

- 一是点击率，是指内容被点击次数与被推荐次数之比。

- 二是点赞率，是指内容被点赞次数与被推荐次数之比。
- 三是转发率，是指内容被转发次数与被推荐次数之比。
- 四是完播率，是指完整观看视频的比例。

此处罗列了几个在短视频领域比较重要的核心参数。当我们发布一条视频之后，“推荐算法”会进行小部分的预启动推荐，比如推荐给 100 个具有相同标签的目标用户，通过这些用户的参数反馈，来决定是否要进行下一次推荐（图 17）。例如第一次推荐给 100 个目标用户，若所有返回参数均满足系统要求，则系统会再次推荐给 1 000 个目标用户（举例），如若再次满足则再次推荐，直到参数不满足要求为止。

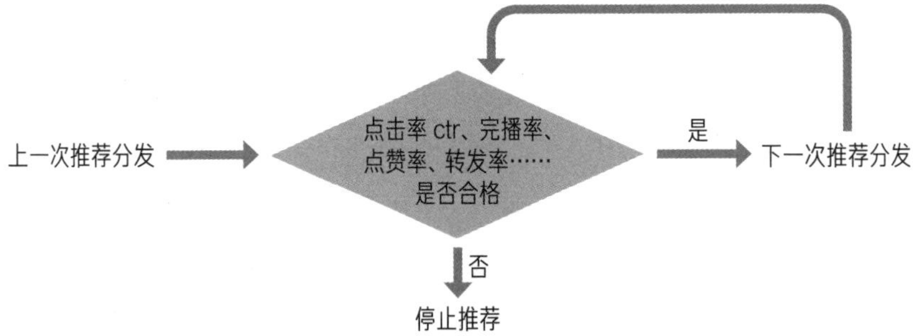

图 17　短视频平台逻辑

综上，要想在短视频平台获得不错的流量，除了内容本身优质以外，还需要一些技巧。比如扩大视频的目标用户、优化视频的“点击率”“完播率”等参数，都可以起到很好的作用。具体而言，“点击率”往往发生在阅读具体内容之前，所以影响“点击率”的关键在于标题和封面是否足够“诱人”。而“完播率”更多考核的是内容是否拖沓，是否可以持续“有料”，让用户一直看完。“点赞率”也可以侧面衡量内容的优质程度。不过据经验来看，通过直接添加引导点赞的话术就可以起到不错的效果。

总之，通过反馈数据进行视频优化，是短视频运营的必经之路，可以让好作品锦上添花。

（五）关于标题封面

视频的标题封面是视频的敲门砖，在短视频中有着甚至超越内容的重要性。不好的标题封面很有可能会让一篇精品内容错失传播的良机。因此，起标题大有讲究。整体来说，字数不应该超过 30 字，一般 15 字左右为佳，符合大部分人“瞥一眼”的最大字数。言简意赅、直奔主题是基本要求。起标题的目的是让读者产生有效点击，增加点击量。因此以下“窍门”，也许会有帮助。

首先，制造悬念。

多用疑问句开头，或者是一个引人深思的、反常识的问题开头，这样可以增加悬念，同时把答案放在视频里（图 18）。

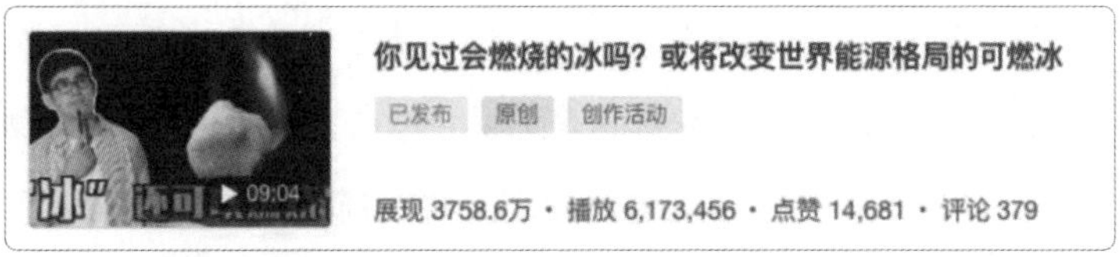

图 18　用疑问句开头的标题

其次，“危言耸听”。

这不是在鼓励大家成为“标题党”，而是有很多选题属于辟谣类型。谣言之所以能够广泛传播，因为它具备某种传播属性，比如“危言耸听”。我们恰好可以取其精华去其糟粕，利用谣言当作标题，并发出设问（图 19）。这种类似的标题十分常见，比如“多吃食盐致癌？假的”。打败谣言，首先要让辟谣获得比谣言更好的流量。

图 19　利用谣言当作标题

再次，热词分析。

很多自媒体平台会提供“热词分析”类似的页面用作创作参考。而“热词分析”的正确用法是用来起标题，因为机器是不知道视频内容的好与坏的，那么在大数据下如何进行视频分发呢？很大一部分决定因素是从标题中提取关键词，进行标签匹配分发。所以标题中的热点词汇越多，获得额外流量推荐的可能性就会越大。因此结合“热词分析”等页面提供的当下热点词汇来起标题，也是一种可以增加推荐流量的方法。

最后，回到最开始的主题——“科普”即是“科学＋普及”。可问题在于，“科学”注重的是严谨性，而“普及”在某种程度上意味着通俗性。在我看来，通俗易懂和科学严谨就像是微观粒子的位置和动量，必然是不可兼得的。在量子力学中这是一条核心原理，叫作不确定性原理。所以我暂且将“严谨性和通俗性不可兼得”称为“科普的不确定性原理”。对于某个理论或者结论，我们解释得越通俗，距离科学本身或者论文本身的差距就会越大；反之，论文的还原性越高，通俗性也就越低。为了解决这个问题，我们需要在通俗和严谨之间寻求平衡。一篇科普内容的科学和普及应该各占多少？显然，这个问题的答案应该根据受众来决定。结合前文提到的中国具备科学素质人群的比例来看，“三分科七分普”可能更具备广泛传播的意义。当然，这不是绝对的，而且并不是评判科普内容好坏的依据。但可以肯定的是，通俗性占比越高，科普内容的传播性就会越好。这就是谣言利于传播的便利之处，谣言总是通俗易懂，比如说“这个吃了致癌，那个有辐射”我们很容易记住。相信谣言的人是不会考虑科学原理的，反过来也一样，考虑科学原理的人就不会轻易相信谣言。然而可悲的是，我们在尝试讲科学道理，尝试用科学原理去击败谣言的时候，本身就处于弱势，因为科学性不利于传播，这就是造谣容易辟谣难的原因。

诚然，科普是一项事业。任何投入科普领域的人都值得被尊敬。我从事科普自媒体工作大概有 5 年时间，很多人问我：“为什么会选择做科普短视频？”因为我心中有自己的教育理念。我想起有一位叫特鲁多的医生，他说医学的真谛是：

“To cure sometimes, to relieve often, to comfort always.（有时治愈，常常去帮助，总是在安慰。）”引用这句话，也许科普的真谛就是，有时解惑，常常去解答，总是在婆婆妈妈。

本篇作者周哲，科普视频创作人，妈咪说 Mommy Talk 栏目主理人，中国科普作家协会会员，计算机、教育学双学位。全网粉丝超 300 万。科普内容主要针对物理、数学等热点问题，讲解深入，通俗易懂。

科普视频创作思考

□ 戴树玺

一、引言

随着移动互联网的普及，短视频已经成为继书籍、报刊、电视、图文和长视频之后最抓人眼球的信息传播方式。中国互联网络信息中心的数据显示，截至 2021 年 6 月，中国网民数量为 10.11 亿人，而短视频用户已经达到 8.8 亿人，其中 53.5% 的短视频用户每天都会观看短视频，单日使用时间远超图文和长视频内容，并处于不断增长的趋势。

短视频的受众面之广，为大众科普活动的进行提供了全新的载体。相比传统的科普书籍报刊、科普讲座以及公众号等形式，短视频极大地扩展了科普受众，降低了大众获取知识的门槛。广大短视频用户有强烈的愿望，希望在碎片化的时间内，能够有效地获取信息和知识内容。

如今短视频生态发展已经比较成熟，视频内容也发生了较大变化。通俗易懂的科普类短视频越来越多地出现在手机屏幕上，一大批“网红”科普创作者已经被大众所熟知。他们通过通俗、浅显的语言和丰富的呈现方式，发布了很多专业内容和观点，也收获了大量的粉丝。

春江水暖鸭先知，有了粉丝和流量的诱惑，很多自媒体从业者纷纷进入知识领域，于是便出现了搬运、抄袭、伪科学内容泛滥等问题。但科普的目的不只是单纯地传递知识，还要吸引更多的人进来，引导大家对科学产生兴趣。这对致力于大众科普的科学工作者来说，责任更大。短视频的风口，如果我们不去占领，那么必然就会有大量粗制滥造甚至错误满篇的科普内容充斥网络。因此，在短视频时代，如何借助自己在领域内的专业知识和经验，提供高质量的内容服务，让用户能够获得新奇、丰富且有趣的科普体验，是我们每位科普人都要深入思考的课题。这里就简单谈谈对短视频创作的一点思考。

二、学习视频拍摄及剪辑技术

一开始看到短视频，大家往往会陷入一个误区，认为做短视频的难度在于拍摄和剪辑，从而对视频制作的复杂性望而却步。其实大部分的短视频时长在 1 至 5 分钟，只需要讲透一两个知识点就足够了，所需的视频画面并不算多。

科普视频的呈现方式，可以是真人出镜，面对镜头进行知识讲解；也可以是各种资料、图片、动画和视频的混合剪辑，配上文案解说和字幕；有时还可以是随拍一些实验过程，加上旁白解说。目前的科普视频主要是真人讲解，后期再添加各种素材和演示，以丰富科普视频的表现效果。

拍摄只是呈现科普内容的技术工具，我们日常使用手机或者数码相机，加上三脚架保持稳定，就可以实现大多数的拍摄需求。根据不同场景，还可以辅以补光灯具和良好的收声系统，来提高视频质量。

至于剪辑，并不需要一开始就去学专业剪辑软件，如 Premiere 等。现在各短视频平台都有推出免费的专用剪辑软件，比如抖音推出的剪映，b 站推出的必剪。这些软件简单易操作，常用的剪辑、转场、音频卡点以及智能识别字幕等功能都已具备，使用起来非常容易上手，对于新手来说，功能已足够强大，只需要仔细查看教程，稍加练习即可掌握。

如果仍然感觉无法完成拍摄和剪辑工作，更好的解决方案，就是和视频相关技术人员展开合作。科普作者保证内容的输出，视频拍摄和剪辑交由技术人员进行制作，各自发挥所长，科普作品的内容专业性和视频质量都能得到保证。

三、了解短视频分发机制

想要做好短视频，就必须了解短视频的传播特点。短视频内容的分发和传统的图文内容有着较大区别。图文内容，特别是公众号等订阅形式，在内容发表之后，就会推送给订阅用户，关注和订阅的用户越多，文章的阅读量就会越大。在用户点击阅读图文内容之前，会先预判选题和内容是否具有吸引力，这就要求图文的标题和封面要足够吸引人，能够吸引订阅用户的兴趣。

而短视频内容则主要由平台分发，无论是抖音还是快手，短视频最大的特点就是直接刷视频。用户通过滑动手机屏幕来更新内容，迅速切换下一个视频，在刷新的过程中，用户无法进行内容选择，你无法知道下一个要刷到的视频是什么，这样的未知给用户带来好奇的沉浸式体验。

那么平台是怎么推送这些短视频内容的呢?

平台的短视频推荐，主要采用对账号、内容和粉丝打标签的方式来进行匹配。第一是账号标签。系统会综合分析短视频的发布者是谁，发布内容属于哪个垂直领域，过往发布内容的质量如何、用户反馈如何，日常人设和风格是什么样的。系统经过一段时间的分析考查，就会给账号打上对应标签。

第二是发布视频的内容标签。系统会从标题、所带话题、文案内容中提取关键词，对发布的视频进行标注，判断视频内容是否符合账号所属的垂直领域，从而进行分析检索，并分发给具有对应标签的用户。

第三是用户标签。每个短视频用户在浏览视频时，都会不知不觉地被系统获取众多基本信息，并被打上标签，比如用户的年龄、性别、学历、使用的手机类型、观看短视频的时段。对于新用户，系统会推送多种类型的视频，通过数据反馈来分析用户的兴趣与偏好。

短视频系统就是通过标签开展的匹配，如果发布的视频内容与账户标签和用户标签一致，那么发布的视频就推送给感兴趣的粉丝，根据视频内容反馈的数据效果，分发到不同大小的流量池内。所以，想要得到更多的推荐，就需要发布的内容非常垂直，使得几个标签一致，让视频推送给真正感兴趣的用户。如果发布视频内容不垂直，标签比较混乱，推送给不感兴趣的用户，那么必然进入不到大的流量池。

简单来说，内容越垂直，标签越一致，用户越喜欢，系统推荐的流量池将会扩大，内容也就能获得更多的流量曝光。

所以，开始短视频创作之前，就要规划好账号定位，展示出真实的个人形象，创作出垂直的视频内容，同时还要经常了解用户画像，从创作中心分析粉丝的年龄、使用场景以及他们的兴趣点，从而打造出用户喜欢的内容。

四、学习运营思维

现在短视频生态已经非常成熟，想要在激烈的竞争中占据一席之地，我们还需要具有运营思维，对账号和内容发布有长期的规划。一个视频的制作，从策划到创作，再到发布后的互动，内容数据的分析整理，都需要全程介入。其中，做好视频选题规划是最重要，也是最困扰人的一步。做好视频选题规划，可以从以下两点出发。

首先，要围绕自己喜欢和擅长的领域进行创作，这样可以长期持续地发布垂直化和系列化的高质量内容。其次，为了扩大视频的受众面，也可以适当根据热点来策划内容。

比如，科普账号“爱较真的戴老师”发布的视频内容，主要基于本人在高校课堂上长期讲授的物理学和集成电路课程，这样既可以保证视频内容的专业性，也具有足够的知识储备。制作视频内容，既可以在大中小学课堂上播放，起到扩展课堂知识辅助教学的作用，也可以通过短视频的传播，助力社会大课堂，进行大众科普教育。

其次，我们还会紧跟时事热点，发布科技视频，起到服务社会的作用。比如，2020 年 7 月，河南郑州突降暴雨，我们在了解到郑州大学第一附属医院因暴雨导致停电的危急情况后，赶制出一期有关“面对千年一遇的暴雨，医院停电怎么办？”的救援科普视频。该视频在快手短视频平台发布后，很快引发众多网友关注，全网累计播放 800 万次，并登上微博热搜，不少网友表示“有被科普到”。在随后的短视频选题中，我们重点针对暴雨救援中采用的高科技手段，详细讲解了翼龙无人机、高分卫星和水面救援机器人等技术的原理和应用，让大家了解抗灾救援过程中的中国科技力量。

为了提高关注度，科普短视频需要以热点为适当抓手，吸引观众。但新手容易陷入一个误区，就是不顾内容质量乱蹭热点。这样的内容发布，也许会获得一定的关注，但很可能会导致丧失垂直性，最终影响后续视频的流量推荐。

在“内容为王”的短视频时代，垂直的视频内容和质量对推荐的重要性，要远远大于更新频次、时长、标题封面等因素。遇到播放不好的情况，更是要总结原因，提高质量。千万不要随意蹭热点，只有依托长期的账号定位和内容规划，才能创作出粉丝真正感兴趣的视频。

再比如，2022 年初冬奥会之前，我们提前规划了视频选题，要重点讲解冬奥运动项目中的物理学。其中一条名为“冰壶运动员为什么要不停擦地？”的视频，在冬奥会开幕前发布出来，几天后点赞量停留在 8 万次。意外的是，这个视频在冬奥会期间重新“复活”，最终收获点赞 112 万次，并登上抖音体育榜。我们认为，这个视频的后续火爆，是冬奥会热点和内容质量的统一，提前规划内容并发布，得到多轮推荐。在后期，高质量内容起到了决定性的作用，使得该视频能被系统重新识别并推荐，从而带来流量的长效增长。

所以，每个视频创作者都要掌握一点运营思维，做好账号的定位和框架，学会分析视频数据和粉丝画像。不要在意单条视频是否火爆，单条视频给予观众的价值是有限的。作品最好做成系列的栏目化，这样观众通过某条视频关注之后，就可以获得系列相关作品的推送。持续的系列更新，是提高账号黏性、吸引更多粉丝长期关注的最佳方法。

五、写好科普短视频文案

确定好账号定位和运营，就要重视内容，重视科普短视频的文案。做好科普短视频，不仅需要认真创作文案，还要花费大部分时间来打磨它。这里的打磨，并不是指文稿的科学性和专业性，更主要的是指用通俗的大白话来讲科学，将专业名词通俗化、口语化，让更多的大众能够理解内容。这点和图文内容大有不同，图文用户是通过标题和封面，提前对内容有大致的预判，感兴趣的用户才会点进去，即使图文中有晦涩难懂的部分，用户可以跳到简单容易理解的部分来看。而短视频用户看到的短视频内容是由平台分发的，一旦听到艰涩的内容，用户不明所以，就会滑到下一条。

那么在短视频平台，如何既精准又通俗地展现所要表达的内容呢？想要扩大受众面，科普就要“水”一点。科学知识就像一坛美酒，科普作者要把握好科普的酒精度数。比如太硬核的基础理论知识，相当于伏特加，很多人可能抿一口，就把杯放下了。但如果我们能把知识更加口语化、故事化，就像低度的软饮料，更多人都可以接受。这里的“水”，指的是让科普更有趣、更接地气，能更好地把知识传递给观众。我们也不能为了稀释知识含量，真把文案写得太“水”，充斥一堆废话和套话，讲一些大众已经很熟悉的内容，这就失去了科普的本质，也不会得到用户的良好反馈。

六、结语

在短视频时代，流量和播放是重要的，但内容质量才是王道，科普视频的科学性更应该是坚守的底线。因此，科普短视频创作，首先要重视准确定位账户、长期规划垂直内容，耐心打磨短视频内容文案，然后创作生产符合粉丝兴趣的视频内容。

本篇作者戴树玺，中国科学院理学博士，河南大学物理与电子学院教授，河南省首席科普专家，物理学省级科普基地、河南省全媒体科普创作基地负责人。科普栏目“爱较真的戴老师”主理人。获河南省科学技术进步奖二等奖、中国科协全国科普日最受欢迎视频奖、“典赞 2021 · 科普中原”年度作品、“典赞 2022 · 科普中原”年度人物、河南省优秀科普作品一等奖等奖项。

科普自媒体工作中的一二三

□ 史 军

作为一个科普自媒体工作者，经常会碰到各种问题和困惑。这是因为科普自媒体工作者不仅仅是简单的撰稿人或者主持人，同时还承担了内容的生产、传播平台的选择以及用户的维护等不同层面的工作；再加上媒体传播手段从图文形态逐渐转变为视频和音频形态，这让很多科普自媒体工作者都产生了茫然的感觉。

我在这里将过去十年的科普自媒体经验总结出来，供大家参考。

一、科普自媒体工作中存在的悖论

科普自媒体工作者经常会遇到一个问题：在输出内容的时候，究竟是要严谨到滴水不漏，还是要同时兼顾传播的效果?

如果能做到数据翔实、论证严密、表达严谨自然是最好的，但是在实际工作中，要做到这点很难，因为很多科学问题本身就处于研究过程中，并没有100%被公认的结论。如果充分体现不同观点和研究，会极大限制科普内容的传播，因为一个充满不确定性的说法，很难被公众接受认可。几乎所有人都讨厌不确定性，结论不确定的内容很难得到有效传播。

那么，作为一个科普自媒体工作者该如何取舍呢？

科普内容究竟是要严谨当先，还是保证传播效果优先，这是一个必须考虑和权衡的问题。我们需要先明确一个问题，即科普和科学教育是有差别的两件事情。

在我看来，科普的主要使命是让更多朋友爱上科学，同时以科学方法、科学思维和科学精神指导自己的生活。科普工作者的内心充满对科学的认同感，以及传递科学知识、科学方法和科学精神的内在动力。因而在开展科普工作的时候，科普工作者总是力图全方位地传递出科学研究的信息。然而，在这个过程中，科普工作和科学教育的差别往往被忽视了。这二者之间其实也是存在分工的，各自有着不同的使命和方法路径。

就拿目前的小学科学课来说，主要强调和传递的是基础的“科学知识”“科学方法”“科学态度”和“科学、技术、社会与环境”，这些是每个公民应有的基本科学素养，也是在科学教育中不断训练和强化的内容。这是科学教育应该有的功能。

而实际的科普工作，其实在很大程度上做了科学教育的事，或者说是在力图替代科学教育所做的事情。这一项工作不容易被发现，更不容易被实现，因为科普更多的是一个基于兴趣的活动，并不是一个硬性的指标和考核活动。所以，最终达成的效果是极其有限的。与此同时，我们恰恰忽视了科普的一个重要功能，即让公众亲近科学、接纳科学这一套生活解决方案。

从本源来说，科学实际上是与迷信相对的一个认识世界的方法。要让公众接受科学并不是一件简单的事情，因为科学中有很多与我们的感性认识相左的做法。这无形当中拉开了公众与科学的距离。

而科普的作用就是为科学教育争取更多的粉丝，同时补充必要的科学知识。这应该是科普工作的核心。

所以，科普工作者制作内容时，在不违反科学原则的情况下，需要最大程度提升科普内容的传播性，以吸引更多的受众关注科学、学习科学，并以科学方法指导自己的生活。

二、科普自媒体工作中的两个原则

科普自媒体工作者应坚持两个工作原则，其一是要有良好的心态，其二是不要浪费时间。

第一原则，要有良好的心态。首先要坚定科普工作的必要性，其次要认识到科普工作的艰巨性。作为一名科普工作者，必须认同科普工作的重要意义和作用，必须有足够的信心克服科普道路上的诸多困难。不要认为科普被大众接受是理所当然的事情。虽然拥有基本科学素养的公民比例在逐年上升，但是远未达到理想的水平。理解科学知识本身对广大受众来说，就是一个挑战。

更大的挑战来自大众的不理解、或者不愿意理解的情绪，这主要是科学知识和科学理论中存在诸多不确定性造成的。正如上文所说，人类对于不确定的事物有天然的抵触情绪，更愿意相信那些选择唯一的答案。这也正是谣言的传播速度总是快于辟谣信息的重要原因，因为谣言中总是有受众想看到的“唯一答案”，而科普知识通常不能给出唯一确定的答案。作为科普工作者对此一定要有清醒的认识，对自己的工作要充满信心，同时也要充分认识到工作的艰巨性。随着全民科学素养的提升，建立科学思维，树立科学精神，可以帮助受众在很大程度上容忍不确定性的存在。这也正是理性思维的关键，是科普工作的意义所在。

第二原则，不要浪费时间。不要浪费受众的时间，也不要浪费自己的时间。这应该是科普工作者，特别是科普自媒体工作者必须思考的问题和担负的责任。如何输出有价值的内容，是内容创作者需要思考的事情。有很多视频生产者为了迎合受众不愿意深度思考的偏好，有意识地在作品中进行简单的内容重复，最常见的做法就是讲车轱辘话和故弄玄虚。当然，科普内容的价值不仅包括学习价值，也包括娱乐价值和让人亲近科学的价值。避免内容垃圾化，提高受众时间的有效性，是科普自媒体工作者应该坚守的底线。

除了对受众的时间负责，还需要对自己的时间负责。当下，追逐热点是自媒体最常用的创作内容的方式，但是这种新闻报道模式的内容，往往是昙花一现，并不会被人们长久地记住。如何构建自己的知识体系，如何强化自己的世界观架构，是所有科普自媒体工作者必须考虑的问题。

三、科普自媒体工作中的三个方法

在明确了科普自媒体的工作方向以及基本的工作原则之后，需要用具体的方法来实现目标。具体的方法涉及获取知识背景和逻辑架构，搭建科普故事基本构架，运营受众和盟友这三个层面。

首先，要想运营好一个科普自媒体，关键在运营者或者内容提供者拥有完整的知识背景和逻辑架构。一个自媒体平台之所以吸引人，不仅仅是靠美丽的画面、风趣的语言和让人耳目一新的知识，更重要的是展现一种独一无二的看待问题的视角。说到底，其实是有关世界观的问题，这就要求创作者拥有自洽的底层逻辑。

对于很多经过科研训练的创作者而言，这点并不难，因为科研训练本身就是一个建成世界观的过程，构建一个完整且自洽的世界观对于我们分析和阐释科学问题大有裨益。比如说，所有的生物学问题都可以归结到生物演化的问题，那么要想做好生物学科普，就需要理解生物演化的理论，以及不同理论之间的差异和生物演化理论的发展过程，而不是简单停留在“自然选择”和“用进废退”这些词汇的表层意思上。

要做到这点，最简单的方法就是阅读经典著作。作为一个生物学工作者，不管你如何看待生物演化理论，一定要深入阅读《物种起源》，并且能够理解达尔文阐释的概念，以及论证概念的逻辑和证据。这不仅仅是一个建成世界观的过程，也是一个学习讲述科学故事技巧的过程。

有了独特的讲故事的视角，内容已经成功了一大半。但是要想让故事完整地呈现在受众面前，精良的故事构架必不可少。论文有论文的格式，摘要、前言、材料和方法、结果、讨论是构成论文的基本内容板块，这样设计是为了方便读者以最快的速度获取文章中的信息。同样的，我们在获取科普内容的时候，也习惯于获取标准化的内容。一篇科普文章、一段科普视频需要有标准化的结构，这样可以极大地提高受众的接受程度。

除了保证科普内容在结构上维持统一性，科普自媒体工作者还必须关注受众偏好的变化。例如，缩短甚至去掉片头已经成为短视频的通行做法。以往受众观看视频时，之所以有一个较长的片头，一来是没有选择的权利，毕竟观看传统电视节目时没有快进这个选项，二来是比较优良的剪辑和特别的主题曲吸引了很多受众。但是随着互联网成为视频传播的主要渠道，受众习惯发生了很大转变，很多受众都习惯于跳过片头。所以科普短视频已经不需要片头，以最快的速度切入正题，才能留住受众。诸如此类的变化都值得我们关注。

虽然说科普传播中内容很重要，但是维护和运营用户群体对于科普自媒体的成长也同样重要。在很长时间里，科普工作都是相对严肃的工作。戴着黑框眼镜的老教授，正襟危坐，一板一眼地传递知识，这大概是大家对科普工作的传统印象。但是，这种形态已经远远落后于时代的发展。值得注意的是，谣言制造者的手段和花样在年年翻新，但是辟谣者和知识传播者的做法却一成不变，这显然不利于科普工作展开。在新的发展环境下，与受众充分沟通恰恰可以收获宝贵的意见和建议，对进一步加强内容生产有重要意义。

不要放弃沟通的机会。少数需要与大多数沟通。每一次沟通的机会都是宝贵的，不能因为沟通困难就放弃沟通。求同存异，其实才是符合科学精神的讨论基础，能多渗透一些科学的理念就多渗透一些。不随意给他人贴标签，更不能主观地划分阵营。用科学精神更广泛地影响其他人，不正是我们所需要做到的事吗？

除了与用户进行沟通，与其他科普工作者的沟通也必不可少。所有的科普自媒体工作者都必须清醒地认识到一个问题，我们的竞争者并不是其他科普工作者，而是那些制造和散播谣言的人。认识到这一点，可以帮助我们更好地处理与其他科普工作者之间的关系，特别是在对某些科学问题认识有分歧的时候，包括他人出现失误的时候，我们需要思考帮助他人改正错误，更好地将正确的知识传递出去，而不是互相指责，甚至进行人身攻击等过激行为。维护整个科普自媒体圈子的可信度，是所有自媒体人都需要参与的事情。科普工作者只有形成稳固的协作关系，才能更好地输出科学知识、科学方法和科学思维，进而强化用户的科学精神。这也正是科普自媒体工作者的价值和意义所在。

四、结语

科普自媒体工作，表面上看是纯粹基于兴趣的工作，但是要想真正做好这份工作，就必须遵循行业发展的客观规律，坚守科普工作的原则和底线，尽可能产出适应时代需求的内容，从而让科普自媒体从自娱自乐成长为一个有社会影响力的领域。

本篇作者史军，中国科学院植物学博士，公众号“玉米实验室”创始人，科普图书策划人。中国植物学会科普工作委员会成员，中国科普作家协会会员，教科版小学科学课本核心作者。著有《中国食物·水果史话》《植物学家的锅略大于银河系》《花花草草和大树，我有问题想问你》等科普图书。系列科普视频《植物有话说》《一点植物学》主创。同时担任《影响世界的中国植物》《水果传》《风味人间》等多个纪录片科学顾问。获评“典赞·2018科普中国”2018年十大科普自媒体之一。

在行动中科普

□ 花　蚀

2018 年我辞职之前，已经对坐在办公室里写科普这件事情麻木了。

一、一个新媒体科普人的危机感

我是名职业科普人。我从小喜欢动物，所以在大学期间选择了生命科学专业，跟着动物学老师做了三年鸟类的鸣声研究。每次我跟别人说起这一段经历，很多人都会笑。什么叫鸟类的鸣声研究？就是研究鸟叫。这在分类学或者动物行为学这两个“夕阳学科”里，都算偏门的。但我却乐此不疲，毫不在意这种研究的具体作用，更喜欢的是研究过程中起大早跑树林里找鸟的过程。

后来临近考研时，我产生了非常大的疑惑：未来我要继续做研究吗？仔细想想，我也不算是能在实验室坐得住的人，面对世界、面对野外，才是我真正的愿望。在大学毕业后，我就去了一个初创的科普网站——果壳网。

2011 年，正好是新媒体浪潮席卷互联网内容生产领域的初始阶段，微博初创，微信还没有战胜米聊和短信。我到果壳网是做编辑的，但在做了一些编辑工作之后，领导让我开始尝试运营果壳网的官方微博。我刚接手这个账号的时候，账号粉丝只有数万人，但粉丝活跃度还不错，在海量的数据和用户反馈下我玩得很嗨。很快，无论是数据表现还是影响力，果壳网都成了微博上排名第一的科普大号。

一时间我有点志得意满，但有一次我的直属领导无意中说了句话，让我产生了强烈的危机感："你想过以后要干什么吗？难道一直做微博运营吗？"我后来想了想，他的意思大概是让我多想想个人的未来发展。但当时我听了这句话想到的却是：太有道理了，要是微博没人用了呢？

自那时起，我就特别注意是否会有新的内容平台取代微博。然后就刚好被我碰上了。2012 年 8 月，微信公众号上线。这个平台的出现让我特别兴奋，因为在之前的微博运营中，我就产生了一种模模糊糊的感受。这种感受，被我后来总结成一个经验：能传播信息的大型网络平台，只要能产生真正的关注行为，那么就有巨大且长期的运营价值。

很显然，微信公众号就是这样一个平台。因此，我托其他同事找了微信，申请下来一个内测账号，开始了果壳网在公众号平台内的运营。借着首发优势，果壳网非常迅速地成为公众号上最大的科普账号。

果壳网无论是做微博还是微信，都很擅长抓热点。我们抓热点讲究行动迅速、内容科学，并且务必要讲人话，不能让人看得云里雾里。这一手绝活儿，让我们广受好评。

除了做新媒体运营，我还负责果壳网生态保护方向的报道。其实果壳网并没有生态保护的频道，做这些报道，纯粹是因为我喜欢且关注这一领域，并且会借助果壳网的声望，尽可能地多做一些一线采访。但随着工作年限的增长，我对这份工作也越来越不耐烦。其中的重要因素，就是我不想再坐在办公室里写科普。我闻过春天山里的风，就没法被圈禁在钢筋水泥里了。

二、从动物园中挖掘个人自媒体形象

终于，因为种种原因，我在 2018 年离开了果壳网。随后，我又去了一家互联网巨头做市场工作，但待了一个月就辞职了。那时，我的个人账号“@花落成蚀”在微博上已经积累了一百多万的粉丝，也拥有一些商务资源。因此，我决定尝试做自媒体来养活自己。

既然要做自媒体，那我总得做一点事情，让人们记住我。我是个动物园爱好者，一直有个想法，想要把国内的动物园都逛一遍，看看它们都发展到什么地步了。曾经上班的时候，我考虑过用周末来完成这个目标，但是试了一下发现不现实。当我变成自由职业者之后，有大把的时间可以自己把握，那就可以执行这个计划了。

正式开跑之前，我先去了趟北京动物园，拜访了张恩权老师。张老师是国内动物园行业的大师，出版了《图解动物园设计》《动物园野生动物行为管理》等书。张老师听说我要做这件事，也挺高兴，还为我把国内动物园的重点全部划了一遍。

依托张老师给我提供的信息，我制订了一个先北后南的造访计划。我出发的时候，已经是8月底，天气即将转冷。因此，整个行程的第一站，就是黑龙江的哈尔滨。哈尔滨的北方森林动物园离城区有三十多千米，我起了个大早，挤公交车出发。这样的过程，其实也是对一个动物园现状的体验。21世纪初，中国的动物园行业经历了一次大的洗牌，许多城市中心的动物园都拆迁去了郊区，且经历了改制，变成了野生动物园，城市市民就不再能享受到花上一点点钱轻轻松松逛动物园的待遇。

在北方森林动物园里，我看到了大片的森林供虎、狼生活，看到了早已不被提倡的马戏依旧在表演，看到了一些或优秀或拙劣的科普。让我印象最深的，是一位河马饲养员。那位大姐戴着麦克风，轻松畅快地讲述河马的饲养，听得出来有所准备，但因为讲的是自己每天所做的事情，所以非常自然。做完讲解，她便开始在旁边的荒地里打草。当日的饲料车来晚了，大姐怕河马饿着（其实河马也没那么不经饿），便在荒草丛里找能吃的野菜，摘下来喂河马。两头硕大的河马，像两个孩子一样，把脑袋搁在栏杆上，静静地等待和观看大姐的行动。那一瞬间很和谐。

在参观途中，我把看到的这些事情，同步更新到了微博上，让关注我的人跟我一同游览各个动物园。在每一个动物园游览结束后，我会写一篇长文，发布到微信公众号和微博上。这样一来，大家能借我的眼睛、我的专业知识，了解动物的神奇和各个动物园的优缺点。我对各家动物园的好坏都很关注，而这就是我这趟行程最想展现给大家的：中国动物园行业究竟发展到了什么地步，好的我们需要去知道、去表扬，而坏的也得给它们产生一些压力，推动改进。

逛完了东北的动物园后，我又转向了西北。一路由北到南，由西到东，把中国所有直辖市、省会城市、副省级城市的重点动物园全部逛了一遍。最终，历时四个月，我一共参观了 41 座城市的 56 所动物园，完成了这趟行程。我的微博话题“# 花老师带你逛动物园 #”，在行程中积累了 1.5 亿的阅读量。

2020 年初，我出版了《逛动物园是件正经事》一书，提炼、升华了这趟行程中我所发表的所有内容。在这本书当中，我想讨论两个问题：一是什么样的动物园是好动物园；二是我们应该如何逛动物园。截至 2022 年底，历经十余次加印，这本书的印数突破了 20 万册。

三、深入一线：新媒体之外的内容沉淀

2021 年底，我又开展了一个新项目——“# 花老师和他的朋友们 #”。在这个项目当中，我深入了全国十几个保护区，同一线保护人员进行对谈，试图把他们的故事讲给公众听。

近些年来，生态保护的理念逐渐深入人心。但是，生态保护究竟是保护什么，公众却并不十分清楚。习近平总书记提出的“绿水青山就是金山银山”，实际上就是中国保护工作的指导思想。

我所采访的桃花源基金会保护经理王春丽，她的工作就是个例子。她所在的向海国家级湿地保护区位于吉林，是一个生活着丹顶鹤等珍稀鸟类的保护区。但

是，保护区中还有不少牧民依靠放牧维持生计。于是，保护和生计之间产生了巨大的矛盾。王春丽和她的团队在发现了牧民维持生计需要牧草的关键矛盾之后，着手试点，利用种植高产牧草的方式，替代占用保护区放牧的生产方式，从而在维持牧民生计的同时，保护了生态。

这样的工作，实际上就是如今中国保护行业的缩影。除了羌塘、可可西里这样真正地广人稀的区域，中国的保护区里大多有人，也不可能把人从保护区里赶出来。在这样的大前提下，如何实现“两山论”的构想，就是生态保护的关键。

我想讲述的就是这些故事：真实的故事、一线的故事。

在这个项目中，我和我的团队，带着拍摄设备，为十数位一线保护工作者拍摄了对谈视频，希望他们透过我的镜头，讲出他们的故事和方法，从而让公众更加理解生态保护这个行业的运转。

实际上，这个项目的产出是反潮流的。每一个采访对象，我都会为他们制作两期访谈视频。每一期视频有十多分钟。同时，我还会为这个项目出版一本书。这样的中长访谈视频和书籍，能够产生一些沉淀下来的内容。但它们和现今快节奏的短视频是格格不入的。

为什么我会有这样的选择呢？因为我希望观看我的内容的人，对这些故事是思辨性地接受，而不是一笑而过。因此，我宁可略微牺牲一些传播性，也要让大家系统地感受背后的逻辑。但其实，我的每一期视频，播放量都在 10 万次以上，多的可达百余万次，登上过微博视频单日的播放量榜首，可见传播力并不差。那是因为这些内容本身是足够有价值的。

四、选择大于技巧

在这篇文章中，我并不是讨论一条微博如何才能写好，一篇科普文章如何让人愿意看。实际上，任何一个在自媒体平台获取了一定粉丝量的科普工作者，都具备一定的传播技巧。对于一个成熟的科普工作者来说，传播技巧从来不是最重要的。重要的是，科普工作者究竟要表达什么。

在我成为独立的科普工作者以来，我开展了两个大项目："# 花老师带你逛动物园 #"和"# 花老师和他的朋友们 #"。我在选择做这两个项目的时候，有一个共同的考量：做这件事情，是否能因为我的行动为现实带来一点好的推动？

- 在执行"# 花老师带你逛动物园 #"这一项目的时候，我希望通过我的关注，推动公众对动物园的关注，让整个行业往更加先进、更加环境友好的现代动物园之路前进。
- 在执行"# 花老师和他的朋友们 #"这一项目时，我希望让生态保护工作者更为大家所理解，以此来推动中国的生态保护。

为什么这件事由我做，或者说我的确可以带来一些好的影响？大概是因为我恰好能成为一座桥梁：我懂动物园，懂生态保护，但同时，我多年积累的传播经验和影响力，能够让专业、准确的观点更好地为公众所理解。我正好处于跨界区域。

珍·古道尔女士有一句名言：唯有了解，才有关注；唯有关注，才会带来行动；唯有行动，生命才有希望。这也是我做自然科普的信条：我希望我的行动，带来更多人的行动。

本篇作者花蚀，科普作家、独立撰稿人、摄影师，中国动物学会会员，荒野新疆理事。微博粉丝 400 余万，曾经研究鸟类鸣声中的方言现象，现专注于动物园、野生动物保护等话题，爱好拍摄宗教造像和古建筑。曾荣获 2017 年、2019 年年度微博十大科普大 V，2019 年微博年度公益倡导者。译作有《邪恶的虫子》《头骨之书》《听说你也是博物学家》《生于寒冰》。其中，《生于寒冰》入选界面新闻 2021 年年度书荐。出版的原创科普图书《逛动物园是件正经事》揽获十余项国内大奖。

浅说科研机构如何做科普

□ 成　蒙

党的十八大以来，党中央高度重视科技创新和科学普及工作。在 2016 年的“科技三会”上，习近平总书记强调：“科技创新、科学普及是实现创新发展的两翼，要把科学普及放在与科技创新同等重要的位置。没有全民科学素质普遍提高，就难以建立起宏大的高素质创新大军，难以实现科技成果快速转化。”习近平总书记的重要讲话，为新时代的科普事业发展指明了方向，给新时代的科普工作明确了定位，对科普工作的极端重要性给予了肯定，极大地增强了广大科普工作者的信心、激发了创新创造活力。

中国科学院物理研究所（以下简称物理所）作为国内最早成立的一批科研机构，目前以物理学基础研究与应用基础研究为主，综合多学科和交叉学科方向，取得了众多具有国际影响力的重要科研成果。多年来，物理所坚持在科学知识普及、科学活动举办、科学文化打造、科学精神传承方面积极探索、推陈出新，取得了较好的社会反响，为科学普及与发展、提高全民科学素质做出了积极贡献。

科研机构做科普看似属于“稀松平常”或者“理所应当”，但实际上背后有很多的艰辛和不易。物理所这些年也可以说是摸着石头过河，且渐渐地找到了一些适合自身定位的科普方法。下面将从不同方式、不同内容、不同受众等方面呈现物理所目前科普工作的全貌。

一、开拓传播途径，构建媒体矩阵

自 2014 年 11 月开设“中科院物理所”官方微信公众号起，物理所先后在微信、微博、抖音、快手、今日头条、哔哩哔哩（b 站）、小红书等主流网络平台上开设“中科院物理所”“二次元的中科院物理所”“悟理学院”等官方账号。物理所依托广阔的新媒体平台，通过图文、视频、直播等丰富多样的形式，以通俗的语言和生动的实验解答当下热门科学问题，用深入浅出的方式讲解前沿科学研究，深受广大群众喜爱，且收获了数百万人在网络平台的关注互动。截至 2022 年 4 月，物理所运营的“中科院物理所”微信公众号粉丝 156.2 万，抖音账号粉丝 277.1 万，哔哩哔哩账号粉丝 177.7 万，全平台关注人数超 800 万，综合影响力在科普新媒体领域名列前茅；同时，新媒体平台垂直影响效果明显，据估算粉丝中在读物理专业学生超 10 万人，占全国该专业在校生的 2/3。

开设至今，物理所运营的“中科院物理所”微信公众号获评“典赞 · 2017 科普中国”之“十大科普自媒体”荣誉称号，中科院物理所哔哩哔哩官方账号“二次元的中科院物理所”获评“典赞 · 2019 科普中国”之“十大科普自媒体”荣誉称号。

二、发展科普协会，鼓励学生实践

物理所的科普协会或者说科学传播协会是以学生志愿者为主体，虽然没有“正式编制”的身份，但这却是一个动态更新且不能忽视的主力军。尤其是每年的公众科学日，有超过两百名的学生志愿者在接待引导、实验讲解、摄影记录、后勤保障等方方面面的工作中提供志愿服务。他们各司其职，展现物理所人的风采，为参观人员带来通俗易懂的科普报告，用最简单的语言将最深奥的科学知识传播给大众。很多学生在毕业多年后回忆起在物理所的岁月时，仍会提到自己在公众科学日上做志愿者的情景。

在政策层面，物理所通过在人文必修环节设置学分要求和设立“科普之星”奖学金等方式积极引导，鼓励研究生参与科普创作和科普活动。物理所在中国科学院大学各培养单位中率先实行科普学分制，学生可通过在公众号上写原创文章，组织、参与科普活动，去校园进行科普宣讲等定量的方式获得相应学分。这也在一定程度上弥补了科研阶段学生社会实践普遍不足的问题。

三、调动科研人员，深入校园科普

2010 年前后，物理所组建了由科研人员为主体的科普演讲团。他们走进周边的学校，走进企业甚至社区，进行形式多样、生动活泼的科学文化传播。该团队从创建之初，就在旁边的中关村第一小学开设了科学家课程，每周利用一个下午的时间与热爱科学的小学生亲密接触，10 多年来从无间断，并在课程成熟之后，沉淀出版了面向小学科学内容的《神奇物理学》以及科学素养读本《Z 星探险团》，成为学校独特的教育资源。

此外，物理所的科研人员也多次参与北京大学附属中学、中关村中学、中科院附属实验学校等若干学校的科技节活动；并利用出差之便走进全国数十所中小学开展科学课程或讲座，累计超过 1 000 课时，覆盖数万名大中小学生。2017 年，物理所所长方忠院士在人民大学附属中学的开学典礼上给高一新生讲的一堂物理课“我们需要什么样的创新型人才”，点燃了全场师生迎接新课改的激情，为在校园形成热爱科学、崇尚创新的风尚营造了良好的氛围。同时，该课程也引发社会关注“高考物理选考问题”，相关话题网络点击量超 2 亿次。

四、面向公众开放，跨界合作直播

自 2004 年举办首届公众科学日以来，物理所每年 5 月都会举办公众科学日活动，面向社会公众开放。2016 年，物理所对公众科学日活动进行了全新升级包装，策划并筹备了丰富多彩的科学内容，如院士科普报告、趣味实验互动、大型科学秀等，并在活动中创新性地引入了打卡闯关环节，引导观众更加全面、立体地参与公众科学日的各项精彩活动。参观预约通道开启当天，数千个名额一抢而空，园区场面火爆，几乎每场活动都有超万人参加。

2017 年，物理所首次将公众科学日的活动拓展到了线上，以直播的形式，让更多不能来到现场的观众也能近距离地感受前沿科学的乐趣。直播中除了物理所的科研人员会出镜讲解，还邀请了数十位网络知名科普博主参与直播，与观众互动，其中大多数都属于跨界合作。但正是这种跨界合作碰撞出了非常精彩的内容，大大提高了线上观众的参与度。每年都有数百万观众通过人民日报客户端、新华社、新华网客户端、央视新闻、央视频、光明网、中国青年报客户端、科学网、哔哩哔哩等媒体平台观看直播，累计观看人次达数百万。

五、组织高端沙龙，举办科普赛事

除了每年一度的公众科学日活动，物理所也针对不同人群推出各类丰富的科普活动、赛事。自 2016 年 2 月起，每月推出一期“科学咖啡馆”沙龙，旨在搭建一个科普界人士的交流平台，鼓励推介国内外科学传播新思想、新动态、新理论、新方式等。截至目前，共邀请到近 600 位各领域各行业专家学者，包括于渌、沈保根、汪卫华、向涛、欧阳自远、林群、江雷等院士，20 个国家部委和国家局科技领域工作人员，同时沙龙的内容还被整理成文章在《物理》杂志上连载。目前“科学咖啡馆”沙龙的品牌效应已经扩大到更多的行业和更广泛的领域，无论是参与度还是宣传维度都在不断拓展。

物理所积极承办第一届和第二届全国科学实验展演汇演活动，为全国科技人员搭建展示科研能力和学习交流的平台。物理所通过向全社会广泛普及科学知识的形式，弘扬科学精神，传播科学思想，倡导科学方法，为推动我国科普事业持续健康发展贡献力量。

物理所自2017年开始依托微信公众号等媒体平台，面向广大科学爱好者主办“科学三分钟”全国科普微视频大赛，旨在让原本处于接收端的科学粉丝变成科学内容的创作者、播撒者。2020年的“科学三分钟”大赛，共征集到作品6 000份，其中不乏非常优秀精美的视频作品，很多作品在网络端播放量超过10万次。几年坚持下来，“科学三分钟”大赛也成了物理所的一个品牌赛事。

六、汇聚平台优势，致力品牌输出

近年来以直播的形式做科普已经成为一种趋势。物理所实际上早在2017年的时候就通过直播平台开展了一些科普内容的传播，经过几年的积累之后逐渐摸索出一些直播的思路，并致力于打造具有物理所烙印的品牌直播节目，提升物理所科普品牌影响力。

2019年末，物理所在国内首创“跨年科学演讲”这一品牌，以“新年悟理”为主题，连续两年邀请曹则贤研究员跨年开讲“什么是量子力学”和“什么是相对论”；并在两次成功直播的基础上，于2021年底，整合中科院深厚科普资源，推出了“复兴路上的科学力量——中国科学院2022跨年科学演讲”大型直播活动。该活动通过学习强国、人民日报客户端、新华网客户端、央视频、科技日报（中国科技网）、中国科学报（科学网）等媒体平台同步直播，约700万人次在线观看了本次跨年科学演讲的直播。本次活动整体曝光超4亿次。活动热点话题在“微博热搜榜”累积曝光超过2.3亿次；在“抖音热榜”曝光1.34亿次。2021年底和2022年3月两次“太空授课”受到了国内外的高度关注。中央电视台联合物理所打造的“地面课堂”直播间，作为太空授课内容的延伸，让观众更深入理解其背后的物理知识，在线观看人数逾百万。

除了在跨年或者“太空授课”这样关键时间节点上的集中暴发，物理所也本着润物无声的原则，将更多的科学知识拆分组合成不同系列的网课，让科学家通过直播的方式讲给青少年和广大科学爱好者。2020 年初，在很多学生都不能回归课堂的情形下，物理所推出了由物理所 20 位科学家联袂打造的“云里·悟理”系列微课，力图将物理学规律与日常生活紧密结合起来，用诙谐生动的语言把重要的物理概念和物理知识展示出来。总共 30 集网课在 38 家平台上线，累计观看量超 3 000 万人次。2022 年 1 月中小学生寒假期间，在中科院传播局的支持下，物理所又一次推出新的系列直播网课——“科学公开课”，从中小学学科外教育入手，以满足中小学生科普需求、培养学生综合素质为宗旨，为青少年重点打造了一套纯公益、全开放自由选学科学课程，课程在网络端的参与也达到 2 500 万人次。

七、联手电视媒体，助力科学节目

近年来，电视端也涌现出一些优秀的科普节目。物理所抓住机会，利用这种深入群众日常生活的渠道传播科学知识。物理所受邀在央视《加油！向未来》《脑洞大开》等电视科普节目中提供科学支持。值得一提的是，物理所曹则贤研究员担任《加油！向未来》第二、三季的科学顾问，出镜讲解实验背后的科学原理。借此平台，物理所将科学实验、科学知识、科学思想传递给社会公众，让青少年有更多机会接触科学、爱上科学。

2017 年，物理所作为科学顾问团队全程支持山东卫视《奇迹时刻》节目，与魔术师跨界合作，将科学现象和魔术融合在一起打造精彩纷呈的舞台表演。此外，物理所也多次受邀参加央视《透视新科技》《一问到底》、湖南卫视《新闻大求真》、辽宁卫视《奇幻科学城》、四川卫视《向上吧！青春》等节目，为广大电视观众奉上一道道精彩的科学盛宴。

八、沉淀精品内容，出版科普书籍

为了提升科学传播效果、打造精品科普品牌，物理所的科研人员也一直在用书籍出版的形式向社会传递高品质的科普内容。面向不同受众、不同层次，有些作品已成经典，如于渌、郝柏林、陈晓松的《边缘奇迹：相变和临界现象》、曹则贤的《物理学咬文嚼字》等。《边缘奇迹：相变和临界现象》通过对相变和临界现象的介绍，阐述了热力学和统计物理的基本概念，包括从熵的引入、统计配分函数到对称破缺、标度律和普适性。《物理学咬文嚼字》涉及夸克、量子、温度、熵等重要概念的起源，为用中文修习物理学者说文解字。

此外，物理所还集结出版了《1 分钟物理（第 1 辑）》《1 分钟物理（第 2 辑）》《物理君大冒险》《物理学“中二”指南》等科普书籍。这些书籍一经推出便获得光明网、中国新闻周刊、北京青年报等数十家媒体相继报道和推荐，并在当当网、京东图书等线上平台和线下实体书店内火爆热销。其中《1 分钟物理（第 1 辑）》荣获第十五届文津图书奖，并入选中国科学院优秀科普图书。

九、传播科学精神，塑造科学文化

物理所一向注重科学文化建设，开展了修订所志、建设所史馆等工作，聚焦物理所学科发展、科研成果、治学精神及人才培养等主题，传承、发扬物理所几代人形成和积累的科学精神和优秀文化，客观、真实地反映物理所为国家发展做出的突出贡献，以告慰先人、启迪后者。

物理所精心制作了钱三强、陈能宽、黄昆、严济慈、施汝为、钱临照、赵忠贤、陈立泉、于渌等 9 位老一辈党员院士的微视频，生动地展现了老一辈科学家爱党爱国的科研人生。另外物理所制作的讲述两位女科学家代表李林、李芳华先生的人物短片《一生的信念》，在中国科协组织的“学风传承”活动中，从全国参选的 1 000 余部作品中脱颖而出，当选十佳优秀作品，并在学风传承官网展播。

一个个科学家人物的视频作品，将他们身上的科学家精神传递下去，激发了青年科技工作者和学生的报国情怀及创新活力，激励大家为建设祖国奉献力量。

十、打造科普爆款，激发科学出圈

2018 年公众科学日活动适逢物理所建所 90 周年。以此为契机，物理所动员全所师生员工开展了物理主题创意井盖涂鸦活动。园区内有近百个井盖都被装饰上了与物理相关的卡通图案，卡通图案的内容妙趣横生地将浮力公式、光子能量公式、万有引力定律、薛定谔方程、傅里叶变换公式等二十多个物理学规律生动形象地表现出来，借由公众科学日的广泛传播，一时间成为新晋“网红”，登上热搜。据不完全统计，“网红井盖”得到了包括新华社、央视、紫光阁在内的诸多主流媒体的持续报道，全网媒体报道数量近 3 万篇。中宣部新闻局作了题为《井盖上的涂鸦也能在科普宣传中唱主角》的新闻阅评，对本次科普宣传给予“立意高、角度巧、表达新”的评价。

物理所运营的官方账号在互联网上也留下了很多脍炙人口的作品，如 2018 年情人节推出的《物理定律告诉你，天下有情人终将分手》在多个平台上成为热门话题。2019 年初曹则贤研究员一条课堂录像的短视频火爆网络，他巧妙地将感情问题和静电作用联系在了一起，深入浅出，仅抖音平台就有高达 6 500 万次的曝光。在新媒体平台上，物理所多篇科普文章被人民日报、共青团中央等官方媒体转载。不管是机缘巧合还是蓄谋已久，这种优质的作品在特定的时间点迸发出非常强的传播性，套用现在流行的一个词就是“出圈”，这对科学传播来说确实是可遇不可求的事，但这让我们看到其实科学也可以拥有“顶流”，也给所有从事科普工作的个人或机构带去鼓舞。

立足当下，物理所始终坚持以习近平新时代中国特色社会主义思想为指导，依托独特的学科优势，一直致力于传播前沿物理和趣味科普，用通俗的语言讲科学知识，用专业的水准教科学方法，用权威的答案解科学疑惑，用认真的态度释科学精神。放眼未来，物理所将继续把握时代脉搏，紧跟时代潮流，不断创新科学传播思路与形式，在重大成果推介、重点人群宣传等方面持续发力，接续传承老一辈科学家精神，自觉践行和大力弘扬新时代科学家精神，加强宣传，营造尊重人才、尊崇创新的舆论氛围，努力为新时代的科学传播工作做出更多贡献。

本篇作者成蒙，2014 年获中国科学院物理所博士学位，现任中国科学院物理所研究生部副主任，主持处内工作，同时负责研究所科学传播工作。获得中科院科普领域优秀人才计划支持，荣获中国科学院北京分院优秀共产党员、中国科学院“十三五”科普工作先进个人等称号，以及 2022 年北京市科学技术进步奖一等奖等奖项。

一个小型科普团队的多类型科普内容生产实践

□ 姚永嘉

身处一个内容形式多样化的时代，科普团队要做的工作也非常多样，不仅图文、音频、视频需要全面出击，还要面临内容的更新频率越来越快、人手永远不够用的挑战。科普团队要生产更多的内容，吸引更多的用户来维持自身生存。经过多年的工作实践，我所在的科普团队“玉米实验室”打造了一个内容生产流，从素材出发，让多个产品复用，全类型输出内容的同时有效降低成本。

一、内容生产需求

我的笔名或社交媒体上活跃的昵称是“半只土豆”，所在的科普团队叫“玉米实验室”。我们目前运营的产品从类型上主要分为图片、文字、音频、短视频等，从产品角度主要分为微信公众号、图书出版、自媒体和播客等。

- 产品 A 是微信公众号“玉米实验室”。这是我们自团队建立以来的第一个产品。从 2016 年夏天开始，该公众号保持着一周更新 5 至 7 篇原创少儿科普文章的频率，且每篇文章还配有作者本人或专业播音员的有声版。

- 产品 B 是知识卡。这是个虽然小但却很重要的产品。为了第一时间了解全世界的科研动态，我每天会阅读 300 至 500 条中外科研进展和科学报道，再从中选择 5 条最有价值的内容，把图文融合为一张小卡片，发布在社交媒体平台上。
- 产品 C 是《少年轻科普》系列少儿科普丛书。由于公众号发布的文章选题广泛、内容多样，受到了出版单位的认可，我们最终选择和广西师范大学出版社合作，把微信公众号“玉米实验室”中的文章每年集结出版一次，打造《少年轻科普》系列丛书。截至目前，该系列已有 15 本书完成出版。
- 产品 D 是《简单说呢》动画短视频。考虑到用户对短视频的喜爱，我们基于“玉米实验室”公众号内容，制作了《简单说呢》系列科普动画短视频，每一集时长在 60 秒至 90 秒，更新频率为一周 2 至 3 次，在主要平台以横屏和竖屏两种视频比例发布。
- 产品 E 是播客《生活漫游指南》。由于积累了大量创作素材，无法一一成稿成书，于是我们又做了一档播客节目《生活漫游指南》。用户可在主要的播客平台如苹果播客、喜马拉雅、小宇宙、网易云音乐等平台上收听。

二、运营团队人员配置

虽然要生产 5 个产品的内容，但是我们实现了少于 5 人的人员配置。具体分工如下：

人员 A：产品经理，同时兼任选题中台、稿件审稿、作者培养、播客主持人。

人员 B：微信公众号编辑部主任，兼文章发布运营。

人员 C：动画产品经理，兼动画脚本、配音和所有产品的音频剪辑制作。

人员 D：手绘动画原画师，兼短视频平台运营。

人员 E：微博运营，兼知识卡图片设计。

三、选题是一切的开始

对于成熟的科普作者来说，写什么比写文章本身更头疼。

我一直坚持的是科普必须有趣，否则就不要写。我认为科普写作这件事，好的选题就意味着成功了一半。所以为了把控好创作方向，选题的筛选必须要有一套机制，要结合作者的兴趣和热点。玉米实验室编辑部的选题流程也在几年的实践中经历了几次变化，形成了目前较为成熟的选题方法。

最早期，我们找到擅长某一领域的作者，由他们来负责一个板块的内容。走的是作者报选题、编辑部确认、作者成稿的传统流程。后来，我的一个非常轻量的内容产品，改变了编辑部的选题方式，它就是产品 B 知识卡。它的形式极其简单，就是在一张正方形的图片上，写上两三句话，信息量非常小，每天写 5 个，更新频率很快（图 20）。

图 20 知识卡

虽然是个小产品，但是为了写好每天的 5 个小卡片，我打造了一个信息输入、输出流，没想到这成为日后团队整体工作流的重要组成部分。流程是这样的：

第一，为了防止漏掉重要、热门、有趣的选题，我把消息源分为公众号、科研新闻和科学报道，并整理出约 80 个汇集了全世界科研进展的消息源。在日常使用过程中，消息源也在不断地增加和舍弃。

第二，国外很多网站提供 RSS 地址，这是一个不必专门打开网站、利用阅读器就能跟踪内容更新的古老技术。国内的消息源一般不会提供 RSS 服务，我会利用技术手段来生成 RSS 地址。利用 RSS 地址，我把所有信息源统统抓到一个阅读器 inoreader 里面来呈现。

第三，在阅读器界面，每天花费 1 至 2 小时，可以把当天 500 至 800 条消息浏览一遍。遇到感兴趣的标题，我会快速地浏览全文；遇到有价值的待定选题，我会将这篇文章收藏。

第四，通过网络粘合器服务 IFTTT，每一个收藏在阅读器中的文章，便可呈现在一个统一的看板里。我选择的看板服务是 Trello。Trello 看板由列（List）和卡片（Card）组成，每个卡片又由标题和描述、图片等可选元素构成（图 21）。按照我的设计，用文章标题作为一个卡片的标题。

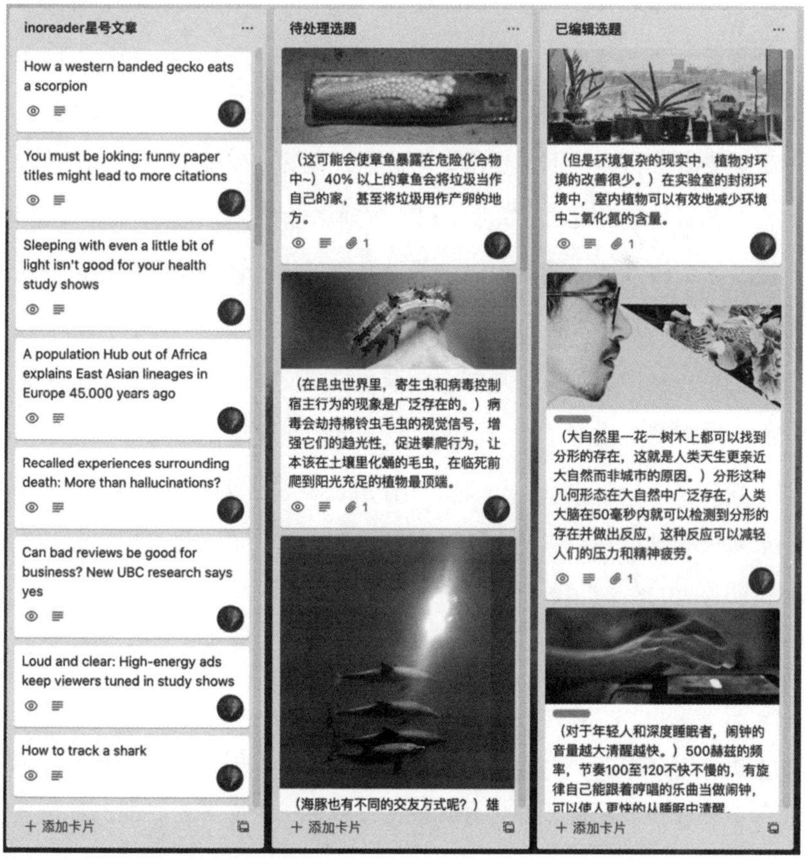

图 21 Trello 看板

第五，在 Trello 中，我建立了 3 个列。上一步形成的卡片，会出现在第 1 列，命名为“inoreader 星号文章”，这是一个粗选选题池，仅仅是一种将稍微感兴趣的选题随手放进来的选题池。

第六，我会再次审视一遍，将第 1 列精选后的选题，挪入第 2 列“待处理选题”。在这一列中，变成选题的可能性就大大提高了。同时，我会在这一列中，进行知识卡的创作。把自动抓取来的标题，改成我要在知识卡上呈现的文字，同时给这个 Trello 卡片配上图设置为封面，作为知识卡的背景图。然后，把这张卡片挪到第 3 列“已编辑选题”中。

第七，负责微博运营兼图片设计师的同事，会时不时地查看第 3 列是否有已写好的卡片，如果有，就立即制作成一个正方形的图片。图片上有三个主要元素——背景图、文字和来源，通过图片设计软件融合在一起，然后把这张图片发布在微博 @ 半只土豆上。最后是将使用完成的卡片存档。

每天从上百个科研新闻中选出 5 个选题，很好地保证了选题的趣味性。有一天，有个作者朋友建议我，将这些知识卡放到作者群，让大家看看是不是感兴趣。由此，改变了编辑部的选题流程。以前是被动等待作者报选题，知识卡的出现让编辑部有了一个不断更新的选题中台。

作者们可以从中找到感兴趣的选题撰写科普文章。由于知识卡通常有趣、好玩，这在一定程度上活跃了作者们的思路，产出了更多的好文章。选题中台给编辑部的工作带来了一些变化。一是之前作者们提供选题并撰写文章，信源多样，后期做事实核查难度高。二是由选题中台提供选题，可以将多方报道和论文原文一并提供给作者，信源相对可靠，大大降低了审稿过程中做事实核查难度。三是调动了作者的积极性，每天的更新相当于和作者们开选题会，大家就不再苦恼寻找选题了。

接下来，公众号文章的生产就非常流程化了。一般情况下，首先是微信公众号编辑部主任和作者约稿，并将含有链接、网页、论文等素材的选题包发送给作者；其次，作者撰写初稿，完成后发给编辑部主任，再转给稿件审稿人；再次，审稿人负责实施核查、修改文字稿件，并通过编辑部主任与作者交流修改，直至定稿；再其次，编辑部主任请作者或者专业播音员给文字配朗读音频，并转交相关同事做音频剪辑制作；最后，文字编辑部主任将文字、图片、音频整理后发布在微信公众号“玉米实验室”。

每年，我们会和出版社进行图书策划沟通，将一批公众号内容集结出版成书，这是一个典型的出版流程，就不在此赘述了。

四、充分挖掘每一个选题的价值

（一）拥抱短视频时代

一个选题，如果在每日内容输出工作中只做一个知识卡和一篇公众号文章，那怎么说都有点浪费。所以我们迎合短视频时代推出了动画短视频《简单说呢》。典型流程通常如下：

- 首先，动画产品经理从“玉米实验室”公众号寻找可改编的内容，确定动画片选题，并改编为动画脚本。
- 其次，文稿配音、原画绘画同步开展。
- 再次，动画片剪辑制作。
- 最后，将成片发布在快手、b 站、视频号、微博等平台。

图 22 《简单说呢》动画短视频封面

虽然动画片和微信公众号的内容同宗同源，但是通过脚本和绘画的二次创作，有了自己独特的表达风格，也会考虑融入现有的图书系列，或者走出自己的出版之路。

（二）占领人们的耳朵

无论是知识卡、微信公众号还是短视频，都要占用人的眼睛，而且要在有限的篇幅或者时长中讲述完毕。其实科普的魅力不仅仅是知识本身，更在于有很多值得展开讲述的故事。所以我们制作了一档播客节目《生活漫游指南》，将工作当中遇到的值得深入谈论的话题录制成时长约 1 小时的谈话有声节目。由于这是个长尾项目，没有占用大量精力，也没有详细的台本，主要靠有趣的人们来撑起整个节目。播客的大致制作流程如下：

- 首先，播客主持人确定话题，敲定录制日期和可参与本期话题的常驻主播或嘉宾。一般来说，每次录制需要 3 至 4 人。
- 其次，在约定好的录制时间，所有人在录音棚里面对面录制。
- 再次，录制好之后，转交相关同事做音频剪辑制作。
- 再其次，主持人撰写节目简介。
- 最后，发布在苹果播客、喜马拉雅、小宇宙、网易云音乐等平台，每周更新一次，偶尔加更。

五、一个工作流，多产品复用

当一个内容团队的内容输入、输出流逐渐清晰之后，还有一件重要的事情，那就是各种文件的共享。别看团队小，但我们不常见面，通常是分散在多个城市一起工作，这就需要一个共享文件的解决方案。

我的做法是购买一套成熟的文件服务器，为每一位协作者分配不同的查看和编辑权限，为每一个项目设立一个专用同步文件夹，避免所有人同步所有文件，也能最大程度避免误操作带来的损失。专业的文件服务器还有一些额外的好处，比如说管理员可以使用还原误删文件，回溯文件历史版本等功能，虽然用的次数不多，但是关键时刻还是会有很好的文件抢救修复效果。

为了有效地管理文件，我们制定了文件夹和文件命名的强制标准，每个人都必须遵守。通过文件名，每个人就可以看出这是哪篇稿子，或者这集动画片是什么状态。

存档也是个必不可少的工作，通过制定存档规范，定期把阶段性使用完成的文件归档，可以减少大家要同步的文件，节约每个人的本地磁盘空间。

图 23　文件命名规则展示

从一个知识卡出发，反复生产出适合不同平台的内容，相当于任何一个阶段的产品都是另一个产品的素材，可以有效降低内容生产总成本。这就是“玉米实验室”自 2016 年成立以来，多年打磨、优化形成的工作流，希望能让其他初涉内容生产的小型内容团队少走弯路，生产出更多高质量的内容。

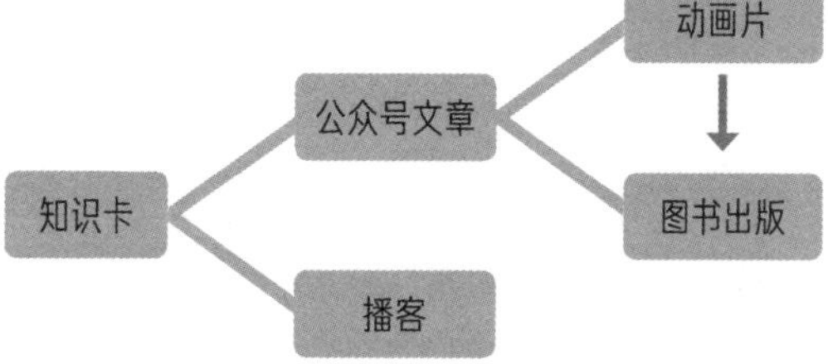

图 24　内容复用示意图

本篇作者姚永嘉，笔名半只土豆，少儿科普创作者，科普活动策划人，中国科普作家协会会员。运营公众号“玉米实验室”和系列动画短视频“简单说呢”。荣获 2022 年中国科普作家协会第七届优秀科普作品奖青年短篇佳作类银奖。参与编写《少年轻科普》等丛书。参加过两次北京铁人三项赛并完赛。

网安新型科普的三大法宝
——以“大东话安全”科普体系为例

□ 翟立东

2018 年，“大东话安全”科普栏目正式在中科院官方微信公众平台——“中科院之声”亮相。甫一上线，网络专家“大东”与提问者“小白”之间活泼的对话就吸引了不少读者，而其关于网络安全种种隐患的话题，更是令不少读者纷纷转发、分享。这就是网络新型科普的滥觞。

传统的网络安全科普传播效果差，知识拆解不彻底，让受众观看完材料仍然一知半解。这势必对网络空间安全的新型科普提出了更高的要求和更大的挑战，也催生出很多网络安全（以下简称网安）新型科普的新品牌，其中“大东话安全”系列科普就是一个典型代表。在开展“大东话安全”网络空间科普的过程中，我们发现新型科普有六大特征，也就是“六好”原则。

一、新型科普的“六好”原则

一是好读，受众喜闻乐见。所谓乐天作诗，老妪能解。文坛巨擘如白居易，尚且要关注诗歌的传播性。文章合为时而著，歌诗合为事而作。科普作品如果一味追求辞藻的浮华，难免丧失传播性，与受众的真实需求背道而驰。

二是好记，让人过目不忘。在好读的基础上，还需要容易触发记忆要素，才能凸显知识属性。记忆是知识的第一维度，也是认知的最初阶段，恰好完美匹配了科普工作的目标任务。

三是好笑，让人忍俊不禁。如果只是好读、好记，仅可以满足较专业读者的需求；但是如果读的过程中充满欢乐，则科普体验就会大幅度升级。兴趣是最好的老师，但很多科普工作者忽略的是，先要有趣，才能生发出“兴”。兴味有了，就能升华到兴趣，从而提供了自我学习源源不断的驱动力。

四是好传，一时洛阳纸贵。传播性不局限于出版，最简单的传播是口口相传。古有洛阳纸贵，今有爆款雄文。比如“大东话安全”团队在自媒体平台上的持续性推送，就收获了业内外的一致赞誉，从而更好地将网络空间安全新型科普的红利惠及更大范围的受众。

五是好玩，处处妙趣横生。苏轼在《东坡题跋·书摩诘〈蓝田烟雨图〉》中曾经这样评价王维的诗：“味摩诘之诗，诗中有画；观摩诘之画，画中有诗。”能够将多种艺术形式贯通于自己不同维度的作品当中，不仅能够体现作者的功力，更能昭示出贯通本身就是一种功力。“大东话安全”独创的对话体裁，设置了一个专家角色“大东”和一个受众角色“小白”，艰深的科学术语和知识脉络都在谈笑间的画卷中徐徐展开，让艰深晦涩的信息安全知识变得趣味盎然。

六是好奇，催人孜孜以求。所谓“不是道人来引笑，周情孔思正追寻”，网络安全新型科普的最终目标就是让受众通过“大东话安全”的新型科普生态系统完成知之者到好之者的转化。

以上六大原则便是网络安全新型科普在科普推广的漫漫长路上的六个最为突出的特征，也为后来者指明了新型科普的发展路径。

二、网络安全新型科普的“三大法宝”

自互联网普及后，网络安全也被更多人所重视。事实上，层出不穷的网络安全事件，印证了网络安全不仅仅是科学家和工程师的专利，更关乎广大人民群众的切身利益。每次新闻中或者周围有人遭遇电信诈骗、网贷等事件，就会让普罗大众再一次感受到普及网络安全意识是多么重要且迫在眉睫。因此，结合“大东话安全”的科普工作，我们认为网络安全新型科普的历程中具有“三大法宝”。

（一）对话体——来自经典之作的灵感

意犹帅也。诚然，科普作品的灵魂是立意和思想，但是体例的选取同样关乎读者是否能够顺利接受知识，进而关乎到整个作品的成败，因此必须慎之又慎。经过大量调研分析，结合网络安全新型科普的内在特征，“大东话安全”团队最终选择了对话体作为网安新型科普的表现形式。

对话体的授课形式由来已久，只是在漫长的知识传播过程中渐渐被人们淡忘。其实中国传统文化经典的《论语》《菜根谭》都是以谈话和语录为载体的著作，这些经典之作在灿若星河的文化积淀中并未黯淡，反而历久弥新。

既然涉及对话，就离不开角色的选择。“大东话安全”的主人公，自然是大东，但是对话的“男二”名字我们不得不仔细雕琢。经过讨论，最后决定采用技术论坛里辨识度比较高的“小白”作为对话“男二”。“小白”的意思是对技术一无所知但好奇心又很强的学生。设计这样一个角色，加深了作品俏皮、活泼的韵味，进一步拉近了与读者的距离感，让读者可以把自己无碍地带入小白的角色，更有利于网络安全知识的消化和吸收。

对今人优秀科普文章体例的学习和调研，对古人学习经验的继承和发扬，最终促使“大东话安全”团队运用对话体来开展网络安全新型科普的工作。

“大东话安全”网安新型科普团队结合中国国学经典的哲学宏观思维，参考了很多现代科普 IP 的展示形式，比如“×× 谈漫画”“×× 程序员”等，也广泛征集了科普业界专家、网络安全领域专家学者的意见，最终才敲定了使用对话体例来阐释科普思想。

确定了角色与内容，便开始小范围的试验：从最开始的微信公众号对专业人士试点推送，到覆盖更多青少年爱好者的抖音平台；从纵深进入各梯度校园科普教育，到走出国门塑造“网安出海”的科普影响力。

事实证明，对话体与网络科普的结合，能够引发读者的兴趣。在创作一篇文章之前，团队都会努力地把读者想问的、好奇的、关切的点尽量思虑周全，给读者全方位、多角度地还原网络安全知识的原貌。对话体好比《一年一度喜剧大赛》中三狗团队的红缨枪，已然成为大东话安全团队的不二标签。

（二）用百科全书式的生态思维孕育科普作品

要做好科普，还离不开对受众人群需求的精准把握。“大东话安全”团队曾充分调研各类不同受众群体的科普需要。比如，跨专业考研的学生需要在最短时间内对网络安全产生兴趣，可以阅读热点事件篇和网络病毒篇；渴望了解国家、地区或企业安全建设的读者，可以选择阅读海外篇、省份篇或央企篇；想要了解网络空间安全科研情况的读者，可以阅读国家工程实验室篇。

设计体系的庞大，可以涵盖网络空间安全科普的各个维度，因此也最大程度地满足了读者群的需求，做到开卷有益。用百科全书式的生态思维孕育科普作品也是网安新型科普的一大法宝。

在网安新型科普过程中，不仅话题有所侧重，团队还根据不同年龄段读者认知水平和理解能力的差异，对传播途径做出了调整。例如，面向青少年的科普会在短视频平台发布；面向渴望有更深了解的受众，则联合腾讯视频、中科海微等推出视频运营、课程建设等微课展示和科普课程。

“大东话安全”不仅在中科院之声创立了自己的“品牌”，坚持每周更新已将近 4 年，还在中科院计算技术研究所发布国内篇和国际篇连载长达 1 年；同时，我们也在中国网络空间安全官方微信公众平台中，对网络安全理念篇和网络安全组织篇进行连载。“大东话安全”团队还将推出“大东话安全”的科普漫画和科普音频，力争在全媒体维度覆盖“大东话安全”的科普产品，让网络安全新型科普惠及所有需要的人。

（三）笃实的躬耕，勤勉的坚守——聪明人的笨功夫

科研人员做科普，同样需要扎扎实实地下笨功夫，除了坚持，除了耕耘，没有捷径可走。对事件的真伪判断需要充分调研求证和用科学求真的精神来支撑；保持常态化运营，一周一篇的频率需要持之以恒，这些都需要坚忍不拔的品质才能完成。“大东话安全”团队笃信：“每一个任务都是一幅画，只有用心去画，才能画好；要珍惜作画的机会，只有不断去画，才能越画越好。”

如今，“大东话安全”科普团队已经在网络空间安全新型科普领域躬耕多年，开创了属于自己独有的新型科普之路。坚守初心，广阔的视野，让不同阶层、不同年龄段的科普受众都能接触网络安全知识；笃实的躬耕，是“大东话安全”科普团队信心的源泉。

“中科院之声”平台每月会评一次传播力最大的10篇文章，即“十大”。犹记得2018年1月到6月那段时间，团队没有一篇“十大”文章出现，经过分析，主要原因有以下3条：一是由于刚刚登上“中科院之声”平台，平台用户对“大东话安全”科普系列文章并没有深入了解，进而没有形成固定的阅读受众群体；二是“大东话安全”系列文章尚没有比较高的知名度；三是甫入平台，不了解读者的阅读倾向性，在选题和推送时间上尚处于摸索阶段。

但是这一阶段的分析和努力并没有白费，团队也从大数据中得出了比较重要的两条结论：第一，对话体是读者喜闻乐见的体例，但选题要紧跟热点，选择最近发生的网络安全事件作为切入点，是较为满足传播心理学原理的选题原则；第二，虽然确定了群发的日期是大众的空闲时间——周六和周日，但是经过测试，周末上午9:30至10:30推送的阅读量大的概率会大大增加，于是团队和“中科院之声”协商，确定了后续文章发布的时间为周六、周日上午9:30至10:30。

终于在2018年6月，团队迎来了第一篇“十大”。2018年6月、9月、12月和2019年4月、7月、10月，分别有两篇文章入选“十大”，呈现了比较明显的“每3个月‘十大文章’扎堆出现”的倾向性。经过团队成员分析，原因主要有以下两点：一是对于网络安全科普文章的阅读，从传播心理学分析，读者是有疲劳感的，这些疲劳及其反弹构成了描点后的波浪变化趋势，尽管写手的状态趋于稳定，灵感也较为充沛，但仍然会出现阅读量此起彼伏的变化；二是从2018年6月以后，团队成员致力于搜寻热点事件，比如2019年2月上映的《流浪地球》电影是当时的流量担当，团队成员基于该电影写出《一瓶酒“助攻”的地球流浪》的“十大”文章，正是运用了传播心理学揣测读者阅读倾向的明证。但热点网络安全事件、电影也有其出现的频率，并非每个月都会出现，而是有一定时间间隔，从这些数据可见，基本上每3个月会扎堆出现网络安全相关的热点事件或其他跨学科的热点话题，而大众阅读倾向也会被舆论影响。

付出终于获得了回报。在2018年1月至2020年8月，“大东话安全”一共在“中科院之声”微信公众平台中公开推送了118篇文章,其中有27篇荣膺当月“十大”文章序列，“十大”入选率高达22.88%，成绩斐然，因而“中科院之声”将“大东话安全”网安科普系列文章列入微信公众号首页专栏中进行推荐。在牢牢把握住基于传播心理学的读者阅读倾向后，“大东话安全”系列科普文章便开始以较为稳定的频率产出“十大”文章。这一点从2019年以后的文章可以看出，团队的写作经验越来越丰富，对读者阅读偏好的把握也越来越准确，成为“中科院之声”的名牌专栏科普文章。

本篇作者翟立东，博士生导师，中国科学院信息工程研究所研究员，中国网络空间安全协会理事，中国网络空间安全协会卫星互联网应用与安全工作组组长。主要研究方向为网络安全、太空互联网安全和数字安全。太空互联网安全大科学装置“天蛛”计划负责人，“中科院之声”“大东话安全”科普专栏负责人。著有

《白话网络安全》等科普图书，参与编写《院士解锁中国科技》《计算的世界》等科普丛书。